日本海軍小艦艇
ビジュアルガイド
駆逐艦編
増補改訂版

模型で再現 第二次大戦の日本艦艇

岩重多四郎 著

The visual guide to Japanese Navy small combatant in WW2; Destroyers

大日本絵画

The visual guide to Japanese Navy small combatant in WW2 -Destroyers

日本海軍小艦艇
ビジュアルガイド 駆逐艦編 増補改訂版

模型で再現 第二次大戦の日本艦艇

contents

はじめに〜本書の指針と利用法〜	4
艦船模型と駆逐艦	6
モデラーのための駆逐艦用語集	8

第一部 日本式駆逐艦の確立

「峯風」「神風」型 …………… 12
「峯風」(ピットロード)／「如月」(ヤマシタホビー)／「波風」(ピットロード)／「神風」(ピットロード)／「夕凪」(ハセガワ)

「樅」「若竹」型 …………… 18
「樅」(ハセガワ)／「若竹」(ハセガワ)／「蓮」(ハセガワ)／「海威」(ハセガワ)

「睦月」型 …………… 24
「睦月」(ハセガワ)／「弥生」(ハセガワ)／「皐月」(ピットロード)／「水無月」(ピットロード)／「三日月」(ヤマシタホビー)／「第34号」(ピットロード)

「吹雪」型 …………… 30

「吹雪」(タミヤ)／「白雪」(ピットロード)／「東雲」(ヤマシタホビー)／「敷波」(ピットロード)／「朝霧」(タミヤ)／「潮」(ヤマシタホビー)／「暁」(ピットロード)／「響」(タミヤ)／「電」(ヤマシタホビー)

1/700 艦型図面集 (1) ……… 38

第二部
軍縮条約の苦悩

「千鳥」型 …………… 44
「千鳥」(ピットロード)／「真鶴」(ピットロード)／「友鶴」(ピットロード)／「初雁」(ピットロード)

「初春」型 …………… 50
「初春」(アオシマ)／「初春」(ピットロード)／「子日」(アオシマ旧)／「子日」(アオシマ新)／「若葉」(アオシマ新)／「初霜」(ピットロード)／「初霜」(アオシマ新)／「有明」(アオシマ旧)

「白露」型 …………… 56
「白露」(タミヤ)／「時雨」(ピットロード)／「時雨」(ピットロード)／「村雨」(フジミ)／「夕立」(ピットロード)／「春雨」(フジミ)／「五月雨」(ピットロード)／「海風」(フジミ)／「江風」(ピットロード)

「鴻」型 ……………… 62
「鴻」(ピットロード)／「雉」(ピットロード)／「鵲」(ピットロード)

「朝潮」型 …………… 66
「朝潮」(ハセガワ新)／「峯雲」(ハセガワ旧)／「満潮」(ピットロード)／「霞」(ハセガワ旧)／「霞」(ハセガワ新)

1/700 艦型図面集 (2) ……… 72

第三部
挑戦の果てに

「陽炎」型 …………… 76
「陽炎」(アオシマ新)／「不知火」(アオシマ旧)／「雪風」(アオシマ新)／「雪風」(フジミ)／「浦風」(フジミ)／「磯風」(アオシマ新)／「浜風」(ピットロード)／「野分」(アオシマ)／「秋雲」(アオシマ)／「丹陽」(アオシマ)

「夕雲」型 …………… 72
「夕雲」(ピットロード)／「巻雲」(フジミ)／「風雲」(ハセガワ新)／「高波」(ピットロード)／「浜波」(ハセガワ旧)／「早波」(ハセガワ旧)／「早波」(ハセガワ新)／「朝霜」(アオシマ)

「秋月」型 …………… 90
「秋月」(フジミ新)／「秋月」(フジミ旧)／「秋月」(フジミ新2)／「照月」(ピットロード)／「涼月」(ピットロード)／「霜月」(フジミ旧)／「冬月」(アオシマ)／「春月」(アオシマ)

「島風」型 …………… 96
「島風」(タミヤ旧)／「島風」(タミヤ新)／「島風」(タミヤ新2)／「島風」(ピットロード)

「松」「橘」型 ………… 100
「松」(タミヤ)／「梅」(タカラトミー)／「桜」(フジミ)／「椿」(タミヤ)／「橘」(ピットロード)／「楡」(タミヤ)／「わかば」(ピットロード)

1/700 艦型図面集 (3) ……… 106

駆逐艦・水雷艇沈没位置図 … 110

はじめに 〜本書の指針と利用法〜

　本書の内容は、2005年創刊した艦船模型専門雑誌「ネイビーヤード」の連載コーナー「嗚呼栄光の小艦艇隊」から日本駆逐艦を扱った回を抜粋したものを中心とし、一般模型雑誌「モデルグラフィックス」の関連記事とあわせ所要の修整加筆と再編集を加えたものである。著者の既刊「戦時輸送船ビジュアルガイド」に対し、本書はより一般的な模型雑誌のアプローチをとっているが、いわゆる工作技術に関する解説は最低限にとどめ、予備知識としての実艦に関する外見的情報の整理を重視し、ユーザーの模型製作環境の充実を図っている点では共通性を持っている。連載開始当初から意識したモデラー向け記事としての方針に、より普遍的な要素が含まれているとも解釈できる。

　プラモデルの世界では、メーカー・ユーザー双方にわたる関与者全体の平均年齢・知識・技術レベルの上昇を背景として時代とともに緻密化が進んでおり、艦船のジャンルは縮尺度の大きさも手伝って特にその傾向が目立つ。より高度な作品を求める多くのファンのニーズに対応するため、市場には膨大な量のサポートアイテムが流通しており、「誰でも気軽にディテールアップ」の謳い文句が雑誌の誌面に踊っている。とはいえ、結局はそれらを使いこなすにも相当な知識が求められるし、何より商品への依存にはコストが付きもの。ユーザーの多様性とそれぞれの主体性を保証しながら、よりよい模型作りを提案するためには、通念的なディテールアップとは異なる発想からのアプローチも必要となってくる。そのひとつがコレクションモデリングという観点に基づくトータルマネージメントの考え方であり、本連載、あるいは本書は、その裏付けとなるべき理論と実践の叩き台としての企図を持っている。具体的には対象の特徴をどこまで把握し、それを模型作品にどう反映させるかであり、一見すると前者は歴史研究の一部たりうる作業、後者は付随的な趣味の範疇ととられがちだが、実際はこれらを相互補完的に機能させて、事象への理解を深めるなり実証主義的な研究を進めるなりできる点も見過ごせない。模型作りをしない読者も、そのようなモデラー特有の考証法を文中から読み解くことで発想の柔軟性アップにつながるのでは。

　さて、艦船模型では現在1/700スケールが最も充実したラインナップを持ち、日本発祥ということもあって国内メーカーの日本艦艇キットが軒並み揃っており入手しやすく、本書でも原則としてこの規格のキットを扱う。現在では1/350スケールが深く根を下ろし、様々な面で余裕を持ってリアルな細密表現を追求できる環境が整っているが、かつて艦船模型といえばもっぱら1/700という時代があり、サポートアイテムを含めた品目数、品質の両面で圧倒的な発達を遂げてきた。実際このスケールにはそれに対応できる懐の深さがあったのも事実で、少なくとも他のスケールと比べて最も優位な面をあげるとすれば、やはり企画当初のコンセプトであるコレクションへのアプローチも必要となってくる。このときモデラーがまず気をとめるのは、複数の商品を並べてそれぞれの内容に不必要なずれを生じている事例ではないかと考えられる。同じ船のキットでもメーカーや開発時期の違いで見栄えが随分違うものだし、極端な場合はあるメーカーがほぼ同時に同じアイテムを異なるコンセプトで開発することもある。つまりこの種のゆらぎは避けられない要素で、どんな作り方をするにせよ、自分のコレクションを整理する上でその点の是正はまず誰しも考えるだろう。一つの模型を作り込む場合はまず個々の部位の向上から入るのが普通で、一般に手を入れることをディテールアップと呼ぶ所以でもあるが、コレクションの場合は必ずしもそれに直結する必要はない。あくまで調整という考え方から入っていくのだ。せっかく手を入れるのなら見当違いで無駄骨を折るのは嫌だと思えば、次第に文献資料にも興味が出てくる。商品自体とて人が作るものだから、たまには間違いもあるし、わかっていても設計上の都合や、類似品をキット化するための妥協として、食い違いを出さざるを得なかったところもある。それらが見えてくるようになると、モデリングの方向性もおのずとついてくる。

　艦型ごとの違いもそうだが、こと小型艦にあたっては姉妹艦をどの程度そろえるかも模型製作の大事な目安となる。調べるほどにどんどん出てくるマイナーチェンジを積極的にフォローするか否かに悩まされることだろう。艦型によっても得られる情報量に差があるし、工作技術がついていかなければ難しいこともある。揃えるところと違いを出すところのメリハリをうまく出しながら、量と質の折り合わせをつけるのが腕の見せ所。がむしゃらでなくても、あえてやらないという駆け引きの妙が出てくる。このあたりまで来ると実際の工作以上に作品の奥行きが出て、最早立派な玄人芸の域。通俗的な意味のディテールアップはその後でも充分なのだ。そして、コレクションを進めると半ば必然的にわき上がってくるのが、欲しいものが発売されていないという障壁、あるいはちょっとひねって、商品化されていないものが欲しくなる願望だ。様々なディテール調整の経験を積んでいれば、最初はとても無理だと思っていたことも、きっとそれまでの作業の延長線で手が届くようになっていることに気づく。地力がついたことを実感できる嬉しい瞬間というわけだ。

　本書の構成にあたっては、このような過程を想定した上で初級・中級モデラーに対しモデリングの指針を示唆し、模型に対するデッサン力の価値を再提起する意味合いを持たせている。雑誌上の連載ではランダムに駆逐艦以下の多様な艦種を扱っているが、本書ではジャンルを日本駆逐艦に絞り込み、太平洋戦争に参加した各クラスを時系列で掲載。それぞれについて、現行キットの紹介、実艦との対比研究、工作の要点を示し、様々なグレードの作例を用意して読者諸兄がそれぞれに始発点

駆逐艦とは

　駆逐艦という字面にせよ音の響きにせよ、敏捷軽快な海上の猟犬というイメージを私たちの脳裏に想起させるにふさわしい。現代の海上兵力の中で駆逐艦とはどういう船かと問われても少し困ってしまうところだが、少なくとも第二次世界大戦の頃までは、現実はさておくとしても、駆逐艦の本領は魚雷による敵艦の撃沈にあるとのコンセンサスが世界に共通していた。

　日本で魚形水雷、略して魚雷と称される水中自走式爆弾は、ちょうど明治維新にあたる1868年に発明された。19世紀中頃、それまで数百年続いていた木造の帆走軍艦（戦列艦）の時代が終わり、鉄製で蒸気動力を持つ装甲艦（戦艦）へと海軍力の中心が急速に転換。海上戦闘の様式も、昔ながらの弦々相摩の白兵戦ではなく敵艦自体を撃沈することで決着をつける考え方へと変化する段階にあった。運搬と使用が比較的容易なうえ、まだ敵艦の防御が及んでいない水面下に穴を開けて沈没に至らしめる魚雷の発明は、小よく大を制するにうってつけの手段として注目され、その運用を主目的とする小型高速艇「水雷艇」が各国で導入される。「駆逐艦」とはその上位艦種で、もともとはイギリスが宿敵フランスの水雷艇量産主義に対抗し、より大型強力な艦を開発して「水雷艇駆逐艦（Torpedo Boat Destroyer）」と呼んだのがはじまりだ。最初の目的が水雷艇の撃退にあったとはいえ、実際のデザインは水雷艇をそのまま大きくしたものといってよく、20世紀には駆逐艦が魚雷戦艦艇の主役となった。水雷艇は本末転倒してほぼ小型駆逐艦の同義語のような扱いに変化、それとは別に黎明期の水雷艇のリバイバルとして「魚雷艇」が開発された。潜水艦も本質的には潜水可能な水雷艇であり、駆逐艦の兄弟分と考えてもいい。

　時代が下っていくにつれ、駆逐艦はその行動域を外洋に求めて次第に大型化し、味方艦隊の取り巻きのような位置づけが定着していく。海上戦に潜水艦や航空機が参入すると、駆逐艦にはそれらへの対応も求められ、ますます万屋的性格が強調。戦後ミサイルが出現して魚雷の重要性が下がり、今では駆逐艦と他艦種、特に巡洋艦との線引きがかなり曖昧になっている。つまり第二次大戦は、駆逐艦が海上戦の複雑化に対応して多様性を備えつつ、本来の明快なアイデンティティをぎりぎり維持していた時期であり、それが第二次大戦の駆逐艦の魅力ともいえるだろう。

When screw-propelled torpedo was developed in the mid 1800s, the mode of naval battle was at a turning point from close combat by wooden sailing ships to sinking tactics by ironclads. The new weapon brought small ship strong means to defeat main battleships and torpedo boat was quickly spread to world's sea powers. The destroyer, originally developed in United Kingdom to overwhelm French torpedo boats as TBD (Torpedo Boat Destroyer), substantially large torpedo boat soon substituted for them.
Today the term of destroyer is obscure because of requirement diversification and development of missile, though, destroyer in the World War Two still had kept their essential identity.

駆逐艦という艦種はイギリスが発祥。本来は水雷艇駆逐艦だが、いつの間にか駆逐艦で通るようになった。写真は英国から輸入した黎明期の日本駆逐艦「不知火」（写真提供／大和ミュージアム）。

なり目標点なり固有の基準を設定するための参考となるよう配慮した。また、モチベーションを高めていただくための一助として、めぼしい艦の経歴紹介やイラストでの場面再現を織り込んでいる。艦型ごとの工作の幅や難易度には差がある。文中でもある程度目安を示してはいるが、実際に工作を始めるにあたっては本書の順番にとらわれず、一旦読み通してみて作業が楽そうだと思ったクラス、興味のあるクラスから選んでいっていただきたい。いずれ日本駆逐艦の全体像が見えてくれば、それを足がかりに他艦種や他国、別時代へと視野を広げていくきっかけにもなるだろう。もちろん、本書で扱った様々な情報はそれ以外のモデリングを目指す方にとっても有用性が見込まれる。他のキットとの取り合わせにこだわらず1隻の作り込みに集中する場合でも、考証面の情報は多いに越したことはない。そのへんは割り切って純粋に模型としての工作テクニックを追求する切り口もあるとはいえ、やはり艦船ファンとして作るなら、見てそれとわかるような愛情のかけ方をしてみたいものだ。

「小艦艇にはまた特有の魅力があり、小物だからといって侮るわけにもいくまい。模型作りのアプローチは大物に増して千差万別、何より値段が安いとあれば、考えようによっては大型艦より低い敷居で幅広い楽しみ方を提供してくれる、モデラーにとって嬉しい味方ではないだろうか。このコーナーは、製作のポイントを図で説明しながら、そんな小物アイテムの魅力を再発掘していこうという、実にお買い得な（？）企画である」

　これが本連載開始時の冒頭文だが、要するに意図するところはあくまで山頂の目指し方ではなく、裾野の広げ方にある。まずはたくさんの人に興味を持っていただけることを理想としたい。そして本書が一人でも多くの艦船ファンにとって何らかの参考となりうるものであるよう願っている。

The author intended making this book mainly for beginner and intermediate modelers to acquire the technique and sense of collection modeling in 1/700 scale. In the view of point total management is essential and common mean of detail-up, addition of and substitution to superior parts is not so important. Although having been proved extensive adoptability this scale had been created to the aim by nature and just has advantage of other scale. Still investigation to each ship is to be useful for enthusiasts and, people being interested in modeling technique if anything will know how to express attachment to real ship.

■増補改訂版について

　本書は2012年7月発売された「日本海軍小艦艇ビジュアルガイド　駆逐艦編」の増補改訂版である。本書で扱う1/700の駆逐艦インジェクションプラスチックキットはその後も多数発売され、模型の世界での駆逐艦事情もかなり様変わりした。概して新製品は各社とも力作揃いで、工作面でも考証面でもモデラー側はずいぶん楽になったが、それとともに本書の身上であるコレクションバランスの面では着実に平均値が底上げされている点も見逃せない。アジア太平洋歴史センター（JACAL）や呉海事歴史科学館（大和ミュージアム）の資料公開、潜水調査など、情報の充実も著しい。初版発売の翌年にブラウザゲーム「艦隊これくしょん～艦これ～」がスタートし、駆逐艦の認知度が飛躍的に高まったことも大きな影響力を持っている。このような状況で少しでも上を目指したいファンが増えているのも確かだろうし、基本的に自分はどの位置にいてどう模型に向かい合うといいか戸惑うビギナーもまた少なくないと推察する。そのような現状に対応したいとの意図もあり、今般本書を単なる増刷ではなく、大幅に内容を改めて刊行することとなったもの。再編集作業にあたってはページ数を増し、新たな模型商品の作例を可能な限り追加（それに伴い不要となった作例を一部省略）。全艦型の細密図面を新規に起こしたうえ、原稿の大半を見直し、本文・コラム・図版類の全てにわたってさらなる充実を目指した。旧版の誤りの訂正も含まれ、内容がかなり変わった箇所もあるが、何卒ご了承いただきたい。

艦船模型と駆逐艦

　駆逐艦の伝統的位置づけからして、プラモデルの世界で戦艦・空母・巡洋艦よりも後回しになるのはやむを得ない。近年商品化が盛んになった1/350でも、日本駆逐艦で実現しているのは「陽炎・夕雲(甲)」「秋月(乙)」「島風(丙)」「吹雪(特・第2グループ)」の5型式にとどまっている。それ以外を見渡しても、現時点ではニチモの1/200甲・乙型、タミヤの1/300甲型が市場にとどまっているぐらいだ。これらは単艦でも充分押し出せる人気があるゆえの大判モデルであり、製作に臨む際の心がけも他の大型艦と同じで構わない。

　これに対し、コレクションを前に立てた商品戦略、すなわち統一スケールでサイズを問わずあらゆるタイプを網羅しようとする企画は、過去にもなかったわけではないが、決め手となったのは1971年から始まった静岡模型教材協同組合の「1/700ウォーターラインシリーズ」だった。このシリーズの成功によって艦船模型は世界的に1/700が主流となり、いわゆるプラモデル(インジェクションプラスチックモデル)とその派生(レジンキャストやホワイトメタルなど)を合わせれば、今や目ぼしい軍艦で1/700が手に入らないものはないといっていい。もっとも、前者と後者の間では流通量、品質、価格、工作難易度のあらゆる面で格差があり、余程入れ込んでいる方でなければレジンなどを使いこなすのは難しく、原則としてインジェクションで商売が成り立ちそうになっていないものをフォローするための世界と考えていいだろう。

　それはさておき、ウォーターラインシリーズでは参加4社の手で太平洋戦争時の日本駆逐艦の大半がキット化されたが、「峯風」型など一部を残したまま艦船模型の低迷期を迎えてしまい、既存品の陳腐化も目立ってきた。ここで新興のピットロードが「スカイウェーブシリーズ」の名で1/700に参入。船とは別に各種艤装品だけを商品化してディテールアップさせるという新たなコンセプトでマニアの支持を集めると、ウォーターラインシリーズの取りこぼしを突破口に艦船自体でも独自ラインナップを拡充する。一方、その頃ウォーターラインシリーズからフジミが脱退してアイテムの大量欠落が生じたのを契機として、静岡3社が商品開発を本格的に再開。補完作業に引き続いて既存品のリニューアルが進められており、現在はあと一部を残すのみの状況。2000年代に入ると、フジミが突然猛烈な勢いで艦船模型の開発をはじめ、技術的にも高いレベルの商品を次々と投入して台風の目となる。ただし、主要ブランド「シーウェイモデル」で目ぼしいアイテムが揃うと、今度はスナップフィット系の「艦NEXT」シリーズを始めたため、駆逐艦の陣容はあまり整っていない。進境著しい中国や台湾のメーカーも現時点ではあまり日本艦に手を出さず、こと駆逐艦に関しては本書で取り上げる必要のあるキットは出ていない。一方、2015年から国内の新興メーカー・ヤマシタホビーが駆逐艦キットに乗り出し、マイペースながらハイレベルのサービスを提供している。

　このような経緯から、現在市場に流通している1/700の駆逐艦キットは基本的に以下の各グループに大別される。

(1) ウォーターラインシリーズ初期開発品

「島風」「吹雪」「白露」型(タミヤ)、「夕雲」型「朝潮」型「睦月」型(ハセガワ)、「陽炎」型「初春」型(アオシマ)、「秋月」型「松」型(フジミ)

　1970年代開発の旧キットで、現シーウェイモデルシリーズの古参品も含む。最新キットと比べるとかなりシンプルで細部のデフォルメも強く、各社による表現や完成度の差も大きいが、シルエットの再現の面では優れた品も散見される。大部分がリプレイスされ、「吹雪」「白露」「睦月」「松」の各型は現在も旧版のまま。

(2) ウォーターラインシリーズの再開発品

「島風」「松」型(タミヤ)「樅」「夕雲」「朝潮」型(ハセガワ)「秋月」「陽炎」「初春」型(アオシマ)

　1990年代以降の製品で、フジミ版の補完、自社製品のリプレイス、新規追加の3パターンがある。旧版とはかなりのレベルアップが見られるが、このグループ自体に20年以上の幅があるため基本コンセプトの違いが感じられる場合もある。また、(1)と(2)は箱の仕立てがほとんど同じで、リニューアル前の旧キットが市場に残っていて新旧混在する場合も少なくない。知識がないと区別が難しく注意が必要。

(3) スカイウェーブシリーズ

ピットロード製品

　やはり1990年代以降のラインナップ。小物に熱心なメーカーで、艤装品パーツにも定評がある。ディテールに特有の癖を持っており、他社品との折り合いが付けにくい他、なぜか基本形状の把握が苦手で「細かい割に似ていない」傾向がある。しかし自社単独で日本駆逐艦の大半をカバーしているのは最大の強みで、発売年代を通して比較的表現にも一貫性が見られる。ただし、近年各商品ともフルハル仕様化が進められ、単艦価格が上昇している。最後の「島風」だけは全く造形表現が異なる。

(4) シーウェイモデルシリーズの新開発品(特シリーズ)

「秋月」型「陽炎」型「白露」型(フジミ)

　2000年代後半になって加わった流れで、このスケールの駆逐艦では従来なかった徹底的な一品物主義の超細密表現を売り物としたが、「白露」型はバリエーションも考慮し落ち着いた表現となる。その後の展開が期待されるが後が続いていない。

(5) 艦NEXT

「陽炎」「夕雲」「秋月」型(フジミ)

　近年フジミが力を入れている新ラインナップで、特シリーズの細密主義を色濃く継承しつつビギナーユーザーを意識したスナップフィット(接着剤不使用)、多色成型とシール・デカールによる塗装不要の形態をとっており、かなり欲張った商品仕様。相当マニアックなディテール表現も見られる一方、相反するベクトルを介在させるため意図的にスケールバランスを崩しており、そのままで他社キットと混ぜて使うのは難しい。なお、特シリーズの商品そのままで成型色変更とシール同梱をした特EASYという過渡的なラインナップもあった。

(6) ヤマシタホビー

「吹雪」「睦月」型

　小さなメーカーだが艦船模型を熟知しており、近年の細密主義に対応しつつ作りやすさにも配慮した味わいのあるキットを繰り出す。すでにアップデート版も発売。さらなる商品展開が期待される。

(7) 派生品

フルハル仕様キット、エッチングパーツ付き特別仕様など

　タミヤ以外の各社が様々な派生品を出している。ほとんどの場合は既存キットに新たな部品を足して作る企画もので、定番ものより数が少なく不意に見かけることもあるといっ

た具合。ただしアオシマのフルハル艦船シリーズは船体が丸ごと新規。

また、過去にはこれ以外に、極めてスケールモデルの範疇に近づいた玩具(いわゆる「食玩」と呼ばれたもの。本文「松」型の項参照)が発売されたこともある。この項目に関してはごく短期間で情勢が大きく動くことも考えられる。

IJN destroyers of injection plastic model in 1/700 scale can be sort to five groups; the initial production in Water Line Series, revised production in the same series, PitRoad Sky Wave Series, new tool in Fujimi Sea Way Model Series and derivatives of them.

▲1/700の水線模型は圧倒的なラインナップの充実が売り物。外国の駆逐艦にも国内メーカーのインジェクションキットがいくつかあり、ヘビーユーザー向けのレジンキットも国内の専門店や通販ショップで入手できる。各国で異なるデザインコンセプトを作り比べることができるのはもちろんだが、特に迷彩塗装は日本艦専門ではとても味わいきれない部分。多様な迷彩塗装を気軽に楽しむにも、小型艦はうってつけの素材なのだ。

◀駆逐艦でも人気のアイテムは様々なキットが発売されている。代表的なのが「雪風」で、現在は1/300(タミヤ)、1/350(タミヤ・ハセガワ)、1/700(アオシマ・フジミ=水線・フルハル両仕様、ピットロード=水線のみ)が発売中。「陽炎」型というくくりでよければニチモの1/200もある。好きな船なら何隻作っても飽きないから一通りコンプリートしたい、という方もおられるのでは。

ディテールアップパーツ

本書では原則としてキット付属品以外のディテールアップパーツは極力使わないようにしているが、所要品の数が不足する場合や、代用または転換する場合に備えて、関連情報を掲載しておく。

1 ウォーターラインシリーズ 日本海軍装備品セット(小型艦用)

現行のウォーターラインシリーズの駆逐艦キットに入っている共用装備ランナー(Xパーツ)の単品売り。やや古くなったが成形の切れ味が抜群。ただし駆逐艦用主砲塔のサイズが小さく、魚雷発射管も短いのが難点。砲塔の使用はあきらめ、発射管のチューブを延長する手を打ちたい。

2 ピットロード 艦船装備セットシリーズ

ピットロード隆盛の礎といっても過言ではないアクセサリーセット。WW2日本海軍艦船装備セットは1~7まで発売され、このうち「睦月」型までの駆逐艦と水雷艇のキットには4(一部変更あり)、特型以後の各艦には5のランナーが1枚入っている。他のセットにも駆逐艦用パーツが混じっているが、1と2は際立ってオーバースケールなものが多く扱いづらい。

3 ウォーターライン専用エッチングパーツ

いわゆるメーカー純正エッチングパーツ。エッチングパーツは高価で上級者向けのイメージが強いが、例外的な存在ともいえるのが25mm単装機銃のセット。ウォーターラインシリーズには単装機銃のパーツがないものが多く、最近の模型レベルでは省略するのはさすがに不満。このセットは1個で機銃140門が入っており、へたなプラ部品よりコストパフォーマンスも圧倒的に上。

4 ファインモールド ナノドレッドシリーズ

代表的職人気質メーカーとして知られるファインモールドの超細密プラ部品シリーズ。エッチングパーツ全盛時代に登場し、1基ずつ組み立てなければならなかったエッチング製連装機銃を一夜にして時代遅れにした。それだけにかなり割高だが、品目を細かく分けて発売しており、無駄が出にくいような配慮はされている。最新の艦船キットの中にはそのままでもそこそこフィットするものもないではないが、生半可なキットや追加工作ではモデラーの側が使われてしまうだけ。ただし目立つ部品なので、ある意味ハッタリ的に全体の印象を引き上げる使い方も。

5 ピットロード 新艦船装備セットシリーズ

ナノドレッドシリーズに続いて出現したリメイク版装備品セット。全体としてはナノドレッドよりやや割安ながら、体裁は旧シリーズに近く、さほど細分化していない。ナノドレッドにはない部品もあり、相互補完的な使用も可能。

ここにあげた以外にも各メーカーの商品があるので、興味があれば一通り情報をあたってみていただきたい。

▲筆者が本書作例で使っている連装機銃。ファインモールドが最初に出したエッチングパーツをベースにしたオリジナルで、スケールバランスの程度を示す記号的な役割を与えていたが、無念にも商品が終売となり使えなくなった。

モデラーのための駆逐艦用語集

本書ではあまり海軍の専門用語にこだわらず、できるだけわかりやすい表現を用いるようにしているが、略しきれないものや紛らわしいものについて、本来の用語やその詳細について記しておく。

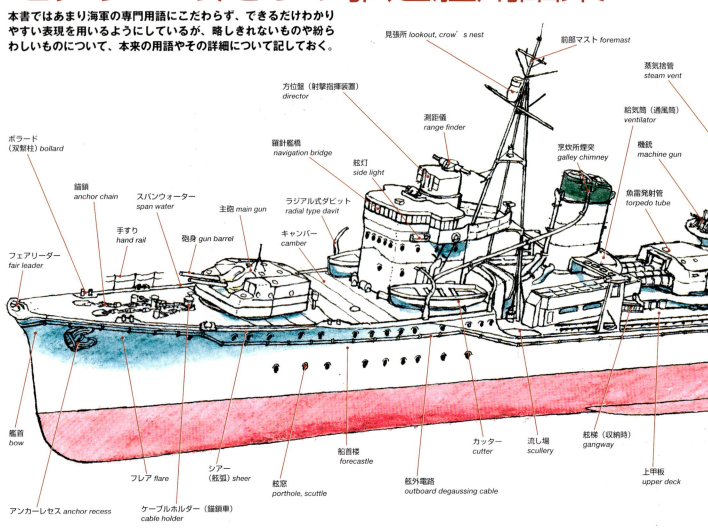

●アンカーレセス
錨がすっぽり収まる舷側の凹み。しぶきが飛ぶのを抑える。本書では最初(「峯風」「沢風」)と最後(「橘」型)を除き装備。例外の艦は平板の舷側に直接ベルマウス(錨鎖を通す穴の出口にあるビーズ状の金具)がついている

●シアー・フレア・キャンバー
船体形状の3大用語。シアーは前後方向の反り上がりで、うねりを乗り切るため、フレアは舷側(特に艦首)のラッパ状の広がりで、甲板への波の打ち上げを防ぐため、キャンバーは甲板のカマボコ状の膨らみで、水はけをよくするためのもの。帆船時代から船舶設計の大原則だったが、時代が下がるにつれ船の大型化でシアーやキャンバーの重要性が薄れ、今やフレアよりステルスのほうが大事になった。

●主砲
その艦で最も口径の大きい火砲。砲弾の装填に適する砲身仰角の違いなどから、対艦用(平射砲)、対空用(高角砲)、両用に大別されるが、その基準はかなり曖昧。駆逐艦用主砲の最大射程は大体15km前後。なお、主兵装というと駆逐艦では魚雷が先の場合があり、主な複数の武器を示すこともあるが、その基準も特にない。特型から「秋月」型までの日本駆逐艦の主砲は、シールドが全周閉鎖の砲室となる。厳密な用語としての砲塔は甲板の下層にも旋回部があるものを指すが、回りくどいので本書は砲塔で通している。

●舷外電路
第二次大戦で登場した磁気感応式機雷の炸裂を防ぐため、船体外周にそって電線を巻いて通電し、電磁コイルを形成して艦本体の磁気を打ち消す方策がとられた。用途の上では消磁電路と称し、艦外に追加装備されたものを舷外電路と呼ぶ。常時波さらしで劣化破損が激しいため艦内装備が望ましいが、日本での実施例はあまり多くない。

●羅針艦橋
羅針儀(コンパス)のある場所で、通常は艦橋と言えばここを指す。艦長の号令で横の操舵手が舵輪を回すシーンを想像するが、日本駆逐艦の場合、「初春」型から「島風」までは舵輪が下の操舵室にあり、丸窓が多く開いているのはそのため。少なくとも特型以降の艦橋は、窓ガラスが上下スライド式になっていて、戦闘状態では下の側壁内に収納する。駆逐艦乗り特有の用語として、艦橋前方右舷にある艦長専用の椅子を「お猿の腰掛」と呼んでいた。なお、駆逐艦に限らず航海中の船のブリッジは点灯厳禁で、模型の艦橋に電飾を仕込むのは考証的には好ましくない。

●測距儀
光学的に目標の距離を測定する装置。日本海軍で使っていたのは合致式と言って、左右の腕の先につけたレンズの映像が合致するときの角度差から距離を算定する、三角測量の原理を使ったもの。腕の幅が広いほど精度が増す。

●レーダー
現在ではレーダー(radio detection finderを詰めた新語)が最も通りのいい言葉だが、当時の日本海軍は電波探信儀、略して電探と呼んだ。電波を発信して山彦の原理で戻ってきたものから目標の距離やサイズを測定するものだが、この電波を受信して発信者の存在を察知する装置もあり、これを電波探知機、または逆探と呼んだ。

●防雨装置
排煙が雨と反応して金属を腐食させる、セルフ酸性雨のような現象が起こって劣化するのを防ぐため、煙突の内部に雨樋を設置するようになった。なぜか日本特有の装備で軍事秘密扱いだったという。なお、同じく雨よけのため未使用時の煙突頂部にはカバーをかけておくが、傘の骨に相当する金枠は日本艦の模型では特に重視される傾向がある。これをファンネルキャップと称する例を時々見るが、本来ファンネルキャップとは排煙の向きを調節するためのフードを示す用語で無関係。

●蒸気捨管
第二次大戦中の日本駆逐艦は全て蒸気タービン推進で、タービン翼を回す蒸気を発生させる缶(ボイラー)を2～4基持っていた。その不要な蒸気を抜く管が蒸気捨管。たまに結合されることもあるが、日本駆逐艦では単純に缶の数だけついている。大型艦では艦名識別の重要ポイントとなる場合が多く、模型関係の本ではやたらととりあげられる。駆逐艦では「秋月」型のみその対象で、むしろ炊事場(烹炊所)の煙突のほうが取り沙汰される機会が多い。

●タンブルホーム
英語でTumblehome。舷側が内側に向けてハの字に傾斜する構造で、水線上の船体重量軽減策として戦前は艦船に広く用いられていた。19世紀末のフランス戦艦など極端な例もあるが、やりすぎると大傾斜で急に復元性が悪化する欠点が生じる。

●魚雷
最近ではアニメの影響などで用語の通念が曖昧化しているが、本来は水中自走式機雷で空は飛ばない。第二次大戦時の世界的主流は直径53.3cm(18インチ)、炸薬300kg台、最大速力40ノット付近での射程10km前後ぐらい(国によって幅がある)だったが、日本の酸素魚雷(九三式魚雷)は直径61cm、炸薬500kg、速力48ノット時の射程22kmと断トツの性能を誇っていた。末期には射程を縮めて炸薬を5割増しにした

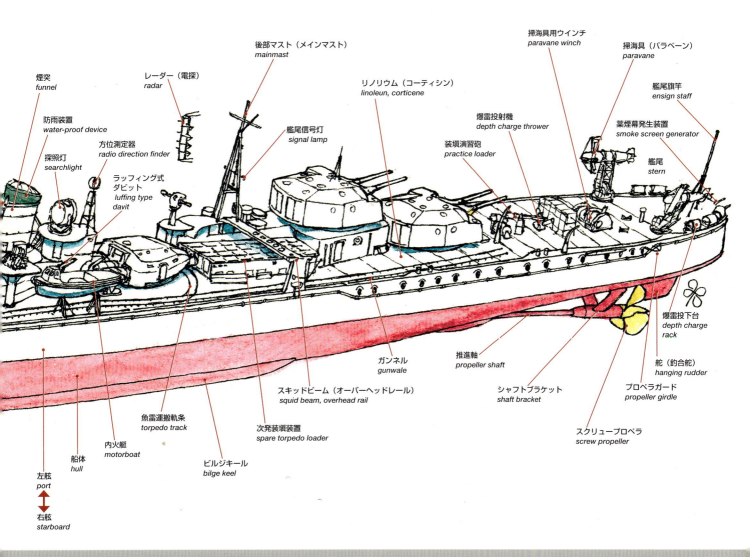

タイプも作られた。なお、2連装以上の旋回式魚雷発射管を略して連管と呼ぶこともある。
●次発装塡装置
日本駆逐艦特有の装備。ふつう駆逐艦は魚雷を常時発射管に装塡しておき、艦によっては別の場所に予備魚雷を格納していた。このケースのことを日本海軍では格納筐（かくのうきょう）と呼んでいたが、本書ではより平易な表記を使っている。発射管の魚雷を使うと、あとでここから人力で取り出し再装塡する。日本駆逐艦の甲板上には魚雷運搬台車用のレールも敷かれているが、もちろん非常に危険な作業で、時間もかかり戦闘中には到底できない。「初春」型以降、この予備魚雷をケースから直接動力を使って発射管に装塡する機能が搭載され、うまく立ち回れば1回の戦闘中に2回雷撃ができるようになった。厳密にはこの装塡機構が要だが、一般的には「発射管への直接次発装塡が可能な位置に置かれた予備魚雷庫」をさして次発装塡装置と呼ぶことが多い。
●スキッドビーム
予備魚雷庫に魚雷を仕舞うための装置。ガントリークレーンの一種で、スキッドビームまたはオーバーヘッドレールと呼ぶ。
●搭載艇

雑用の小型ボート類。正式な海軍用語では装載艇で、短艇（または端艇と表記）とも呼ぶ。駆逐艦の場合はカッター2隻、内火艇（モーターボート）1〜2隻が標準で、昭和初期まではこれ以外に櫓で漕ぐ通船を積んでいたが、順次撤去された。基地用のボートと異なり船底の赤塗装をしない。
●給気筒
機関室用の巨大なものから部屋の換気用の小さいものまで同様に呼ぶ。旧式艦の甲板上によく見られる「きせる型」のものは向きを変えることができる。また、旧式艦ではまれに機関室の天窓を開けてウインドセイル（ウインドスル）というキャンバス製の応急ベンチレーターを立てていることがある（P21写真参照）。遠方からはスルメに見える。
●リノリウム
木材の代用として使われる甲板の床面シート。緩衝・断熱が主目的で、居住区の床やその上の露天甲板などに敷かれた。P83参照。
●プロペラガード
上から見て推進器が舷側からはみ出している場合、他の船との接触破損を防ぐため備え付けられる装置。細身で大馬力の軍艦には多く見られ、駆逐艦ではほぼ必須装備。通常は籠状の金枠だが、日本駆逐艦では掃海具の展開装置

との関連でブロック状のしっかりしたものがついていることがある。
●機雷・掃海具・爆雷
駆逐艦の艦尾に積まれることが多い装備。機雷は水中に敷設しておく爆発物（英語では地雷と同じmine）で、何らかの発火装置を持つ（当たり前のようだが）ことから機械水雷という用語を与えられ、略して機雷。日本海軍が艦隊決戦用として開発した連繫機雷は浮遊機雷の一種で、機雷4個をロープでつないで引っ掛かりやすくしたもの。秋山真之が発案したといわれ、日本海戦以来使いたくて仕方なかったようだが、ギャンブル的要素が強い上に味方討ちの危険もあるので使用中止となった。機雷除去作業を掃海と呼ぶが、日本駆逐艦の掃海用装備は海底繫触発式機雷用（P29参照）。単艦式掃海具の展開器（パラベーン）は防雷具という名称で主要艦艇にも積まれており、小型艦用のものは深度調節装置などの付帯装置を合わせて掃海具と呼ぶことが多い。一方、爆雷は対潜水艦用の爆弾を指す用語で、機雷や魚雷より後の第一次大戦で登場した。通常はドラム缶状の形態をとり設定深度の水圧で作動する。ソナーや聴音機といった探知装置とセットで運用するが、本書では原則として水線模

型を扱うのでこれらの出番はない。
●八八艦隊計画
戦艦8隻、巡洋戦艦8隻で主力艦隊を編成し米艦隊を撃破する艦隊構想で、1907年制定の国防方針で明記。日露戦争で疲弊した直後にもかかわらず国力10倍とされるアメリカとまともに張り合おうという無茶なものだった。実際は八四艦隊、八六艦隊とステップを踏んで整備が進められ、最終的には予備を含めた八八八艦隊まで目論んでいた。ワシントン軍縮条約で頓挫。
●友鶴事件
1934年3月に新造直後の水雷艇「友鶴」が転覆した事故。「千鳥」型の項参照。
●第4艦隊事件
1935年9月、大演習のため臨時編成されていた第4艦隊が三陸沖で大型台風と遭遇し多数の損傷艦を出した事件。中でも特型の「初雪」「夕霧」が艦首を切断したのが最大の被害だった。
●臨機調事件
1937年12月、就役開始したばかりの「朝潮」型駆逐艦のタービン機関に故障が発見され、臨時機関調査委員会（臨機調）の極秘編成と全タービン艦の調査に及んだ騒ぎ。委員長は山本五十六だった。友鶴事件・第4艦隊事件に次ぐスキャンダルかと騒がれたが、結局「朝潮」型固有のトラブル（偶発的な共振現象による動翼破損）と判明。

黎明期の日本駆逐艦

▲駆逐艦「海風」。最初の一等駆逐艦。母体である英艦より一回り大きく、すでに特型的な設計コンセプトの萌芽が見られる（写真提供／大和ミュージアム）。

▲駆逐艦「村雨」。日本初の国産駆逐艦で、輸入したイギリスのソーニクロフト・ヤーロー両社のデザインを参考にしていた（写真提供／大和ミュージアム）。

　明治維新以後、日本海軍は積極的に西欧列強の軍事技術導入を図ったが、周辺諸国との軋轢の中でそれらを実戦運用に供することで、19世紀末から20世紀初頭の世界海軍史における技術的・戦術的進展に大きな影響を与える存在にもなっていた。水雷艇や駆逐艦に関してもそれは同様で、中でもそれらの集団運用に関する経験は日本が世界に先んじて獲得し、輝かしい成功が彼らに水雷屋としての強い自信と自負を持たせることとなる。

　日本海軍では1881年から水雷艇の整備をはじめ、1894年の日清戦争勃発時には20隻あまりを保有していた。翌年2月5日、水雷艇隊は清国北洋水師の基地・威海衛に夜襲をかけ、主力艦隊がさんざん手こずった装甲艦「定遠」を擱座放棄させる大戦果をあげる。史上初の水雷艇による集団襲撃作戦の成功に気を良くした日本海軍は、1904年までに水雷艇63隻を就役させる一方、1899年からは本場イギリスから駆逐艦16隻を輸入、それをもとに国産した艦を加えて計25隻が日露戦争に参加した。水雷艇や駆逐艦は、今度はロシア太平洋艦隊の拠点・旅順の周辺で何度か敵艦と交戦したほか、機雷敷設や掃海にも精力的に従事。クライマックスの日本海海戦ではバルチック艦隊への夜間洋上襲撃を敢行し、再び戦艦2隻などを撃沈破、疲労困憊した残存艦の多くが翌日降伏を余儀なくされた。日本海軍は水雷戦艦艇による大規模洋上戦闘でも世界の先鞭をつけたのだった。

　日本海海戦の経験は、良くも悪くもその後の日本海軍の全てを決めたといっていい。ロシアの後に敵対が予想されたのはアメリカであり、来るべき海上戦闘の舞台は必然的に今までの大陸沿岸から離れ、これまでの水雷戦闘の常識を超える外海の太平洋上となるはずだった。日本海海戦で高波にもまれて思い通りの戦闘ができなかった水雷艇は見切りをつけられ、駆逐艦は更なる大型化への道を踏み出す。日露戦争後の疲弊によって陣容の立て直しに苦しんだ日本海軍は、技術進歩への追随と第一次大戦による需要の両面に対応すべく大型と中型の2種類の駆逐艦を並行建造する方策を取るようになり、1919年初頭までにそれぞれ8隻、23隻を就役させた。そして第一次大戦後期に始動した本格的対米戦用艦隊構築プランである「八八艦隊計画」の中で再び駆逐艦の大量建造を画策。軽巡洋艦を旗艦とする水雷戦隊を編成し、より緻密で組織的な戦術運動の研究構築が進められる。

The Imperial Japanese Navy at the transition to 20th century, having actively introduced European advanced technology after the Meiji Restoration, became to bring much of influence to the advance of world naval history. Among them Japanese early torpedo boats and destroyers had a very successful result both in Sino-Japanese war and Russo-Japanese war and the glory gave them firm confidence and pride. Making use of valuable experience IJN advanced systematic ocean-going group tactics for destroyers being lead by flagship cruiser in future decisive battle against mostly expected enemy, US fleet.

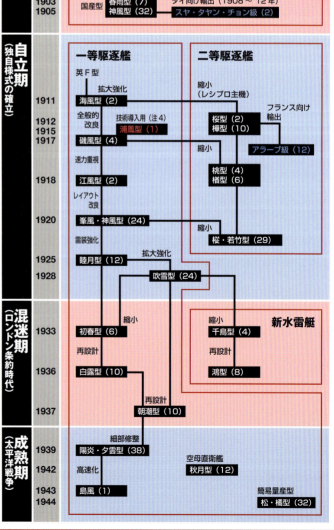

日本駆逐艦の系譜

注1：形式名の赤文字は輸入、青文字は輸出、括弧内は隻数を示す。
注2：年度表示のうち、姉妹艦多数のクラスでは1〜2隻が前年末に完成している場合がある。
注3：日露戦争戦利艦はいずれもロシア製。3隻は日本駆逐艦に相当。2隻は水雷砲艦と呼ばれる駆逐艦の前段階の旧式艦。
注4：「浦風」型は2隻建造されたが「江風」はイタリアに売却され「アウダチェ」となる。

第一部
日本式駆逐艦の確立

日本海軍にとって、イギリスから輸入した駆逐艦とその技術は日露戦争の勝利に大きく貢献するものだった。しかし次なる敵をアメリカと定めたとき、広大な太平洋上で彼を迎え撃つためには従来の枠を超えた新たな駆逐艦が必要となった。外洋で戦闘力を発揮できる大型駆逐艦の開発は、英海軍の同種艦をもとにした「海風」型でスタートし、改良版の「磯風」型に継承されるが、その一方で予算節約のため中型駆逐艦を並行建造する方策がとられ、両型の縮小版である「桜」「桃」型と、さらにそれらの戦時追加分である「樺」「楢」型が建造された（他に技術導入用の輸入艦「浦風」がある）。これらは制度上、排水量1000トンを境に一等・二等駆逐艦と分類され、2系統の並行建造はその後もしばらく日本駆逐艦史の特徴となった。500トン以下の三等駆逐艦は新造されず、既存艦の退役に伴い消滅した。

デザイン面でより日本の独自性がはっきり打ち出されたのは、1918～'19年の「江風」型で、主砲を4門から3門に減らす一方で砲座を全て船首楼甲板レベルに配し、高い波浪の中でも戦力を維持する配慮が払われた。来るべき八八艦隊計画の主力駆逐艦はこの経験をもとにデザインされ、火力の回復とドイツ式レイアウトの採用でバランスと実用性の向上を図る。これが「峯風」型で、マイナーチェンジの「神風」「睦月」型をあわせ36隻が就役、1930年代前半まで日本海軍の駆逐艦用兵の基準をなした。このグループに対しても、縮小版の二等駆逐艦「樅」「若竹」型計29隻が建造されている。

1922年に締結されたワシントン海軍軍縮条約で主力艦の建造が制限されると、水雷戦隊は劣勢の戦艦隊を補うべく、主力決戦の前に敵勢力を削るという明確な役割を与えられた。いわゆる補助艦艇強化策として日本海軍が出した答えの一つが「特型」駆逐艦であり、従来艦に対し排水量1.3倍、武装1.5倍の有力艦は列強各国に強い衝撃を与え、対抗艦の建造へと駆り立てる。特型によって、日本駆逐艦は一挙に世界をリードするトップブランドにのし上がったのだ。

To develop new ocean-going large destroyer IJN felt necessity to get out of British design. Although more than 1000tons of displacement was regarded to be desirable they had to build smaller ships simultaneously because of financial restriction. After some of transitional design two types, large Minekaze and small Momi were set about mass-production. Being influenced by Washington naval treaty as a catalyst, IJN created innovational design 'Special' type, Fubuki class.

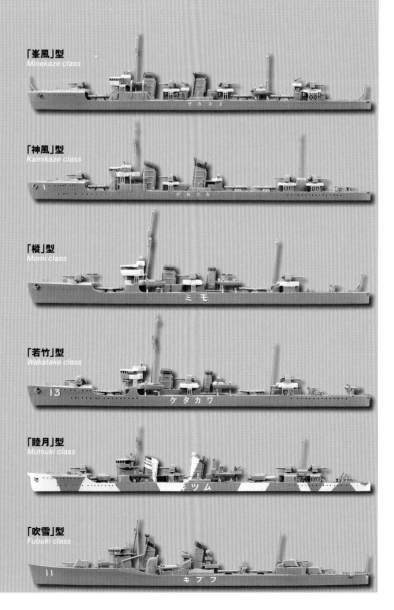

「峯風」型 Minekaze class

「神風」型 Kamikaze class

「樅」型 Momi class

「若竹」型 Wakatake class

「睦月」型 Mutsuki class

「吹雪」型 Fubuki class

「峯風」「神風」型

駆逐艦「秋風」、1923年（写真提供／大和ミュージアム）。

「峯風」「神風」型は日本海軍の一等駆逐艦で最初の量産型であり、いわゆる八八艦隊構想の主要ファクターの一つだった。第二次大戦当時は最古参のグループで、リタイヤ寸前の老兵という印象が強いが、模型を通してその造形的特徴を把握し日本駆逐艦史の流れを体得してこそ小物屋として筋金が通る。多様なバリエーションへの対応工作は、まさしく本書の内容の縮図でもある。

「峯風」「神風」型について

日本海軍が対米戦を意識して整備に着手した一等駆逐艦の中でも、初の本格的量産タイプとして第一次大戦直後から就役開始したグループが「峯風」型。最大の特徴は39ノットという計画速力にあり、レイアウトの面でも外洋の悪条件下で戦闘力を維持するための配慮を織り込んで独自性を主張。対米戦用の新艦隊構想「八八艦隊」計画のもと、マイナーチェンジの「神風」型を加え24隻が建造されたうえ、雷装強化版の「睦月」型へと発展する。日本の建艦史としては、英国の追随・模倣から本格的なジャパニーズスタイルへと脱皮する段階ととらえられている。初期の艦は昭和10年代には駆逐艦としては使えない状態まで消耗していたが、それでも全艦が太平洋戦争に参加し、一部は最前線の艦隊戦を経験。中期以降は船団護衛など副次的任務に活路を見出して、終戦時も6隻が健在だった。静かであるべき余生に最も苛烈な環境を強いられた老兵は、どのような目で若かりし頃を思い浮かべたのだろうか。

キットについて

ウォーターラインシリーズ未発売。「睦月」型を担当したハセガワも結局手をつけず、切歯扼腕していたファンの要望を汲んだのが新興のピットロードだった。同社はスカイウェーブシリーズの初期からこのグループを扱い、2クラスの前後期仕様を発売。ハセガワのキットを凌駕するディテールが好評を博した。冷静に見るとどうも鉛直方向のバランスが悪く落ち着かないシルエットなのだが、当分はこれを使うことになりそう。同社の製品は近年SPWシリーズと称する簡易箱のバリエーションにシフトし、下部船体などを追加しているが、基本パーツのランナーは同じものが入っている。

製作

この両クラスは竣工時から最終時までを通してバリエーションがきわめて多彩で、模型製作にあたっても、ごく一部の部品を取り換える程度のレベルから原型をとどめない大改修まで一通りそろっており、ほぼこれだけで本書の内容が集約されてしまうほどだ。ピットロードのキットの中にも、一部のモールドの撤去やプラ板などによる部品新造といった、やや商品本来の枠を超えた追加工作を指示するものがあり、読者諸兄にとって本稿が役立つか、相性が合うかを見計らうにはうってつけの素材ではないだろうか。

かつて「峯風」「神風」といえば、ハセガワ「睦月」型からの改造が上級モデラーへの通過儀礼のような位置づけだったが、今では物好き芸に近くなった。ただ、ピットロード版の欠点を修整するには結構な手がかかってしまうので、簡便安価という面では昔の通行手形も案外まだ使う余地があるのでは。

舷側艦名表記1

日本駆逐艦は明治の導入当初から太平洋戦争開戦時まで舷側中部に艦名を書き込む慣習があり、何度か書体やサイズ、色を変更したうえ、「峯風」「樅」型の頃は1915年の規定に従った片仮名白字シャドウなしのフォントを使っていた。しかし新たに導入された番号艦名は、従来より字のサイズを大きくしてシャドウをつけ、位置も船首楼後端上部に変えた。ところが1924年末から艦首付近に駆逐隊番号を記入することになり、船首楼が数字だけになって見栄えが悪いため艦名を元の中部へ移動、「神風」型（あくまで後の名前だが）終盤からこの規定で竣工した。1928年の改名後の艦名表記は以前の艦と同じ規格に戻したが、その名残は番号艦名とほぼ同じフォント・サイズを使った駆逐隊番号に見られる。

Minekaze and Kamikaze classes were designed as the first mass-production large fleet destroyer in IJN under their revised fleet construction plan after Russo-Japanese war. To intercept US fleet, new imaginary enemy in open water in the Pacific Ocean, the emphasis was put on performance at heavy weather condition, adopting unique armament arrangement. Although some units had been exhausted by 1940 and withdrew destroyer role, all participated to the Pacific war. Six of them were still alive in August 1945 after extensive, hard and gloomy service.

ピックアップ～駆逐艦「秋風」

「峯風」型の中期建造艦で、1921年4月竣工。太平洋戦開始時はマレー沖海戦で勇名をはせた基地航空部隊の第11航空艦隊に所属しており、基地施設・要員の移動にあたる特設航空機運搬艦の護衛を主任務としていた。1942年中期以降はラバウルとその近辺で行動、44年には月・風グループの残存艦を集めた第30駆逐隊に加わり、対潜護衛部隊として新編された第31戦隊の一員となる。44年11月3日、ルソン島西方で輸送任務の空母「隼鷹」を護衛中米潜「ピンタード」の雷撃を受け沈没。艦歴を通してこなした役割はあくまで第二線のそれだったが、活動地域は常に最前線に接する危険なエリアで、44年2月のトラック大空襲も経験しており、「峯風」型の中でも屈指のハードワークだったといえる。実態からはやや誇張されているが、アメリカでは小説「深く静かに潜航せよ」の敵ボス役「豊後ピート」として有名。

「峯風」「神風」型

峯風・神風型
Minekaze and Kamikaze class

設計番号	F 41（M-early, M-mid） F 41 A（M-late） F 41 B（K-early） F 41 D（K-late）
基準排水量	1215 トン（峯風型） 1270 トン（神風型）
全長	102.6 m（1/700：146.5 mm）
水線幅	8.9 m（1/700：12.7 mm）（峯風型） 9.2 m（1/700：13.1 mm）（神風型）
機関出力	3万8500馬力
速力	39 ノット（峯風型） 37.3 ノット（神風型）
兵装	12cm砲4門、53.3cm魚雷発射管6門、6.5mm機銃2門、連繋機雷16個または掃海具または爆雷投射機舷用2基

艦名 name	建造所 builder	竣工 commissioned	終末 fate	グループ group	識別点 1	2	3	4	5	6	7	備考 note
峯風 Minekaze	舞鶴工廠	1920.5.29	1944.2.10戦没（USS Pogy）	M-early	1	1	1	1	1	1	1	1
沢風 Sawakaze	三菱長崎	1920.3.16	終戦時残存	M-early	1	1	1	1	1	1	1	1
沖風 Okikaze	舞鶴工廠	1920.8.17	1943.1.10戦没（USS Trigger）	M-early	1	2	1	1	1	1	1	
矢風 Yakaze	三菱長崎	1920.7.19	1942.7.20転籍（標的艦）	M-early	1	2	1	1	1	1	1	2
羽風 Hakaze	三菱長崎	1920.9.16	1943.1.23戦没（USS Guardfish）	M-early	1	1	1	1	1	1	2	
島風 Shimakaze	舞鶴工廠	1920.11.15	1940.4.1転籍（第1号哨戒艇）	M-early	1	2	1	2	1	1		
灘風 Nadakaze	舞鶴工廠	1921.9.30	1940.4.1転籍（第2号哨戒艇）	M-early	1	2	1	2	1	1		
秋風 Akikaze	三菱長崎	1921.4.1	1944.11.3戦没（USS Pintado）	M-mid	1	3	2	2	1	1	1	
夕風 Yukaze	三菱長崎	1921.8.24	終戦時残存	M-mid	1	3	2	2	1	1	1	
汐風 Shiokaze	舞鶴工廠	1921.7.29	終戦時残存	M-mid	1	3	2	2	1	1	1	3
太刀風 Tachikaze	舞鶴工廠	1921.12.5	1944.2.17戦没（座礁・空母機）	M-mid	1	3	2	2	1	1	1	
帆風 Hokaze	舞鶴工廠	1921.12.12	1944.7.6戦没（USS Pargo）	M-mid	1	3	2	2	1	1	1	
野風 Nokaze	舞鶴工廠	1922.3.31	1945.2.20戦没（USS Pargo）	M-late	2	3	2	2	1	1	1	
沼風 Numakaze	舞鶴工廠	1922.7.24	1943.12.18戦没（USS Grayback）	M-late	2	3	2	2	1	1	1	
波風 Namikaze	舞鶴工廠	1922.11.11	終戦時残存	M-late	2	3	2	2	1	1	1	3
神風 Kamikaze（第1駆逐艦）	三菱長崎	1922.12.28	終戦時残存	K-early	2	3	3	2	1	1		
朝風 Asakaze（第3駆逐艦）	三菱長崎	1923.6.16	1944.8.24戦没（USS Haddo）	K-early	2	3	3	2	1	1		
春風 Harukaze（第5駆逐艦）	舞鶴工作部	1923.5.31	終戦時残存	K-early	2	3	3	2	1	1		4
松風 Matsukaze（第7駆逐艦）	舞鶴工作部	1924.4.5	1944.6.9戦没（USS Swordfish）	K-early	2	3	3	2	1	1		
旗風 Hatakaze（第9駆逐艦）	舞鶴工作部	1924.8.30	1945.1.15戦没（空母機）	K-early	2	3	3	2	1	1		
追風 Oite（第11駆逐艦）	浦賀船渠	1925.10.30	1944.2.18戦没（空母機）	K-late	2	3	4	3	2	2		
疾風 Hayate（第13駆逐艦）	石川島	1925.12.21	1942.12.11戦没（沿岸砲）	K-late	2	3	4	3	2	2		
朝凪 Asanagi（第15駆逐艦）	藤永田	1924.12.29	1944.5.22戦没（USS Pollack）	K-late	2	3	4	3	2	2		
夕凪 Yunagi（第17駆逐艦）	佐世保工廠	1925.4.24	1944.8.25戦没（USS Picuda）	K-late	2	3	4	3	2	2		

注：本表は形状識別用に艦名の配列を一般的な計画順から変更してある。表中のグループ名称は本書で便宜的に付与したもの（以下の各型も同様）。
「神風」～「松風」は「第1～7駆逐艦」として竣工、1924年4月24日付で「第1～7駆逐艦」に改名。「旗風」～「夕凪」は「第9～17駆逐艦」として竣工。いずれも1928年8月1日付で固有名詞に改名。「神風」～「旗風」は番号艦名採用前に「清風」「軽風」「真風」「旋風」「大風」の名前を用意されていたといわれる。なお舞鶴工廠は1923～'36年の期間中工作部に格下げされていた。

備考
1 「峯風」「沢風」太平洋戦争開戦時は雷装撤去済
2 「矢風」1937年より兵装大半を撤去し標的艦「摂津」無線操縦艦となる
3 「汐風」「波風」1945年回天搭載艦となり艦尾延長、「汐風」は回天4基（軌条2本）「波風」は同2基（軌条1本）装備。1号缶撤去
4 「春風」1942年触雷で艦首切断、簡易艦首装着

識別表

識別1	主砲	1：分散配置・旧式防盾　2：後部2門集中配置・新式防盾
識別2	錨収納	1：レセスなし　2：大型レセス（細部相違）　3：小型レセス
識別3	艦橋形状	1：側面段差　2：側面直線・下部段差　3：側面直線・下部直線　4：金属側壁
識別4	機銃配置	1：分散配置　2：艦橋ウイング　3：艦橋下部
識別5	煙突	1：低い　2：高い
識別6	缶室給気筒	1：平板　2：お椀状
識別7	艦尾兵装	1：敷設型　2：掃海型　3：対潜型

工作のワンポイントアドバイス
ピットロード版……船首楼と砲座の高さを下げると見栄えが格段に向上するぞ！
ハセガワ睦月型改造……気楽に改造できる。適度に簡略化してシルエットで勝負！

細部変遷図 detail transition

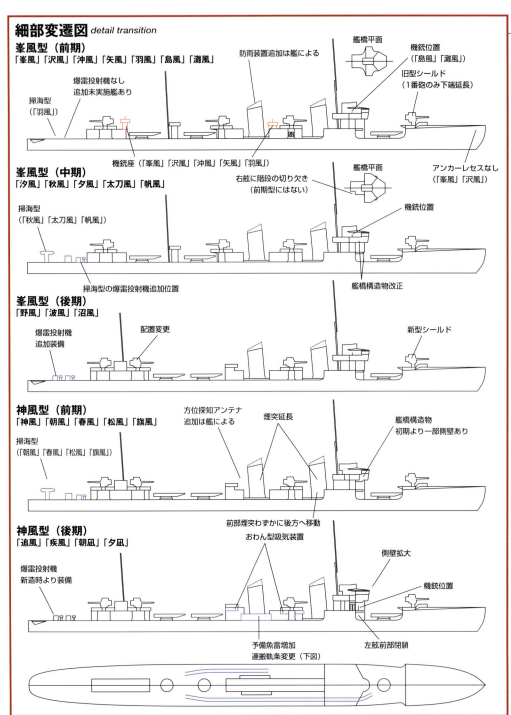

艦尾レイアウト
（注：DCT＝爆雷投射機）

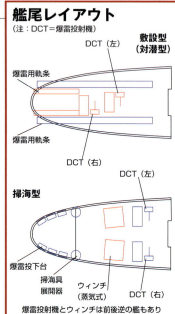

ピックアップ～駆逐艦「春風」

「神風」型3番艦で、第5駆逐艦として1923年5月竣工。舞鶴工廠が軍備縮小の影響で工作部に格下げされて最初の駆逐艦だった。太平洋戦争開始時は第5水雷戦隊所属で南方侵攻作戦に参加、ジャワ上陸では来襲した濠軽巡「パース」を雷撃して2本命中を記録。間もなく第5水戦が解隊され、そのまま南西方面で護衛や輸送にあたる。同年11月スラバヤ付近で触雷し艦首切断するも沈没を免れ、1944年からは第1海上護衛隊で資源輸送船団の護衛に専念した（艦型図P26参照。再生された艦首が簡易設計となっている）。1945年1月馬公で空襲により損傷、内地にたどり着いたものの修理未了のまま終戦を迎えた。一般にはバタビア沖海戦の奮闘しか知られていないが、戦歴の大半で東南アジアとの関係を持ち続け、太平洋戦争の本質を知りぬいていた艦の一つである。

駆逐艦の寿命

日本海軍の駆逐艦はほとんど、竣工から20年プラスマイナス2〜3年程度で退役した。海外では作りすぎたとか極端に実績が悪いとかの理由で10年もたたずにリタイヤさせられることもあったが、戦没や事故沈没、鹵獲艦を除けば15年持たなかったのは「漣」「霞」「楢」「樅」（いずれも初代）ぐらいしかない。すぐスクラップとは限らず、廃艦や雑役船の扱いで係留され、訓練の標的として沈められることもあった。また、別任務に流用されることもあり（別項参照）、5〜6年程度余分に使われた。太平洋戦争の日本駆逐艦で最古参は1920年製の「栗」だが、日本駆逐艦として作られた船では建造中イタリアに売却された「江風（アウダーチェ）」の1916年、ついで満洲国に引き渡された「樫（海威）」となる。イタリアでは1915年製の「アバ」「モスト」が何と1958年まで在籍した。それを見ると、太平洋戦争時リタイヤ状態で残っていた「樅」型などの数隻を何とか再利用できなかったかと考えてしまう。

基本工作 foundation

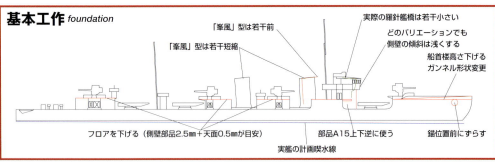

舷窓開放図 portholes

注：右舷は「帆風」、左舷は「灘風」をもとにしている

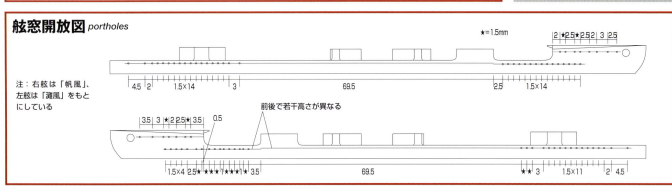

「峯風」「神風」型

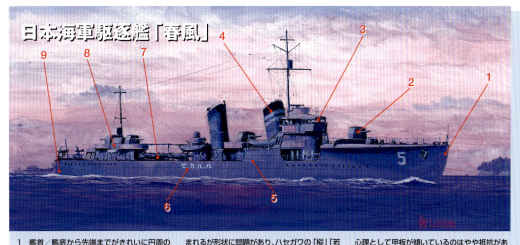

日本海軍駆逐艦「春風」

1 艦首／艦底から先端までがきれいに円周の4分の1を構成する、独特のステム側面形状。日本海軍の秘密兵器・連繋機雷の連結線を乗り越えるためで、海外ではスプーンバウと呼んだ。また船首楼と艦橋を分離し、艦首で打ち上げる波を中間に落とすことで低いシルエットと荒天時の艦橋機能維持を狙ったが、こちらはドイツ駆逐艦で明治時代から普通に使われていたレイアウトで、日本オリジナルではない。キットは船首楼全体がやや大ぶりになっており、修整は後方の構造物との兼ね合いで考えたい。ガンネルの形状処理にも問題があり、側面のタートルバックが艦首先端の側面形にまで及んでいるので、ハセガワの「樅」型のキットを参考に修整するといい。アンカーレセスの位置ももっと前が適当。厳密にはレセスの形状にバリエーションがあり、凝ってみてもいい。なお、ハセガワの「睦月」型から改造する場合、元のキットが艦首を長めにしてあるので、単純に先を切り詰めて整形しても構わない。図面をよく調べると「神風」型は船首楼後端（および艦橋構造物側面ブルワーク前端）がフレームーつだけ前に移動しているが、ここまでこだわる必要はなさそう。

2 主砲／三年式12㎝砲。日本海軍では砲の型式を尾栓の構造で区分していたため、特型以降の12.7㎝砲とタイプ自体は同じ。計画時は正面に板一枚だけのシールドで、近年のフルハル仕様に部品が加えられたが、実際は使われなかったらしい。「野風」から形状がより複雑なものに変更。いずれも厳密には左右非対称（左側の幅が広い）で、旧型シールドには1番砲用と2～4番砲用の2通りある。キットに入っているのは新型のみで、該当部品は同社の「千鳥」型に含まれるが形状に問題があり、ハセガワの「樅」「若竹」型用はピットロードのものより少し小さい。ヤマシタホビー「睦月」型には新旧両方の部品があり（旧型は必ず余る）、左右非対称も再現されているが、下部の丈が旧2〜4番砲用の短いタイプ。あまりこだわりすぎず、キット同梱パーツの肉厚を利用して削るのが最も無難。「沢風」は大戦末期、1番砲位置に試作の15㎝9連装対潜ロケット砲を搭載。

3 羅針艦橋／いくつかバリエーションがあり、キット形状は最終タイプ（側面支柱は初期タイプ）に相当する。実艦図面に対しやや大きめなので、丸ごと作り直す選択肢も考えたい。「秋風」は戦時中爆撃で艦橋が大破し、修理後「睦月」型を簡易化したような新形状のものとなった。

4 煙突／「神風」型からほんの少し前部煙突が延長。さらに防雨装置の装着で高くなった。「夕風」では予備試験タイプと思われるものをつけた写真もある。厳密に言うと「神風」型の煙突はほんの少し後方に寄せているが、ほとんど見分けがつかないうえ下手をすると2番砲と干渉する恐れがあるので、模型では無視するのが無難。「波風」は終戦直前の改造で1号缶を撤去して前部煙突が細くなった。当時は当該煙突のみを外した半円形断面になった可能性がある。なお、「追風」以降は缶室の通風方式が変更され、2番砲と探照灯の下に特型第2グループ以降と同様のおわん型給気筒が設置された。

5 船体／「峯風」「樅」グループは後の駆逐艦と異なり、計画喫水線がややアップトリムになっている。この点に初めて立ち入ったのがヤマシタホビー「睦月」型で、それ以前のキットはすべて甲板が喫水線と並行している。ただし、モデラー心理として甲板が傾いているのはやや抵抗があるうえ、模型製作の一般的ターゲットである太平洋戦争当時の状態では喫水が沈む（しかも艦首付近に負荷がかかりやすい）ため、無理にこだわる価値は小さい。「神風」型で若干幅を増したが、差は30㎝で1/700では0.5㎜。無視していい程度。ピットロードの「野風」もランナーは「神風」のものが入っている。本来は比較的はっきりしたタンブルホームがついているが、キットは型抜きの都合で上甲板が幅広になっている。いずれにせよ、2019年現在ヤマシタホビーでは「神風」型の発売も検討しているようで、船体形状にこだわるファンにとっては期待したいところだろう。

6 艦名／このシリーズは八八艦隊計画の構成要素で、当初の計画数が多かったため艦名候補の不足を見込んで16番艦から番号艦名に変えられた。これが味気ないと現場では大不評で、八八艦隊計画の放棄と旧式駆逐艦の退役を機に固有名詞に直された。姉妹艦9隻中元就任を名乗ったのは「旗風」「朝凪」のみ。計画当初用意されていた「清風」など5種は結局使われなかった。番号艦名時代は舷側の表記にシャドウがついていたが、改名後は旧来の小さめナシなしの書体。今のところ「睦月」型のような大判文字への変更は確認されていないが、少なくとも水雷戦隊に組まれた艦は変更していたのでは。

7 魚雷発射管／53.3㎝魚雷発射管。「峯風」型は人力旋回の六年式、「神風」型は動力付きの十年式。「追風」「疾風」「夕凪」は改良型を装備したが、どういうわけか「★（黒い星印でスターと読む）十年式」という変な名前が付いている。厳密には十年式の方が微妙に寸法が小さい。戦時中順次撤去されたほか、「峯風」などは太平洋戦争開始以前にすべて撤去していた。予備魚雷2本のケースを後部煙突左舷に持っており、「追風」から右舷にも設置し搭載数が4本となる。艦橋の横を通って1番発射管に連絡する魚雷運搬軌条も、左舷から右舷に変更。キットには追加のケースの部品がついているが、軌条の面倒は自分で見る必要がある。

8 砲座／「峯風」型は主砲が後部煙突を中心に前後シンメトリーの配置だったが、「野風」から3・4番砲を背中合わせに変更。いずれも波浪対策で船首楼レベルの高さに置かれている。キットはこの砲座位置がやや高め。基本構造の上では直すのは簡単なのだが、側面支柱の形状変更を伴うため実際はかなり手がかかる。

9 艦尾／敷設型・掃海型・対潜型の3種類ある。対潜型は敷設型に爆雷投射機を追加したもので、前の艦も順次これにならったが、全艦に及ばなかったらしい。これらは一号連繋機雷の運用を意図したものだったが、1929年にようやく訓練用モデルを作って艦隊演習で試したところ評価は散々で、以後この兵器の運用は事実上立ち消えになった。「神風」型は掃海型4隻の1個駆逐隊で固定されているが、「峯風」型は混用。水線模型とは無関係に「神風」型は舵の形状を変更した。「汐風」「波風」は大戦末期、「回天」搭載型に改造。要領は異なり、「汐風」は既存の後部マストから後ろの構造物を撤去し「回天」4基を搭載。現存写真からはっきりしないが、軌条は2列らしい。「波風」は別掲の通り図面が知られており、軌条は1列でそれをまたぐように後部マストが新設された。搭載数は「回天」2基で、実戦使用された1型ではやや長さが不足だが、2型（過酸化水素などを用いる新型エンジン搭載型・計画のみ）と「海龍」が描かれていた。

1: Well deck arrangement was adopted following German method.
2: 4.7in LA gun. Shield shape was altered from Nokaze.
3: Bridge fitting was gradually modified.
4: Funnels were heightened from Kamikaze. 'Upside-downed ball' ventilator was adopted from Oite.
5: Beam was spread from Kamikaze.
6: From the 16th ship were re-named after Washington treaty was concluded from proper noun. Seven of nine succeeded to the name of retired destroyers.
7: Power-driven torpedo tube was adopted from Kamikaze. Number of spare torpedo was increased from two to four from Oite.
8: All of main guns were placed at forecastle level. Arrangement was modified from Nokaze.
9: Eight units seem to have been fitted with mine sweeping gear. Depth charge thrower was introduced from Oite.

1935年頃の「夕凪」。船首楼の上に干してある洗濯物から艦隊作業地の微風が伝わる一葉。オリジナルの「峯風」型からはかなりの細部変更が実施されており、艦橋構造物や煙突まわり、砲兵装はほぼ次の「睦月」型に準じたものとなっている。第29駆逐隊の4隻の中では本艦のみ前部マストの見張所が下部ヤードの上にある。

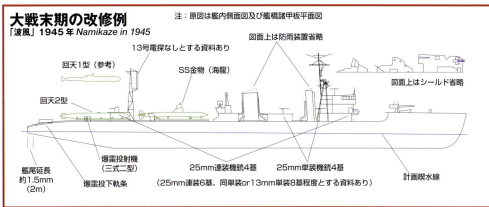

大戦末期の改修例
「波風」1945年 Namikaze in 1945

注：原図は艦内側面図及び艦橋諸甲板平面図

- 回天1型（参考）
- 回天2型
- 艦尾延長 約1.5mm (2m)
- 爆雷投射機（三式二型）
- 爆雷投下軌条
- 13号電探なしとする資料あり
- SS金物（海龍）
- 25mm連装機銃4基
- 25mm単装機銃4基
- (25mm連装6基、同単装or13mm単装8基程度とする資料あり)
- 図面上は防雨装置省略
- 図面上はシールド省略
- 計画喫水線

「峯風」 Minekaze 1920

ほぼキットの素組だが、最も初歩的なディテールアップとして主砲のシールドを変更してある。優秀なキットではあるが、多少模型的にデフォルメされていて実艦より小さめの船に見える。本書の作例では基本的に船底板を使っていないが、これに限ってはあえて使い乾舷をかさ上げして見かけのバランスを取る手もある。

「波風」 Namikaze 1945

終戦時の状態に改造。「峯風」型の工作では最も難易度の高い例だが、甲板のモールドにこだわらなければ手に負えないこともない。本艦に限らず後期状態を製作する場合、増設機銃座が入るなど一部内容変更された後期仕様のキット（「夕風」「夕凪」）を選ぶといい。

「神風」 Kamikaze 1941

キットの形状を修整したもの。煙突や羅針艦橋の高さはそのままだが、主砲の位置を下げただけでシルエットバランスが大きく変わり、このグループ特有の低平で攻撃的なトカゲ的スタイルがより際立ってくる。2〜4番砲座の側面支柱が大きな課題となるので、エッチングパーツの使用を含め事前にきちんと目処をつけておくこと。

「夕凪」 Yunagi 1925

ハセガワ「三日月」を改造したもの。上級者は今更と思ってしまうかもしれないが、シルエットの再現に限って言えばハセガワのキットは秀逸で、細部にこだわらなければピットロード版を改修するより手軽に雰囲気のいい作品を作ることができる。作例あたりのグレードが乗り換えのボーダーラインになりそうだが、どちらを使うかは予算その他の事情も含めて検討していただきたい。

魚雷攻撃

雷撃訓練中の「磯波」。昭和初期の空撮写真は珍しい。61cm魚雷発射管9門の一斉発射は列強各国の脅威の的だった。酸素魚雷開発後「朝潮」型までの各クラスは新型艦から順次対応工事を実施したが、特型の着手は戦時中で緒戦の戦没艦は搭載できなかったらしい。

駆逐艦が世界的に普及したのは、魚雷という兵器の有効性が認められていたからだ。第一次大戦のころまでは、うちどころによっては魚雷1本でも戦艦が撃沈できるとされており、第二次大戦でも重巡洋艦以上は命中2〜4本程度で沈んだ例が多い。魚雷は極めて危険な兵器である反面、とても当てにくい兵器でもあった。

魚雷の一般的な動力はガソリンエンジンで、速度は時速70〜90km程度とミサイルに遠く及ばない。燃焼に必要な酸素を圧縮空気で賄うため、無用の窒素を吹き出しながら走り、泡で存在を悟られやすい欠点もあった。電池式の魚雷はさらに速度が遅く、水上艦艇では用いられなかった。また、第二次大戦中にようやく自動追尾式魚雷が実用化されたものの、高速で走りまわる戦闘艦艇には効果が乏しい。もちろん誘導式もなく、普通は単純な撃ちっぱなし。射程は最大10km前後あっても、水上戦では魚雷の速度を高め、距離を半分以下に詰めないと命中させるのは難しいとされていた。注意深く見ていれば発射した瞬間に回避行動を取れるし、そもそもうまい砲手なら百発百中の距離だ。そのため、魚雷戦で戦果があがるのはほとんど夜戦の場合で、敵に発見されないうちに発射できるか、最低でも発射のタイミングを悟られないかが大きな鍵だった。また、魚雷の機能に関するトラブルも各国で大なり小なり見られたが、日本で特に目立ったのは目標に命中する前に爆発してしまう事例で、これは起爆装置を鋭敏にしすぎて波の影響で誤作動してしまったのが原因といわれている。

小型で防御力のほとんどない駆逐艦で敵の主力艦に肉薄し必殺の魚雷を当てるという戦闘スタイルは、日本海軍では「肉を切らせて骨を断つ」の典型例として大いに持てはやされ、世界標準より大きい直径61cmの魚雷を採用するなど装備強化にも熱心に取り組んだ。1930年代中期、圧縮空気を酸素のみに置き換える技術を確立し、ほぼ無航跡の高性能魚雷を実用化。実戦では命中するまで相手に見つからず、連合軍から「青白い殺し屋（pale killer）」と恐れられた。しかし日本海軍では、無航跡の特性と最大20kmを超える射程距離を利用し、昼間水平線上ぎりぎりで見える距離の敵に雷撃をかける戦術を研究していた。結局は肉を切らせないで骨を断つに越したことはないと考えていたようだ。

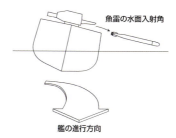

魚雷攻撃は基本的に、敵艦の予測未来位置に複数の魚雷で網をかぶせるように発射する。可能な限り目標に接近し、舵を切って離れ際に連続発射することで、扇状の射線を構成する。扇の開き方は相手との距離によって調整する。単独では敵に回避されやすいので、少なくとも2隊で敵から見て90度の角度をとりながら同時攻撃をかけるのが望ましい。さらに日本海軍では、3〜4グループで四方八方から同時に魚雷を撃ち込んで嫌でも命中させる戦術を訓練していた。
魚雷も「腹打ち」は厳禁で、スムーズに海面に入射するよう旋回して船体を傾けながら発射するのが原則。模型を作る時も、海戦ジオラマで勇ましさを出そうとして空に魚雷をぶっぱなしてしまわないように。

魚雷攻撃の要領
（図は同航戦の場合を示す）

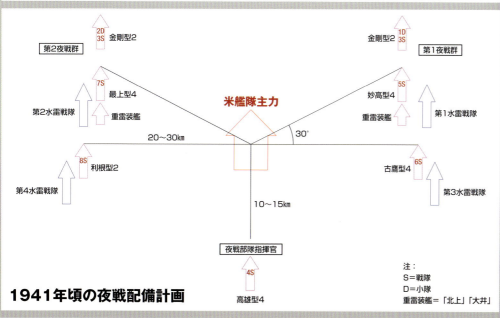

1941年頃の夜戦配備計画

The battle style of destroyer is to close with larger ship without any armor and strike decisive torpedo attack. Japanese favored it since being put as well-known traditional phrase; 'let enemy cut one's flesh, let one cut enemy's bone'. After developed 24in high performance oxygen torpedo, though, IJN also studied hard very long range torpedo attack in daylight.

「樅」「若竹」型

駆逐艦「樅」、1921年（写真提供／大和ミュージアム）。

大正時代の二等駆逐艦「樅」「若竹」型は「峯風」グループの縮小版だが、予算節約という建造目的ゆえ船としての主張性は弱い。しかし太平洋戦争では近海用護衛艦として大活躍し、実戦での有用性が実証されている。近年は資料の充実から大戦後期の状態もかなりよく知られるようになったが、コレクションモデリングとしては「友鶴」事件の萌芽としての設計的特徴にも着目したい。

「樅」「若竹」型について

八八艦隊計画は兵力と予算の面で日本の国力を超える膨大な規模であり、さすがの日本海軍もどこかで妥協すべき部分は否定できなかった。駆逐艦のうち味方主力艦の直衛にあてる兵力がこれに含まれ、二等駆逐艦の建造を継続。「峯風」型に対応する量産型として「樅」型21隻と「若竹」型8隻が就役した。後に駆逐艦メーカーとして名をあげる藤永田が初めて参入するなど、建造には中堅造船所が携わり国内産業の底上げにも貢献したが、ワシントン軍縮条約によって八八艦隊計画が放棄され、二等駆逐艦はその意義を失って開発史の幕を閉じることとなる。「峯風」型より武装若干を減じていたものの、一回り小さい船体に同じレイアウトは無理があり、「早蕨」の沈没事故からひいては後の「友鶴」事件へとつながる設計上の欠点を秘めていたのだが、それは当時まだ気付かれていなかった。

太平洋での艦隊作戦には到底使えないことが明らかになったとはいえ、そのサイズはむしろ大陸沿岸での行動に好適で重宝されることとなる。「樅」型は1940年に大半が駆逐艦籍を除かれ、半数は哨戒艇に転籍、残りはその直後、または雑役船という有名無実の類別を経て戦後解体された。しかし「樅」型3隻と「若竹」型6隻は太平洋戦争中も駆逐艦籍にとどまり、今度は貴重な海上護衛兵力として活躍。3隻が終戦時も健在だった。二等駆逐艦ほど艦隊決戦という枠組みの内と外で評価が大きく変わる艦は少ない。

キットについて

ウォーターラインシリーズの「樅」「若竹」はフジミ脱退後のラインナップ補充プログラムが始まってから発売され、「睦月型」と同じくハセガワが手掛けた。物が小さいのを補うためとはいえ、哨戒特務艇というマイナーアイテムをおまけに付けたのも特徴的。商品内容は同一で機銃の位置のみで作り分けるようになっており、考証的に多少の不備が生じるものの、同社特有の切れ味鋭いモールドでディテールバランスもよくまとまった佳作といえる。できれば大戦末期のバリエーションキットも出してほしいものだ。

製作

「樅」型に関してはなぜか文献資料に寸法の混乱が見られ、キットは誤った値に基づいて約5mm短く設計されてしまっている。船体の延長を含む修整は初心者にはちょっと難しい工作になるが、誤差の比率が4％と結構大きいことや他のクラスとの比較を考えると、思い切った措置を取るのもいいのでは。小艦艇模型では船体の切り継ぎはちょくちょく出てくる。本型に限らず全体を一度見通して、これはというアイテムを選んで挑戦してみよう。今回は哨戒艇への改造は割愛するが、キットで省略されている基本4タイプのマイナーチェンジはおさえておきたい。

The second grade destroyer, under 1000tons displacement was designed only to save budget under huge fleet building program in early 1900s. Since naval treaty was concluded this grade was regarded to be lost necessity before abandoned production, but later they proved utility for coastal operation and shipping protection.

駆逐艦のリサイクル

駆逐艦が退役を余儀なくされる最大の理由は機関部の損耗で、逆にいえば、あまり高速で走る必要のない任務ならもうしばらく使える見込みもありそうだ。典型的な用途が商船護衛で、戦時に突然膨大な需要が発生するという護衛艦艇特有の性質上、多少不便でも駆り出されるのが常だった。他に掃海や機雷敷設、兵員輸送といった任務への転用がなされ、本格的な適応改造を施すこともあったが、概して航続距離やキャパシティが不足し、維持の手間もかかるので平時はあまり好まれなかった。中古のスポーツカーをタクシーや宅配車に使うようなものなのだ。

日本海軍では大正に入って対米戦でのフィリピン侵攻が検討されるようになり、攻略船団の護衛や前路掃海のため退役駆逐艦から相当数が抽出されて掃海艇に転籍。1928年から番号名を与えて随時入れ替えていた（「磯波」など数隻は1928年当時まだ初代が在籍しており、直接二代目に艦名を譲っている）。昭和期に掃海艇は新造の専用艇と交代し、同じ目的で1940年には哨戒艇を新設。その多くが兵員輸送用に再改造された。日本では軽快艦艇による攻勢的機雷敷設には消極的で、連繋機雷のような特異な装備を除き現役・退役の駆逐艦が本格的な敷設艦に改造された例はない。中古のお下がりを外国に譲る例は、日本では「樫」のみ。標的艦を無線操縦するための特殊随伴艇となり、後に自身が反復使用を前提とする標的艦となった「矢風」のようなケースは珍しい。

「樅」「若竹」型

樅・若竹型 Momi and Wakatake class

設計番号	F 37（m-early） F 37 A（m-mid） F 37 B（m-late） F 37 C（w）
基準排水量	770トン（樅型） 820トン（若竹型）
全長	88.4 m（1/700：126.3 mm）
水線幅	7.9 m（1/700：11.3 mm）（樅型） 8.1 m（1/700：11.5 mm）（若竹型）
機関出力	2万1500馬力
速力	36ノット（樅型） 35.5ノット（若竹型）
兵装	12 cm砲3門、53.3 cm魚雷発射管4門、6.5 mm機銃2門、連繋機雷または掃海具

艦名 name	建造所 builder	竣工 commissioned	終末 fate	グループ group	識別点 distinguish points					備考 note
					1	2	3	4	5	
樅 Momi	横須賀工廠	1919.12.27	1932.4.1除籍	m-early	1	1	1	1	1	1
榧 Kaya	横須賀工廠	1920.3.28	1940.2.1除籍	m-early	1	1	1	1	1	
楡 Nire	呉工廠	1920.3.31	1940.2.1除籍（第1泊浦）	m-early	1	1	1	1	1	1
栗 Kuri	呉工廠	1920.4.30	終戦時残存	m-early	1	1	1	1	1	2
梨 Nashi	神戸川崎	1919.12.10	1940.2.1除籍	m-early	1	1	1	1	1	
竹 Take	神戸川崎	1919.12.25	1940.2.1除籍	m-early	1	1	1	1	1	1
柿 Kaki	浦賀船渠	1920.8.2	1940.2.1除籍（大須）	m-early	1	1	1	1	1	1
栂 Tsuga	石川島	1920.7.20	1945.1.15戦没（空母機）	m-early	1	1	1	1	1	
菊 Kiku	神戸川崎	1920.12.10	1940.4.1転籍（第31号哨戒艇）	m-mid	1	2	2	2	1	
葵 Aoi	神戸川崎	1920.12.20	1940.4.1転籍（第32号哨戒艇）	m-mid	1	2	2	2	1	
萩 Hagi	浦賀船渠	1921.4.20	1940.4.1転籍（第33号哨戒艇）	m-mid	1	2	2	2	1	
薄 Susuki	石川島	1921.5.25	1940.4.1転籍（第34号哨戒艇）	m-mid	1	2	2	2	1	
藤 Fuji	藤永田	1921.5.31	1940.4.1転籍（第36号哨戒艇）	m-mid	1	2	2	2	1	
蔦 Tsuta	神戸川崎	1921.6.30	1940.4.1転籍（第35号哨戒艇）	m-late	2	3	2	2	1	
葦 Ashi	神戸川崎	1921.10.29	1940.2.1除籍（第2泊浦）	m-late	2	3	2	2	1	1
菱 Hishi	浦賀船渠	1922.3.23	1940.4.1転籍（第37号哨戒艇）	m-late	2	3	2	2	1	
蓮 Hasu	浦賀船渠	1922.7.31	終戦時残存	m-late	2	3	2	2	1	
菫 Sumire	石川島	1923.3.31	1940.2.1除籍（三高）	m-late	2	3	2	2	1	1
蓬 Yomogi	石川島	1922.8.19	1940.4.1転籍（第38号哨戒艇）	m-late	2	3	2	2	1	
蕨 Warabi	藤永田	1921.12.19	1927.8.24沈没（衝突事故）	m-late	2	3	2	2	1	
蓼 Tade	藤永田	1922.7.31	1940.4.1転籍（第39号哨戒艇）	m-late	2	3	2	2	1	
若竹Wakatake（第2駆逐艦）	神戸川崎	1922.9.30	1944.3.30戦没（空母機）	w	2	4	3	2	2	
呉竹Kuretake（第4駆逐艦）	神戸川崎	1922.12.21	1944.12.30戦没（USS Razorback）	w	2	4	3	2	2	
早苗Sanae（第6駆逐艦）	浦賀船渠	1923.11.5	1943.11.18戦没（USS Bluefish）	w	2	4	3	2	2	
早蕨Sawarabi（第8駆逐艦）	浦賀船渠	1924.7.24	1932.12.5沈没（荒天遭難）	w	2	4	3	2	2	
朝顔Asagao（第10駆逐艦）	石川島	1923.5.10	終戦時残存	w	2	4	3	2	1	2
夕顔Yugao（第12駆逐艦）	石川島	1924.5.31	1940.4.1転籍（第46号哨戒艇）	w	2	4	3	2	1	
芙蓉Fuyo（第16駆逐艦）	藤永田	1923.3.16	1943.12.20戦没（USS Puffer）	w	2	4	3	2	1	
刈萱Karukaya（第18駆逐艦）	藤永田	1923.8.20	1944.5.10戦没（USS Cod）	w	2	4	3	2	1	

注：「若竹」型は当初予定艦名「桔梗（ききょう）」「百合（ゆり）」「菖蒲（あやめ）」「海棠（かいどう）」「杜若（かきつばた）」「躑躅（つつじ）」「紫苑（しおん）」「紫陽（あじさい）」「刈萱」「沢瀉（おもだか）」「牡丹（ぼたん）」「芭蕉」「撫子」。「第2～26駆逐艦」に変更、1924年4月24日「第2～18号駆逐艦」（「第8号」のみこの名前で竣工）、1928年8月1日固有名詞に改名。
建造中止：「第14、20～26号」

備考
1　除籍後も解体されないまま残存。雑役船に再編入され、大戦末期に別名を付与されるなど変則的な経緯をとっている
2　「栗」「朝顔」は終戦直後触雷擱座

識別表

識別1	主砲	1：旧式防盾　2：新式防盾
識別2	艦橋	1：側壁曲面・支柱アーチ状　2：側壁直線・支柱傾斜直線・下部前面段差・下部側面短縮　3：頂部拡大　4：側壁金属板・下部前面段差なし
識別3	前部マスト	1：艦橋直後　2：やや後方　3：信号所後端
識別4	機銃	1：分散配置　2：艦橋下部
識別5	艦尾兵装	1：敷設型　2：掃海型

工作のワンポイントアドバイス　ハセガワ版……船体延長が最大のハードル。マイナーチェンジの再現だけでまとめる手もあり！

細部変遷図 detail transition

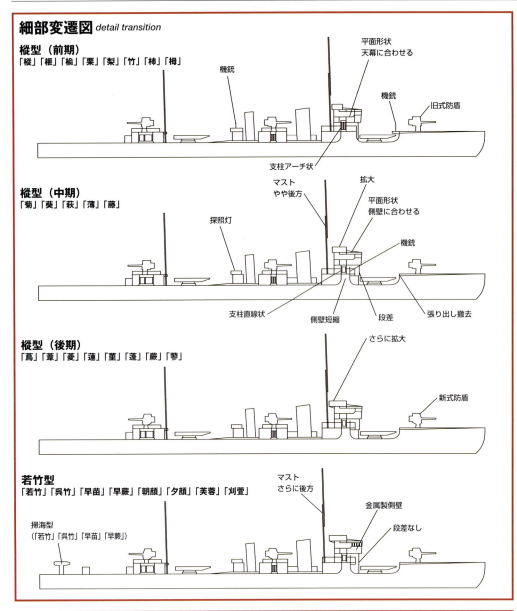

基本形状の修正 foundation

大戦末期の装備例 late war configuration

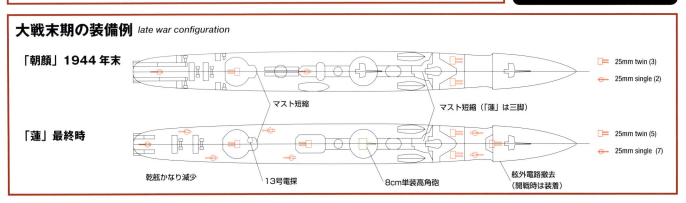

ピックアップ～駆逐艦「朝顔」

建造所は播磨造船とともに現在のIHIの母体となった石川島造船所で、1923年5月竣工。太平洋戦争開始時は鎮海警備府にあり、1942年4月の第1海上護衛隊設立時から大戦終期まで同隊に所属した、文字通り海上護衛のエキスパートだった。シモ03船団で内地に到着後は内海西部で小型艦艇の支援任務についたらしく、無事終戦を迎えたが、直後の8月22日関門海峡西口で触雷し付近の浅瀬に擱座。消耗し尽くした老兵は2年後に引き揚げられ、静かに消え去った。

戦利駆逐艦

艦船のような大物が戦時鹵獲や戦後賠償で手に入ると一見ラッキーに思えるが、実際は自軍の艦との性能や設計の違いから一緒に使うのが難しく、メジャーな海軍ほど持て余すのが実情だった。日本海軍の駆逐艦についても同様で、まず日露戦争では沈船引き揚げや降伏接収によって5隻を入手し艦籍に入れたが、1917年の「山彦」を最後に現役引退。第一次大戦終結時にはドイツから数隻の賠償供与を割り当てられ、日本の二等駆逐艦に近いものも含まれていたが、八八艦隊計画のさなかに今更毛色違いを混ぜる必要もないと現地でスクラップ処分してしまった（戦時建造で質的問題もあったらしい）。太平洋戦争では香港で英「スラシアン」、スラバヤで米「スチュアート」と蘭「バンケルト」が沈没していたのを回収したが、最初から魚雷なしの哨戒艇（第101、102、106号）として利用することにした。英艦は状態不良のため短期間で実戦任務をあきらめ訓練や試験にのみ使用、蘭艦は終戦まで修理中だったが、「第102号」は実戦投入され終戦まで活躍した。右ページ右上に描いたのが同艦で、元の4本煙突がよく知られていたため、敵と間違われないようにわざわざ3本煙突に改造していた。「哨101・102・106号」については護衛艦編を参照されたい。

ピックアップ～駆逐艦「蓮」

浦賀船渠で1922年7月竣工。太平洋戦争当時なお駆逐艦籍にあった「樅」型3隻の一つで、これらはいずれも支那方面艦隊に編入され大陸方面に駐留していた。「蓮」は開戦当日上海で英砲艦「ペトレル」に降伏勧告の特使を送ったが拒否され、交戦撃沈。その後も終戦まで大陸沿岸で行動。1944年8月には沖縄からの学童疎開船団の護衛に従事し、「対馬丸」を失う。大戦末期には魚雷発射管を全て撤去し、完全な近海護衛艦となって終戦を迎えた。大きな損傷は受けなかったが、損耗が激しく復員輸送には使われなかった。

「樅」「若竹」型

日本海軍駆逐艦「朝顔」

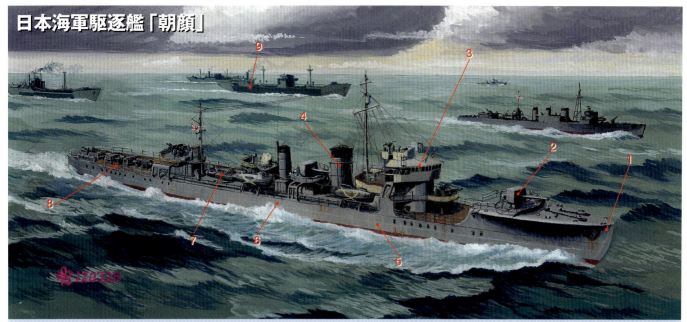

1 艦首／「峯風」型と同様のタートルバック付き艦首。既存キットの中では「樅」型のものが最も形がいい。厳密には船首楼甲板は若干前下がりなのだが、そこまでこだわる必要はないだろう。日本駆逐艦で初めてウサギの顔型のようなアンカーレセスを採用し、「峯風」型と異なり全艦ほぼ同じ形状。

2 主砲／12cm砲3門。装備位置を船首楼レベルに統一している。砲架自体が単純なので後の船と比べるとたいして重武装には見えないが、実質的には下の甲板まで合わせて考える必要があり、このレイアウトが「早蕨」転覆事故の遠因と考えられる。キットのシールドは旧型の1番砲用の形状で、2・3番砲は厳密には「峯風」型と同じく裾を切り詰める必要がある。少なくとも初期艦の新造時は3門とも裾の短いタイプとなっており、後で変更されたらしい。「樅」型第3グループからは新型シールドだが、交換対象となるべきピットロードのパーツは若干大きい。スケール的にはハセガワ版のほうが望ましいが数を揃えるのが難しいので、両タイプとも作る場合は最初からピットロード版の部品で統一しておき、旧型シールドを改造して調達してもいいだろう。あるいはヤマシタホビーのパーツの使用も考えたい。

3 艦橋／「樅」型は計画番号F37（8隻）F37A（5隻）F37B（8隻）に大別され、グループごとに艦橋構造物の形状が若干異なる。「若竹」型（F37C）では羅針艦橋側壁が鉄板となり、ほぼ「神風」型に準じた仕様となる。前部マストも少しずつ後ろに移動した。

4 煙突／前の「桃」「樺」グループとは逆に前が太い2本煙突。機関は生産力不足のため、比較も兼ねて雑多なメーカーの製品が使われた。防雨装置の装着状況はばらばらで、「栗」「朝顔」のように終戦まで未装着のものもあった。ハセガワのキットは両煙突左側に押し出しピンの跡があるのが厄介。パテを盛るか、一旦ピンバイスで穴を切ってのばしランナーの付け根を押し込むかして消しておきたい。

5 船体／「桃」型以降の二等駆逐艦は垂線間長275フィートで設計されており、「樅」型と「若竹」型も長さは同じだが、なぜか資料によっては「樅」型の全長を水線長と取り違えて短く記載。あいにくキットはこれに惑わされて5mm短くなっており、完璧を期したいモデラーとしては頭の痛い問題を生じている。ただ、実艦図面と比べると誤差は前後の比較的すいた部分に集まり、肝心の中央部はそのままでも大丈夫なようなので、修整はそれほど難しくないのでは。一方、諸改正に伴う重量増加と復元性低下に対応するため「若竹」型で幅を拡大したが、その差は微細で無視して差し支えなし。「峯風」型などと同様、計画喫水線はアップトリムで、ほぼキットの船体パーツの艦首側下端から艦尾端0.5mm上を結ぶ線になるが、すでに1930年代には乾舷が目に見えて下がりはじめ、喫水線も船体と並行に近く塗られている。終戦時の「栗」「蓮」は乾舷が上部構造物の1階分より低く、1/700では3mmに達しないはず。

6 艦名／二等駆逐艦の伝統である草木名。1文字名のネタが尽きたようで途中から2文字となり、当初は「海棠（かいどう）」や「躑躅（つつじ）」など異常にマニアックな名前やとんでもなく画数の多い文字のものを含んでいたが、二等駆逐艦は偶数番号と規定変更され第2～26と改名。さらにワシントン条約締結後14と20～26をキャンセルのうえ、再び固有名詞がつけ直される。幸い（？）このときほとんど別の名前と取り換えられ、なぜか「刈萱」だけがオリジナルのまま残った。なお、「若竹」型以前は「芙蓉」と「藤袴」が用意されていたが、それぞれ「夢」「蕨」と差し替えられたという。

7 魚雷／前の45cm三連装から53cm連装に変更。2番煙突と3番砲の横に予備魚雷ケースがあり、キットは前者が形状に問題あり、後者は欠落している。また関連設備のない右舷の魚雷運搬軌条は削除すること。「栗」「蓮」は終戦時までに発射管を全て撤去していたが、「朝顔」は最後まで後部連管を持っていたようだ。

8 後甲板／艦尾の平面形状が従来艦より若干幅広になった。ほんの少しシアーがついているが、1/700では無視できる程度。一等駆逐艦と同じく連繋機雷敷設型と掃海具装備型がある。大戦後期には煙雷兵装用スペースとして活用された。

9 シモ03船団／沖縄戦真っ只中の1945年4月26日、上海から出港した内地向け最後の船団（発着は泗礁山～門司）。雑多な商船6隻を旗艦「朝顔」以下6隻が護衛し、さらに3隻が加わって合計9隻で輪形陣を組む厳重な護衛体制をとった。27日以降絶えず敵機の触接を受け、対空戦闘7回、夜間は敵潜にも包囲される絶体絶命の修羅場をくぐりぬけて、5月2日全艦船生還。生粋の護衛屋としてつかんだ最後の栄光だった。

1 Spoon shape bow with turtle back.
2 All of 4.7in gun was placed on forecastle level like Minekaze group.
3 As bridge was modified gradually foremast was moved astern.
4 Some of ships were not received water-proof device.
5 Beam was slightly extended from Wakatake.
6 Botanical nouns were used to the 2nd grade destroyer.
7 21in torpedo was adopted instead of 18in until previous class.
8 Minimum sheer.
9 Convoy ShiMo03. P-102, former USS Stewart participated to it.

駆逐艦「朝顔」。日中戦争勃発後の撮影らしく、なぜか艦尾艦名表記のみ検閲で消去されている模様。船体塗装が当時大陸方面に派遣されていた日本艦艇の特徴であるライトグレイとなっているほか、駆逐艦では滅多に適用されない後部マストの黒塗装を施している。海軍の規定上は煙突の黒の下端から上9mとなっていたが、上端は厳密ではなく本艦の場合はヤードの下まで。「呉竹」では揚子江砲艦のように前部マストにも黒塗りをしている写真がある。普段は3号缶しか使っていなかったようで、1番煙突にカバーがかけられている点、機関室の天窓を開いてウインドセイル（ウインドスル、布製通風筒）を立ち上げている点にも留意。

「樅」 Momi 1919

キットの素組。「睦月」型とは開発年次が20年以上違うだけあって、完成度の差は歴然。寸法を気にしないならこのままでも充分だろう。「峯風」グループと模型を並べると、「樅」グループは思いのほか華奢で腰高な船であることもわかる。「樅」自体はこれといった艦歴もなく早期にリタイヤしたので、魅力としてはいまいち。他艦の艦名デカールを足すといった簡単だが効果的と思われるフォローアップも望まれる。

「若竹」 Wakatake 1922

船体延長に加え、より「若竹」型本来の姿に近づける改修を施した場合。きちんとポイントをチェックしていくと、「樅」型との関係が「峯風」型と「神風」型のそれに近いことが実感できておもしろい。そこまでこだわらなくても、マストと主砲を変えるぐらいなら初心者でも簡単に対応できるはず。

「蓮」 Hasu 1945

ディテールアップ作例。近年になって終戦直後の「栗」「蓮」の写真が公開されたが、当初は両艦の艦名が取り違えられていたので注意が必要。行動範囲が大陸沿岸に限定されていたこともあって、魚雷発射管はすべて撤去され、対空火器とレーダーを大幅強化している。喫水もかなり増えているが、舷窓を全く閉鎖していないのが興味深い。キット化しても面白いと思うが。

「海威」 Hai Wei ex-KASHI 1939

参考作例。「樅」型のひとつ前のグループである「桃」「楢」型に属する「樫」は、日本海軍を引退後満州国に譲渡され「海威」と改名、戦時中は日本海軍の指揮下で行動した。船体形状がやや異なるものの、基本寸法は「樅」型と同じなので改造工作の対象となりうる。

1/700 日本海軍駆逐艦 箱絵で見るキットカタログ 1

◀艦船模型ボックスアートの第一人者・上田毅八郎氏は、陸軍船舶砲兵として幾多の戦闘をくぐりぬけた実体験に裏打ちされた臨場感あふれる場面表現を持ち味とする。ガッシュを用いた上書き技法によるしっかりした立体感が模型を連想させ、ボックスアートとしても好適な特性を持つ。とりわけ初期ウォーターラインシリーズの時代に印象的な作品が多い。2015年8月逝去。

日本駆逐艦 敷波
1200円（タミヤ）

日本駆逐艦 睦月
1000円（ハセガワ）

日本駆逐艦 松
900円（タミヤ）

日本海軍峯風型駆逐艦 峯風
1200円（ピットロード）

日本海軍神風型駆逐艦 神風
1200円（ピットロード）

日本海軍睦月型駆逐艦 水無月
1500円（ピットロード）

日本駆逐艦 三日月
1000円（ハセガワ）

日本駆逐艦 吹雪
1200円（タミヤ）

日本海軍特型駆逐艦 吹雪（フルハル）
2000円（ピットロード）

日本駆逐艦 初雪
1200円（タミヤ）

日本海軍特型駆逐艦 白雲（フルハル）
2000円（ピットロード）

日本駆逐艦 綾波
1200円（タミヤ）

日本海軍特型駆逐艦 敷波（フルハル）
2000円（ピットロード）

日本駆逐艦 響
1200円（タミヤ）

日本海軍特型駆逐艦 雷（フルハル）
2000円（ピットロード）

日本駆逐艦 初春 1941
1200円（アオシマ）

日本駆逐艦 子日 1933
1200円（アオシマ）

日本駆逐艦 樅
1000円（ハセガワ）

日本駆逐艦 若竹
1000円（ハセガワ）

日本海軍一等駆逐艦 初春
1300円（ピットロード）

日本海軍一等駆逐艦 初霜
1300円（ピットロード）

日本海軍水雷艇 千鳥
1600円（2隻セット）（ピットロード）

日本海軍水雷艇 鴻
1600円（2隻セット）（ピットロード）

「睦月」型

駆逐艦「水無月」。1926年3月、竣工時（写真提供／大和ミュージアム）。

「睦月」型は特型と並行整備されたグループで、「峯風」型のデザインに特型と同じ艦首形状や魚雷発射管を取り込んだもの。建造当時はまだ「睦月」型が艦隊駆逐艦の本命と目されていたが、いつの間にか標準艦隊駆逐艦の座を特型に奪われたうえ、太平洋戦争では第一線と第二線の合間で酷使されることとなる。苦労人を地で行く「睦月」型に敬意を表し、手のかかるキットもじっくり攻略したい。

「睦月」型について

ワシントン海軍軍縮条約によって八八艦隊計画が挫折したあとも、日本海軍は当面「峯風」型系列の整備を継続した。補助艦艇強化策として登場した「吹雪」型（特型）と並行建造された最終グループ「睦月」型12隻は、搭載魚雷を従来の53cmから特型と同じ61cmに強化したのが大きな違いで、艦首形状をスプーン型からダブルカーブ型に変更した点も、八八艦隊時代から条約時代への過渡期の艦だったことを端的に示している。太平洋戦争当時の「睦月」型はちょうど第一線と第二線のボーダーラインに位置する艦であり、手頃な中堅グループとしてあらゆる任務に酷使された。つなぎ役という位置づけに終始する運命を背負って泥臭く戦い抜いた彼らこそ、ある意味「駆逐艦の中の駆逐艦」と呼ぶべきだろう。

キットについて

ウォーターラインシリーズではハセガワが担当。アウトラインの表現が秀逸で評価は悪くないが、現在ではさすがにディテールの省略程度が気になる。一方、このキットがあったためかピットロード版の発売は「峯風」「神風」型よりかなり後になった。コレクションモデリングとしてはできるだけ類似艦を同じメーカーで揃えるのが定石と考えると、ファンとしてはようやく一段落のはずだったが、なぜか基本形状が大幅に変更されたため本来の利点が損なわれてしまった。

2018年にはヤマシタホビーが商品化。特型で培った設計プラクティスをさらに進めた独特の部品構成による基本構造の組みやすさが特徴だが、「峯風」グループ本来のデザインに見られる計画喫水線の傾斜を初めて再現した点も印象深い。現時点で後発2社の商品はいずれも「艦橋構造物などを改修した後の前期型」となっており、掃海具装備の後期型や昭和初期の艦隊編成に対応できない。加えて「睦月」型に関しては、大戦中期以降の多彩な改修要領の実態が次第に知られ、商品レベルでの対応が難しいことも認識されつつある。簡単な相手ではない。

製作

ピットロード版はとにかく「峯風」「神風」型との折り合わせが大前提。共通であるべき船体のアウトラインや各構造物の位置関係がずれている一方、艦首や魚雷関係など簡単には自作できないポイントも多い。完全につじつまを合わせるためには両方のキットを買ってきて徹底的に切り刻んで再構築する必要があり、なんとも割に合わない。ここはレイアウトバランスには目をつぶり、比較的くみしやすい船体平面形の修整で妥協するぐらいが落とし所になるのでは。いずれにせよ、キットのモールドを適度に生かしながら艦橋改正前や後期型、大戦末期の状態を再現する難しさを含め、使いこなすにはかなりの技量が求められる。

ヤマシタ版は最新だけあって大きな修整は不要で、姉妹艦の識別点など細部をいくつかケアすれば充分。アップトリムの再現は今後の展開次第で評価が変わる可能性がある。少なくとも後期型の商品化は検討しているようで、手を広げるのはしばらく様子を見てからでもいいのでは。

ハセガワ版は2番主砲の前後の甲板室を削って煙突を甲板付近から立ち上げるようにするのが当面の重要ポイント。少しでも上を目指すならヤマシタ版に手をかけるほうが近道ではあるが、目標点を低めに設定してしまえば小回りの利くハセガワ版の強みが生きる。艦橋改正前の艦隊編成はこちらをメインに考えてもいい。

MUTSUKI class was late production of Minekaze group approved with Fubuki class and incorporated 24in torpedo and double curved bow like them. While used to convoy escort, some of them stayed in the frontline fleet operation until late in the Pacific war. They were just a jack-of-all-trades and therefore must be regarded as true destroyer.

舷側艦名表記2

「睦月」型までの駆逐艦が使っていた舷側の艦名表記は等級に関係なく全型式共通のサイズだったらしく、大型艦では見かけが小さすぎるためか、特型から番号艦名時代に準じたシャドウ付きの大判文字が導入された。具体的な書き込む位置は、在籍艦では図面上はともかく（P38参照）実際は3文字艦、4文字艦ともだいたい共通の中心合わせだったように見える。これに対し特型ではややルーズで、各文字の位置や間隔など姉妹艦の間で必ずしも一貫しておらず、同じ艦でも写真によって異なっている例もある。「初春」型からは、4文字を基準に3文字艦は艦尾側の1文字を開ける（艦名全体の中心を合わせるのではなく）ようになった。「陽炎」型は5文字が基準となり、左舷側の位置が艦によってずれている（P106参照）。水雷艇も大判文字を採用したが、位置は前合わせで、「鴻」型も2文字艦は4文字艦の中2文字ではなく艦首側2文字に合わせている。戦前状態を作る場合は注意。

なお、艦尾には平仮名の艦名も入れていたが、制度上の軍艦と異なりペンキ塗りだけなので、模型のディテールアップに銘板を使う必要はない。

「睦月」型

睦月型 Mutsuki class

- 設計番号　F 41 E（M2-early）　F 41 F（M2-mid）　F 41 G（M2-late）
- 基準排水量　1315 トン
- 全長　102.7 m（1/700：146.7 mm）
- 水線幅　9.2 m（1/700：13.1 mm）
- 機関出力　3万8500馬力
- 速力　37.3ノット
- 兵装　12 cm砲4門、61 cm魚雷発射管6門、7.7 mm機銃2門、爆雷投射機片舷用2基または掃海具

艦名 name	建造所 builder	竣工 commissioned	終末 fate	グループ group	識別点 distinguish points 1	2	3	4	5	備考 note
睦月Mutsuki（第19号駆逐艦）	佐世保工廠	1926.3.25	1942.8.25戦没（陸上機）	M2-early	1	1	1	1	1	
如月Kisaragi（第21号駆逐艦）	舞鶴工作部	1925.12.21	1941.12.11戦没（陸上機）	M2-early	1	2	1	2	1	
弥生Yayoi（第23号駆逐艦）	浦賀船渠	1926.8.28	1942.9.22戦没（陸上機）	M2-early	1	2	1	3	1	
卯月Uzuki（第25号駆逐艦）	石川島	1926.9.14	1944.12.12戦没（魚雷艇）	M2-early	1	2	1	4	1	1
皐月Satsuki（第27号駆逐艦）	藤永田	1925.11.15	1944.9.21戦没（空母機）	M2-early	1	2	1	2	1	
水無月Minazuki（第28号駆逐艦）	浦賀船渠	1927.3.22	1944.6.6戦没（USS Harder）	M2-mid	2	2	1	3	1	
文月Fumizuki（第29号駆逐艦）	藤永田	1926.7.3	1944.2.18戦没（空母機）	M2-mid	2	2	1	1	1	
長月Nagatsuki（第30号駆逐艦）	石川島	1927.4.30	1943.7.6戦没（陸上機）	M2-mid	2	2	1	4	1	
菊月Kikuzuki（第31号駆逐艦）	舞鶴工作部	1926.11.20	1942.4.5戦没（空母機）	M2-mid	2	2	1	3	2	
三日月Mikazuki（第32号駆逐艦）	佐世保工廠	1927.5.7	1943.7.28戦没（陸上機）	M2-mid	2	1	1	1	2	2
望月Mochizuki（第33号駆逐艦）	浦賀船渠	1927.10.31	1943.10.24戦没（陸上機）	M2-late	2	2	2	3	2	
夕月Yuzuki（第34号駆逐艦）	藤永田	1927.7.25	1944.12.13戦没（陸上機）	M2-late	2	2	2	4	2	

注：各艦は「第19～34号駆逐艦」として竣工、1928年固有名詞に改名。

備考
1　「卯月」は43年衝突事故で艦尾切断、簡易艦尾装着
2　「三日月」は43年輸送駆逐艦に改造、1号缶撤去

識別表

識別1	船首楼後端	1：エッジあり　2：エッジなし（F41F）
識別2	艦橋下部右舷	1：一部壁あり　2：開放
識別3	小煙突	1：後部2本　2：前後各1本
識別4	3番砲左舷支柱	1：小窓1個　2：開放　3：閉鎖　4：小窓2個（時期による）
識別5	艦尾兵装	1：対潜型　2：掃海型

工作のワンポイントアドバイス

ピットロード版……作る前が勝負。「峯風」「神風」型と同じところ、違うところを徹底的に洗い出せ！
ハセガワ版……シンプルモデルの強みを生かして実艦の多彩なバリエーションをフォローアップ！
ヤマシタホビー版……高レベルの最新キット。高難易度バリエーションは商品化にも期待？

ピックアップ～駆逐艦「睦月」

「神風」型最終艦「夕凪」に続いて佐世保工廠で建造され、1926年3月竣工。1940年末から内南洋担当の第4艦隊に配備され、太平洋戦争ではウェーク島攻略作戦から始まってラバウル、東部ニューギニア、ブーゲンヴィル島の占領を支援。7月に第8艦隊所属となり、米軍のガダルカナル島上陸時は文字通りの現地部隊だったが、当時は内地にあり翌日出撃、早速24日夜の飛行場砲撃作戦に加わる。ちょうど昼間に日米空母部隊が交戦した（第二次ソロモン海戦）直後で、ガダルカナル島突入の機をうかがっていた逆上陸部隊の輸送船団が翌日敵機の攻撃を受けて「金龍丸」が沈没したため「睦月」は生存者救助のため派遣、不運にもB17爆撃機の攻撃を受け航行不能となり、「弥生」の魚雷で処分された。この事件のため輸送船によるガ島輸送は以後しばらく見合わせることとなり、駆逐艦部隊による地獄の反復輸送作戦が始まる。

「睦月」と言えばこの写真。1941年夏パラオで撮影されたといわれるもので、探照灯台後方に機銃座を置いているが舷外電路はないらしい。太平洋戦争開始時のウェーク島攻略作戦時に「追風」が装着していたことを示す資料があり、「睦月」型も同様と推測される。

日本海軍駆逐艦「睦月」

1 艦首／本級のアイデンティティでもある、タートルバック型甲板とダブルカーブバウの複合。ピットロード版、ハセガワ版ともタートルバックの形状表現に「峯風」「神風」型と同様の欠点を持つ。ハセガワ版は商品全長が正1/700より2㎜程度長いという珍しい特徴を持つが、誤差は船首楼に集中しており修整は簡単。どうしても気になる方や「峯風」「神風」型への改造品と並べたい場合は、先を削っておくといい。なお、ヤマシタ版には船体全体にわたって取り外し式の小型通風筒が多数再現されている。これらは一種のサービスパーツで、普通は省略し取付穴をふさいでおく。

2 船体／ピットロード版の船体は「峯風」「神風」型から大きく変化し、かなり細くなった。考証的にはどちらかというと後発の「睦月」型の方が実艦に近い印象で、手直しの意図は評価できる面もあるが、コレクションバランスの面ではわかっていて押し通してもいい点だったと思う。実艦の中部船体の断面形状にタンブルホーム（水線付近の方が少し張り出していて幅が広い）のに対し、キットは金型の抜き勾配の都合で下すぼまりになっており、上甲板の平面形状はよくても水線幅が狭くなって全体に貧弱な印象となってしまった。これを本気で解決するのであれば、側面を削ってからプラ材を巻いて適切な水線幅と断面形状を再現する工作が必要となる。この問題を解決したのがヤマシタ版で、左右分割式の船体構造を採用し無理なくタンブルホームを表現した。このキットは船体中央に艦底板を兼ねた芯材パーツを設定し、その周りに舷側と甲板を取りつける構造を取っているのが特徴。もう一つ目を引くのは計画喫水線のアップトリムを再現した点。図面にある事実で、実際に就役当初の写真ではこれに即した喫水線が引かれているのがわかるが、もともと「睦月」型は前部に61㎝三連装発射管を積んだ影響で艦首側が大きく沈むということに前下がりの傾向が強くなり、前のクラスと同様、1930年代には喫水線の位置がより上、船体基線部と並行に近い角度に変更されている。従って、太平洋戦争時の状態では必ずしもアップトリムにこだわっていない。他のキットとのコレクションバランスを取るなら、あえて芯材を使わずに船体を組み立て、舷側のモールドを目安に船体下部を削る工作も考えられる。ただ、同社が今後「峯風」型列を含むラインナップを充実させれば、いちいち矯正する意味も小さくなってくるだろう。

3 主砲／ヤマシタ版には新旧両バージョンの砲が4門ずつセットされており、必ず優秀な予備パーツが得られる。ただしシールド下部の裾がなく、本型に用いる新型シールドは延長が望ましい。なお、「神風」「若竹」型まで1番主砲の基部に木板が放射状に敷いてあったが、本型は全部鉄張りとなっている。

4 船首楼後縁／最初は従来どおりのシャープなエッジだったが、担当各造船所の2隻目から後端を丸く成形（設計番号F41Fに変更）。キットはいずれも前様仕様となっており、最も工作が簡単な識別点のでぜひ再現しよう。なお、内側の左右に甲板室がある。

5 艦橋構造物／新造時は「神風」型後期艦と同様の羅針艦橋だったが、第4艦隊事件でつぶれた艦が出たので、円形平面・金属屋根の新規格に作り直された。ピットロード版は構造的に不自然で修整必須。改修前を作る場合、「神風」型から必要な部品だけ流用するのは無駄が多いので自作する必要があるが、船体や予備魚雷庫の問題を考えると「神風」型から改造して作る方がいいかも。ハセガワ版は「三日月」がこの状態。また改修時に構造物基部の側壁を短縮してボートダビットをラジアル式からラッフィング式に変更しており、ハセガワ版の「睦月」は改修前の状態なので要修整。その方左は左舷閉鎖、右舷は筒抜けで「睦月」「三日月」のみ左舷に似せたデザイン処理あり。ヤマシタホビー版は羅針艦橋の窓枠が別部品だが、先行の特型と異なり他と同じ材質。クリアパーツが工作中に折損しやすいための変更とのことで、エッチングパーツとの交換の対応は維持している。なお、第30駆逐隊ではウェーク島攻略作戦での「如月」損失の戦訓から、残存3隻（「睦月」「弥生」「望月」）が直ちに艦橋右舷前部に13㎜連装機銃1基を増備しており、太平洋戦争における日本駆逐艦最初の対空兵装強化となった様子。

6 前部マスト／ハセガワ版とピットロード版は一

本棒になっているが、厳密には二段継ぎ足し式。当初は見張所の高さが各艦で異なっていたが、性能改善工事のときに統一されたようだ。

7 予備魚雷庫／雷径拡大にもかかわらず予備魚雷数は「神風」後期型からさらに増えて、発射管とおもじ6本となる。収納位置は前部煙突右舷と後部煙突左右で、後者は改修工事で魚雷の収納方法が縦重ねから横並びとなり、外側から魚雷運搬レールの上にかぶせる形となる。ヤマシタ版はこの状態、ピットロード版は後部は同様で前部が欠落、ハセガワ版は後部が新造時、前部は同じく欠落。「水無月」の戦時中の図面では後部のものが撤去されており、これがキットの設計に影響している可能性がある。

8 後部煙突／ピットロード版は「峯風」「神風」より若干前に移動している。本級のほうが正しいらしい。煙突のまわりに立っているH型小煙突のレイアウトにもバリエーションがあり、時期によって若干の変更があるようだが、取り付け位置そのものは変わっていないと思われる。特に最後の2隻（設計番号F41G）は、2番砲下のレイアウトが変更され、取り付け位置が従来の後部煙突2本から前後煙突各1本に変わっている点が識別の決め手となる。このクラスの相違点としては最も遠目からもわかりやすいポイントの一つで、再現も簡単。ヤマシタ版は「長月」の図面をベースに設計したそうで、小煙突の位置にその形跡が見られる。一方、「峯風」型系列の艦には1943年中期に輸送駆逐艦への改造指示が出されたといわれ、缶数1基を撤去し空いたスペースは輸送物件用の倉庫や真水タンクのスペースとして使うものとされた。別掲の「春風」の図面では4号缶煙路跡にハッチとダビットが設けられている。

9 艦名／当初は番号艦名。二等駆逐艦の打ち切りに伴い、途中から偶数もあてられ連番となった。1928年に固有名詞となる。1番艦「睦月」から陰暦の月名雅称が順番に使われ、12隻なのでみまで続けてほしかったが、なぜか途中で挫折し3隻は一般用語から採られた（「三日月」「望月」「夕月」。「菊月」は9月＝神無月の別称）。舷側の表記は長らくシャドウなしの小さいロゴだったが、太平洋戦争開戦前に特型以降と同じシャドウつきの大判文字に変更された。

10 探照灯台／「神風」型後期艦と同様、2番砲と探照灯台の下部左右に缶室通風筒のフードが張り出している。ハセガワ版には探照灯台のものが再現されている。竣工後に追加された方探室は、探照灯台の前にある予備の操舵所と場所を入れ替えている艦が多い。その後方、太平洋戦争直前に増設された中部機銃座は、最初は13㎜連装を置いたらしく、その後適宜25㎜と取り替えられたと思われる。

11 中部ボートダビット／新造時は右舷に通船、左舷に内火艇を置いていたが、のちに通船は撤去され左舷のみとなった。位置も魚雷積み込み用ダビットと入れ替えられており、若干前に移動している。

12 魚雷発射管／特型と同じ十二年式で、やや遅れて1934年頃シールドを追加。魚雷の装填作業に便利なためか後部発射管は後ろ向きに繋止していることが多い。「睦月」型輸送駆逐艦改造計画には対空兵装強化とセットで後部魚雷発射管の撤去が含まれ、少なくとも「卯月」「三日月」が実施したらしいが、「皐月」は最終時まで全数維持した模様。また、後部発射管撤去跡には小発（10m特型運貨船）を搭載する計画だが、「三日月」はダビットの支持架だけ装備していた。

13 後部砲座／なぜか「睦月」は3番砲座左舷の支柱にカバーがついているものが多く、重要な識別ポイント。ヤマシタ版はこの部分を含む砲座支柱の相違点をフォローしておきたい。ピットロード版は後部砲座のみ「神風」型より低くなった。ただし2番砲座は未修整なので、部品を切り詰めて高さを揃えておきたい。

14 艦尾／連繋機雷敷設軌条＋爆雷投射機搭載型と掃海型のうち、キットはいずれも前者を再現。ピットロード版の爆雷投射機は両舷用2基の指示だが、実際は片舷用で前のものが左向き、後ろのものが右向き。ハセガワ版はモールドながら正確に表現している。「菊月」以後の4隻を作る場合、機雷敷設軌条を落としてパラベーンを乗せる必要がある。巻き上げ用のウインチは蒸気式を左右個別に持っていたが、適当な既存部品がなく自作必須。なお、ピットロード版はなぜか後部右舷の舷窓が低くモールドされてしまって要修整。

1 Double curved bow.
2 Yamashita Hobby reproduced tumblehome hull.
3 Wood plating around the 1st gun was deleted.
4 Forecastle end was rounded off from the second sister of each builder.
5 Navigation bridge was modified after typhoon accident in 1935.
6 The position of crow's nest was altered in several instances.
7 Spair torpedo was increased to six. Storages at both side of after funnel were later altered in shape.
8 The arrangement of small chimney was varied.
9 Large figure for name was adopted before breakout of the Pacific war.
10 13mm twin MG was fitted in about 1941.
11 Tender on starboard side was removed.
12 Torpedo tube is identical to Fubuki.
13 Plating to the port of 'X' gun platform stanchion was varied.
14 Uzuki received square-shaped stern after collision with Nankai maru.

輸送駆逐艦と哨戒艇

太平洋戦争開始当時、旧式駆逐艦の再利用策として推し進められていたのが哨戒艇への転ロだった。1940年の第一次転籍で選ばれた12隻は、新たに与えられた艦番号が飛び飛びになっていて、残りの姉妹艦の転籍も予定されていたことがわかる。改装当初は一部の武装や缶を撤去しただけだったが、間もなく後部に大発を搭載する輸送駆逐艦に仕様変更された。このあたりの経緯は不明だが、1938年に米海軍が同様の改造輸送艦を実験して40年後半から大戦末期にかけて32隻を転籍させた動きとの連動が指摘できる。日本における哨戒艇への転籍は、戦時の鹵獲艦を除けばこの1回だけだったが、輸送駆逐艦への改造は転籍を伴わないままその後も一部の艦に対して実施された。改装要領のうち、自力での再搭載ができない大発は小発に切り替えられているが、「卯月」は艦尾形状が大変対応になった可能性がある。また、優先的に機銃の増備を進めていたようで、これら戦時改装の経験が丁型駆逐艦の設計に直結していたことがよくわかる。哨戒艇に関しては本書の姉妹編「日本海軍小艦艇ビジュアルガイド・護衛艦艇編」も参照されたい。

春風戦時改装（1944年2月）

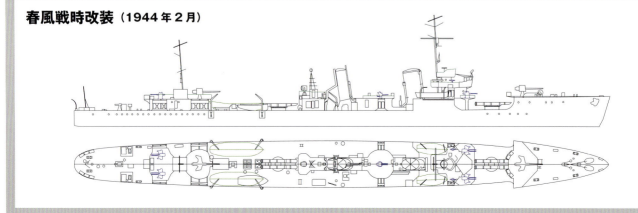

「睦月」型

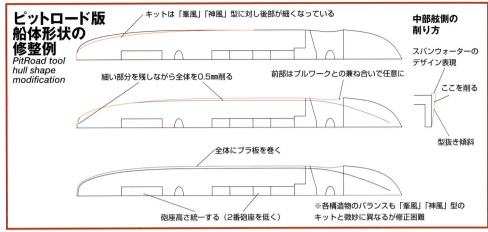

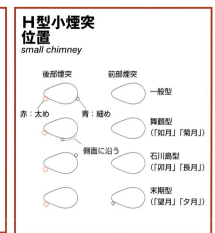

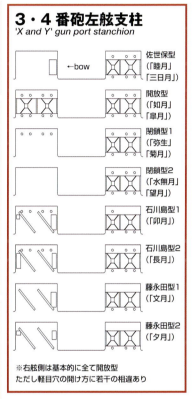

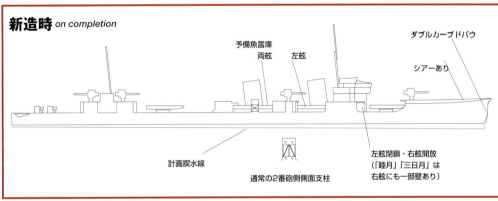

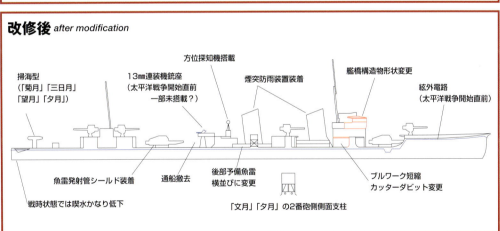

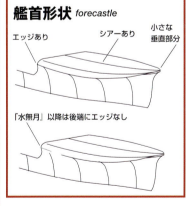

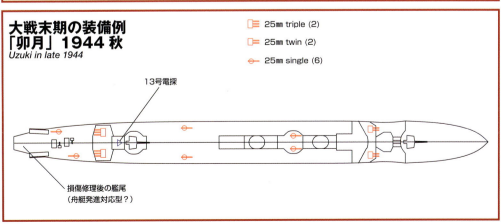

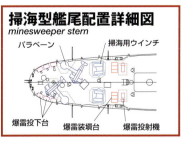

27

「睦月」 Mutsuki 1941

有名な1941年夏の試験迷彩状態を再現。キットの塗装指示は白黒のパンダ柄だが、実際は平時塗装の上に白かライトグレイをかぶせただけだったようだ。また、艦橋正面に塗りわけ線があるので、左右対称でもない。左舷がどんなパターンだったか想像して塗ってみるのも楽しみである。

「如月」 Kisaragi 1941

ヤマシタホビー版の素組。船体がアップトリムで造形されているのが目を引く。安価で組みやすく、サービスパーツも豊富で、当面本型はこのキットを軸に揃えたい。甲板上に多数配置される小型通風筒はオプションと割り切ってしまおう。

「弥生」 Yayoi 1936

ハセガワ版の素組。考証面で多少の不備はあるものの、シルエットバランスは極めて良く、好みによっては今でもこちらを選ぶ値打ちがある。「三日月」は「睦月」よりかなり後に追加発売されたが、改修前の艦橋が「峯風」「神風」型への改造用としても貴重であるだけでなく、煙突先端から3番砲座左舷支柱といったマニアックな相違点まで別部品化されていて、隅に置けないキットだ。

「皐月」 Satsuki 1941

ピットロード版の素組。細かいところまでよく作り込まれた商品ではあるものの、単体としてもコレクションアイテムとしてもちぐはぐな部分を持つので、使いこなすにはかなりの技量が必要。なお、対空兵装について箱の図面と説明文、組立説明図がうまくかみ合わなくてややこしくなっているので注意。

「睦月」型

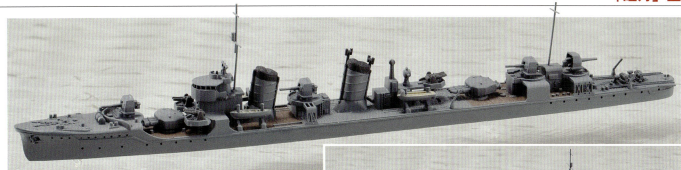

「水無月」 Minazuki 1944
1944年6月の最終時を再現。武装はいちおうキットの指示に従ったが、異なる資料もある。後部煙突の予備魚雷庫は残置が正しいようだ。艦橋の防弾板は、日中戦争時代に狙撃防止用としてつけていたものを模してみたが、実際は不明。

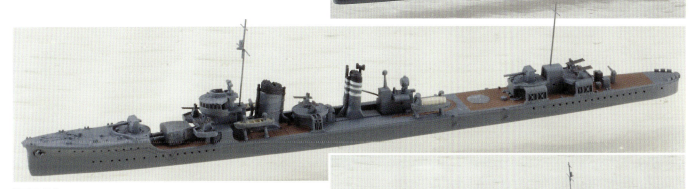

「三日月」 Mikazuki 1943
ヤマシタホビー版の応用作例。模型ファンにとって「三日月」はハセガワ版の戦前状態がおなじみだが、近年知られるようになった戦時改装状態も大変魅力的。本艦で様子を見てから「卯月」などに挑戦してもいいだろう。

「第34号」(「夕月」) No.34 later Yuzuki
ピットロード版を利用して新造時の姉妹艦を再現。「峯風」系列の駆逐艦には、やはり角型艦橋がよく似合う。後期の掃海型は艦尾に相当手を入れる必要がある。艦首形状は思った以上に繊細で表現に手を焼くが、大きな見せ場なので読者諸氏もじっくり取り組んでみてはいかが。

掃海具

第二次大戦時の日本駆逐艦が装備した掃海具は基本的に図の2種で、いずれも第一次大戦中に実用化されたモデル。繋維式機雷は水底の錘から糸を出して水面近くに浮いているので、単艦式はパラベーン（展開器）という浮子、対艦式は浮標を用いて掃海索を曳航し、機雷の繋維索を切って本体を浮上させ爆破処分する。掃海索自体に切断能力があるほか、パラベーンにもカッターが仕込んである。第二次大戦で出現した、本体が海底に鎮座し磁気や音響、水圧といった周囲の状態変化を感知して炸裂する新型機雷には対応しておらず、ほとんど無用の長物と化したため、原則として大戦中期には取り外されていた。ただし、最終的に艦隊駆逐艦が全廃に踏み切ったのは1945年に入ってからで、ウインチを撤去して爆雷投射機を増備した。掃海については姉妹書「日本海軍小艦艇ビジュアルガイド護衛艦艇編」も参照されたい。模型のディテールアップのときは、パラベーンの近くに沈降器を置くこととウインチが欠かせないこと、水雷艇の煙突の横にあるバルーンの用途がこれであるといった知識を持っていて損はない。

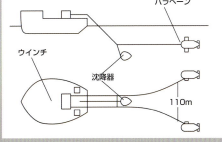

単艦式掃海具

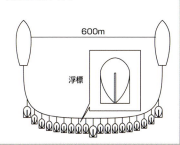

対艦式掃海具

「吹雪」型

駆逐艦「吹雪」。1936年3月、性能改善工事終了時（写真提供／大和ミュージアム）。

世界の造艦史にその名を残す「特型」駆逐艦は、時代を10年先取りしたデザインと見ることもできるが、日本海軍は必ずしもそのアドバンテージを生かしきれなかった。従来艦と一線を画する精悍なスタイルで今なお高い人気を誇る反面、きわめてマイナーチェンジが多く模型ファン泣かせなアイテムでもある。既存キットの検証と実艦の識別ポイントの整理を組み合わせた、高度なモデリングセンスが求められる。

「吹雪」型について

大正末期の日本海軍は「峯風」型系列の駆逐艦を標準艦隊用として整備する方針だったが、ワシントン海軍軍縮条約の締結を背景として、これとは別に1隻あたり1.5倍の攻撃力を持つ大型艦を艦隊決戦の切り札として用意する案が採用され、「吹雪」以下24隻が建造された。その設計は西太平洋の洋上作戦にきわめてマッチしたものとして高く評価され、「初春」型の失敗後はこのサイズが日本の標準艦隊駆逐艦として定着することとなる。特型駆逐艦は各国の建艦計画にも大きな影響を与え、ロンドン軍縮条約の遠因の一つとも目されており、疑いなく世界の造艦史における屈指のエポックメーカーとして認知される存在である。

キットについて

特型駆逐艦自体の人気は高いものの、あまりにマイナーチェンジが多いため模型メーカーとしてはなかなか手に余る存在だった。ウォーターラインシリーズではタミヤが担当し、1970年代初頭の発売当時は3つのサブタイプと大戦前期・後期の計6バージョンをきちんと作り分けたことで高く評価された。同スケールの駆逐艦を精力的に発売してきたピットロードは、プラモデルとしての基礎技術力に優れるタミヤの領分に長らく踏み込まず、先行キットから30年以上を経てようやく2007年に手掛けることとなる。ディテールは圧倒的に向上したものの、パーツ割の要領がいまいちで3タイプの区別が徹底しておらず、基本形重視派にとっては若干の不満が残る。その後ファインモールドが考証面に心血を注いだ第2グループの1/350キットを出すが、1/700に大きな一石を投じたのは新興のヤマシタホビーだった。同社はディテールアップパーツの販売を経て、2015年に初の艦船模型フルセットとして「吹雪」を発売。いきなり難物の特型に挑みながら、模型ファンの志向を熟知した組みやすさとハイディテール、高い考証的精度を兼ね備えた優秀なキットで一気にモデラーの支持を勝ち得たのだった。同社は細部のアップデートを組み込みつつバリエーションキットの展開も積極的に進めており、特型に関して長年の懸念だったモデラーの負担は大幅に解消されそう。

製作

最も信頼が置けるのは最新のヤマシタ版で、基本形状に加えバリエーションについてもかなり綿密なケアがなされており、余程のマニアでない限り自前の追加工作はほとんど必要ない。強いて言えば、作りたい仕様に対し必要な部品がどれで、どのキットに入っているのかを把握するのが大変ではある。また、本書の発売時点ではまだラインナップが出揃っておらず、急ぎたい場合はその点をカバーしなければならない。

先行2社のキットは基本形状にいくらか問題があり、考証面ではヤマシタ版に一歩遅れを取る。両社版にはそれぞれ一長一短があるものの、寸法などはほぼ同じながら造形的にかなりの違いがあり、各社キットの混成を前提としたディテール調整はあまり有効でない。ピットロード版は下部船体付きでフルハルコレクター向け、タミヤ版は安価な初心者向けエントリーモデルという線引きで割り切ってしまう考え方もできなくはない。とはいえ、時期違いの再現など必ずしも別メーカー間のディテール整合に頓着しなくていい場合もあることだし、実艦のバリエーションに対しそれぞれ向き不向きも割れている。しかもヤマシタ版やピットロード版には多量の選択余剰部品が生じるので、これを他艦のディテールアップに使わない手はない。特型をとことん楽しむなら、相互の使い分けまで含めて考えるのも充分理にかなっているわけだ。

特型は日本駆逐艦の中で最も作りにくい難敵であり、うかつに手を入れようとすると際限のない考証スパイラルにはまって収拾がつかなくなってしまう危険性が高い。まずは各キットの癖を見抜いて、実艦のイメージに近づけることを基本としたい。その上で姉妹艦と時期による相違点を整理し、それらとキットを突き合わせて、工作の難易度や考証の精度を踏まえ、どこを優先して手を入れるべきか、どこに線を引くかを決定する。場合によってはそれがベースとすべきキットを選ぶ基準にもなるだろう。多数のバリエーションをひととおり揃えるなら、むしろ1隻を作り込むよりはるかに入念で高度なバランス感覚を伴う事前準備が必要となる。本書冒頭で記したトータルマネージメントのセンスが身についたかどうかを試す、格好の相手というわけだ。しっかり腰を据えてこなしていこう。

なお、「吹雪」型は形式名称としての「特型」の他に「Ⅰ〜Ⅲ型」のサブタイプ呼称があるが、本稿ではさらに細分化したこともあり（「特型Ⅰ型前期型」では体裁が悪いため）便宜的に「第1〜3グループ」と表記している。

The IJN decided to put new design of large destroyer into practice, being triggered by Washington naval treaty in 1922. The 'Special type (Toku-gata)' Fubuki class was armed with 50 percent heavier artillery and torpedo than Japanese standard fleet destroyer at the era Minekaze series and very much affected to world's destroyer construction. After the frustration of Hatsuharu type IJN shifted their standard of fleet destroyer to Toku-gata design.

「吹雪」型

吹雪型（特型） Fubuki class (Special type)

- 設計番号　F43（細分されていると思われる）
- 基準排水量　1680トン
- 全長　118 m（1/700：168.6 mm）
- 水線幅　10.4 m（1/700：14.9 mm）
- 機関出力　5万馬力
- 速力　38ノット
- 兵装　12.7 cm砲6門、61 cm魚雷発射管9門、7.7 mm機銃2門、爆雷投射機片舷用2基または両舷用1基

艦名 name	建造所 builder	竣工 commissioned	終末 fate	グループ group	識別点 distinguish points 1	2	3	4	5	6	7	備考 note
磯波 Isonami	浦賀船渠	1928.6.30	1943.4.9戦没（USS Tautog）	1-early	1	1	1	1	1	1	1	
東雲 Shinonome	佐世保工廠	1928.7.25	1941.12.17戦没（陸上機）	1-early	1	1	1	1	1	1	1	
薄雲 Usugumo	石川島	1928.7.26	1944.7.7戦没（USS Skate）	1-early	1	1	1	1	1	1	1	1
白雲 Shirakumo	藤永田	1928.7.28	1944.3.16戦没（USS Tautog）	1-early	1	1	1	1	1	1-3	1	1
吹雪 Fubuki	舞鶴工作部	1928.8.10	1942.10.11戦没（水上戦）	1-early	1	1	1	1	1	1	1	
白雪 Shirayuki	横浜船渠	1928.12.18	1943.3.3戦没（陸上機）	1-early	1	1	1	1	1	2	1	
深雪 Miyuki	浦賀船渠	1929.6.29	1934.6.29沈没（衝突事故）	1-late	3	2	1	1	1	1	2	
初雪 Hatsuyuki	舞鶴工作部	1929.3.30	1943.7.17戦没（陸上機）	1-late	2	2	1	1	1	2	3	
叢雲 Murakumo	石川島	1929.5.10	1942.10.11戦没（陸上機）	1-late	2	2	1	1	1	2	3	
浦波 Uranami	佐世保工廠	1929.6.30	1944.10.26戦没（空母機）	1-trans	2	2	1	3	1	2	1	1
敷波 Shikinami	舞鶴工作部	1929.12.24	1944.9.12戦没（USS Growler）	2-early	2	3	2	1	2	4	1	
綾波 Ayanami	藤永田	1930.4.30	1942.11.15戦没（水上戦）	2-early	4	3	2	1	2	4	1	
朝霧 Asagiri	佐世保工廠	1930.6.30	1942.8.28戦没（陸上機）	2-early	4	3	2	1	2	4	1	
天霧 Amagiri	石川島	1930.11.10	1944.4.23戦没（機雷）	2-early	5	3	2	1	3	2	2	1
狭霧 Sagiri	浦賀船渠	1931.1.30	1941.12.24戦没（HMNS K16）	2-early	4	3	2	1	2	4	1	
夕霧 Yugiri	舞鶴工作部	1930.12.3	1943.11.25戦没（水上戦）	2-early	4	3	2	2	2	4	2	
朧 Oboro	佐世保工廠	1931.10.31	1942.10.17戦没（陸上機）	2-late	4	3	3	4	3	4	3	
曙 Akebono	藤永田	1931.7.31	1944.11.13戦没（空母機）	2-late	4	3	3	4	3	4	3	
漣 Sazanami	舞鶴工作部	1932.5.19	1944.1.14戦没（USS Albacore）	2-late	4	3	3	4	3	4	3	
潮 Ushio	浦賀船渠	1931.11.14	終戦時残存	2-late	4	3	3	4	3	4	3	
暁 Akatsuki	佐世保工廠	1932.11.30	1942.11.12戦没（水上戦）	3	6	3	3	4	5	4	2	
響 Hibiki	舞鶴工作部	1933.3.31	終戦時残存	3	6	3	3	4	5	4	2	
雷 Ikazuchi	浦賀船渠	1932.8.15	1944.4.14戦没（USS Harder）	3	6	3	3	4	5	4	2	
電 Inazuma	藤永田	1932.11.15	1944.5.14戦没（USS Bonefish）	3	6	3	3	4	5	4	2	1

注：本表は形状識別用に艦名の配列を一般的な計画順から変更してある。
計画時艦名は「第35～58駆逐艦」。「東雲」「薄雲」「白雲」「磯波」は「第40～43号駆逐艦」として竣工、1928年8月1日付で固有名詞に改名。

備考
1　大戦後期に2番主砲塔撤去を含む対空兵装増備を実施。「白雲」「浦波」「天霧」「電」は近年の研究発表によるもので定説化していない。

識別表

識別1	船首楼	1：短船首楼　2：船首楼両舷延長　3：船首楼左舷延長　4：後端左舷傾斜　5：後端両舷傾斜　6：後端平面形状変更
識別2	主砲塔	1：A型前期　2：A型後期　3：B型
識別3	艦橋	1：小型　2：上部拡大　3：大型（のち縮小）
識別4	煙突	1：竣工後防雨装置装着、のち短縮　2：竣工時防雨装置装着済、のち短縮　3：竣工時防雨装置装着済、短縮済　4：前部煙突細い
識別5	給気装置	1：きせる型上部角断面　2：きせる型上部円断面　3：お椀型後部めくれなし　4：お椀型後部めくれあり　5：お椀型前部煙突用小さい
識別6	烹炊所煙突位置	1：前部煙突前端付近　2：前部煙突前寄り　3：前部煙突後ろ寄り　4：前部煙突横
識別7	舷灯	1：羅針艦橋より下　2：羅針艦橋側面

工作のワンポイントアドバイス

ピットロード版……まず船首楼甲板。あとはひたすらタイプ別の相違点を煮詰めるべし！
タミヤ版……シンプルなぶん修整は楽。よく調べるとピットロード版よりいい点もあるぞ！
ヤマシタホビー版……ラインナップが充実。多彩な選択パーツを把握しうまく使いこなそう！

ピックアップ～駆逐艦「吹雪」

特型1番艦で舞鶴工作部が担当。最初に着工されたが後の艦に追い抜かれ、結果としては艦名基準変更後最初に竣工した艦となる。太平洋戦争では第3水雷戦隊所属で劈頭のマレー上陸作戦から南方侵攻に携わり、1942年1月27日に太平洋戦争最初の水上艦隊戦であるエンドウ沖海戦に参加。3月1日のバタビア沖海戦でも連合軍巡洋艦と交戦する。ガダルカナル島を巡る作戦には「睦月」沈没直後に実施された川口支隊輸送から加わり、いわゆる「東京急行」の常連メンバーとして活動したが、10月11日のサヴォ島沖夜戦で米巡洋艦部隊と交戦、撃沈された。造艦史上のエポックメーカーの最期は、皮肉にも日本海軍が絶対の自信を持っていた夜戦のアドバンテージが新兵器レーダーによって揺らいだ最初の戦いに訪れたのだった。

大型駆逐艦？　小型巡洋艦？

第二次大戦で実戦稼働した「日本駆逐艦」で唯一本書が扱わなかったものがある。「夕張」だ。5500トン型と同じ戦闘力の艦をどこまで小さく作ることができるかという命題のもとに試作された軽巡洋艦だが、計画番号はF42でデザイン上は駆逐艦扱いになっていた。小型の水雷艇から発達した駆逐艦は、速度を追求するためできるだけ機関部を繊細に、船体構造を軽くするよう工夫され、防御力や耐久性を二の次とみなしていた。しかしその先進性はしばしば巡洋艦にフィードバックされ、新たな発展をもたらす原動力となる。各国の用兵思想の違いも絡んで、どっちつかずな艦が現れることも少なくない。ふつう大きいものほど強いのは当たり前だが、それだけ相手に見つかりやすくなり、駆逐艦としては本業の魚雷攻撃に支障をきたす。特にこの点で、第二次大戦までの駆逐艦と巡洋艦にはゆるやかながら基準排水量3000トン付近にサイズ面のボーダーラインがあった。

日本海軍駆逐艦「吹雪」

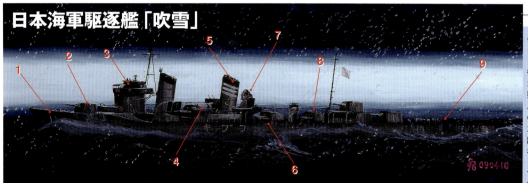

1 船首楼／「初春」型以降と異なる曲線状のシアーラインを持つ。後端は各造船所の建造1番艦では艦橋構造物後端付近だったが、その後左右を少し延長（「深雪」は左舷のみ）。タミヤ版は全て短船首楼型に要修正。ヤマシタ版は「吹雪」以降第1グループを後回しにしており、長船首楼型は第2グループから船体を流用して作れないこともないが、一隻分のロスが出てしまうので改造するか新キットの様子見をお勧めします。1935年の台風事故（第4艦隊事件）で「初春」「夕霧」の船首楼が折れたため、強度対策として特型以降の全駆逐艦はガンネル後半を詰めた。タミヤ版は第1グループ短船首楼型はこの時に右舷側のみ後端の延長をしたらしい。ピットロード版は船首楼の部品構成が曖昧で、上甲板に対し船首楼甲板が高く、船首楼の上甲板と接する部分の高さが不足している。何らかの理由で船首楼（A26）を舷側（A1・2）の上にのせるよう途中で変更したのでは。A26の縁を削ってガンネルの間に落とし込むように修整するとバランスが良くなる。できれば、商品レベルでは改造されないので、気になる方は自前で改造のこと。

2 主砲／12.7cm砲。最初の9隻はこのグループ限定のA型砲架で、左右の砲は一括俯仰。なぜか中心軸だけでは全体を支えきれない構造だったといい、シールドの後方にコロがつけてあり、甲板にレールがあるためリノリウムも丸く切り欠かれている。ピットロード版はこれがないので追加したい。ヤマシタ版「吹雪」は1番砲塔のみレール付きという中途半端な状態となっており、後発キットで修正される見込み。逆にタミヤ版はこれに相当すると思われる丸い浮き彫りがあり、全形式についてあり、第2グループ以降は削りたい。長船首楼型は砲塔の形状が微妙に変化。第2グループ以後の主砲は独立俯仰のB型砲架で、シールドは戦前1回（1番砲塔は2回）のマイナーチェンジを実施。この砲架は最大仰角が40度から75度に上昇し、初期段階の両用砲と見ることもできるが、一定以上の仰角では装填できない構造で、どちらかというと「かなり上まで撃てる平射砲」といったところ。ヤマシタ版は1番砲塔と2・3番砲塔が別部品だが、後者の側面に補強フレームらしきモールドがあり、ジャッキステイと解釈してもいいが削るのがおすすめ。

3 艦橋／形式が下るほど巨大化し、第3グループでは基部から丸ごと大きくなっている。タミヤ版、ピットロード版ともこの点を省いて羅針艦橋から上だけで相違を表現しているので、実艦と比べて印象がおとりない。この構造物は「友鶴」事件を受けて徹底的に小型化され、新造時と共通部品となるタミヤ版「響」の一大欠点になっているが、現在はピットロード版のどのキットを買っても該当部品が入っているため流用でまかなえるようになった。第2グループは太平洋戦争開始直前、艦橋頂部の測距儀変更と合わせ前部マストを以前より後ろに傾けている。ヤマシタ版はこの点が省かれているが、「波」「一文字」グループと「霧」グループの羅針艦橋形状の違いが再現されている。第2・第3グループは新造時の写真では印象的な羅針艦橋の波返し（防風板）とする資料もある。その目的で機能するかどうか疑わしい）は、1930年代中期に撤去されている。窓枠が透明パーツで、負荷をかけると折れやすい場合があるが、「睦月」型に同じものを通常のグレイで成型した部品があるので、好みで交換してもいい。また、舷灯もクリアパーツで別部品化されており、せっかくなので取りつける際は初期建造艦の位置よりキット指定より低い点をフォローしておこう。ピットロード版の船首楼を前記のように直した場合、艦橋基部の0.5mmかさ上げも必要。

4 ボート類／初期計画では7.5m内火艇1、6.5m内火艇1、7mカッター2、通船1、6.5m内火艇は初代2番艇突起、「浦波」からは1番艇突起に移動。「綾波」（建造12番艦、1930年度1番艦）から7.5mに統一されたようで、延長分を後方に張り出す魚雷発射管の邪魔になるため、後部煙突に傾斜をつけてひっかからないようにしている。なぜか「天霧」は関係ない右舷側にも傾斜がある。第3グループは再び2番艇突起に移動。このグループはなぜかカッターダビットの位置が左右非対称。通船は探照灯台左の予備魚雷用スキッドビームの上には、ラジアル式ダビット1本で揚げ降ろししていたが、1930年代中期に撤去された。大抵のモデラーは戦時状態で作ると思うので注意。

5 煙突／特型を3グループに分ける要因。第1グループは巨大キセル型（トランク型）通風筒が特徴。第2グループは日本独特のお椀型通風筒を持って。第3グループは缶数を減らしたため1番煙突が細く、2番煙突（と1番魚雷発射管）が若干前進。タミヤ版はこれらを別金型で再現しているが、第2グループは2番煙突が若干前寄り。ピットロード版は共通の船体部品に選択パーツを組み合わせる構成で、第1・第2グループの煙突位置が統一されているのがメリットだが、第3グループも同じため後部煙突の後ろに機銃座が入らない。また第1・第2グループの煙突平面形状の違いも無視されている（後者は若干細長い）。給気筒はどの形式も何らかの加工の手間を持っている。両社のどちらを使ってもディテールアップの手間がかかるので、ある程度の妥協もやむなし。ヤマシタ版は上甲板から上を丸ごと別パーツにして各グループに対応しており、無理ない諸問題を解決。第2グループは前後の煙突に同じ部品を使うようになっているため、後部のものは汽笛管を削っておくこと。第3グループは当初後部煙突の断面形状が誤っていたが、現在は修整パーツが追加されており、しかも1箱にわざと2本ぶんついており旧商品の購入者も一緒にアップデートできる配慮までしてある。できれば前部煙突の傾斜も直しておきたい。なお、第1・第2グループは時期や艦によって煙突の高さに変動があるが、太平洋戦争までにどちらも切り詰められた状態で統一されているので注意。定番の烹炊所煙突にもバリエーションがあるものの、同じ艦でも変更されている場合もあるためリサーチは難しい。「響」はキスカ撤退作戦中に偽装煙突をつけていたという。

6 船体／艦尾付近を除くほぼ全体にフレアがついている、凝りまくった形状。タミヤ版にはこれがなく（型抜きの関係で少しあれらしく見える）、ピットロード版はこの点の再現も見目。ただ船首楼艇付近の取り合わせがいまいちで、もう少し削り込みたいのだが、ちょうどこのあたりで部品の肉厚が薄く穴が開いてしまう恐れあり。構造上かつ裏打ちも難しいので作業は慎重に。ついでに艦尾方向にもう少しフレアの範囲を延長したい。タミヤ版は乾舷高さを若干減らすといい。ヤマシタ版は作りはじ

める前に船体部品の反り返りの有無を確認矯正すること。こちらも下端が新造時の計画喫水線付近にあり、趣向によっては削る必要がある。やはり船首楼後部側面を削った方が見た目がすっきりするようだが、舷側のラインモールドをつぶすことになるので要検討。また、部品割りの都合で船首楼甲板のみスパンウォーターのモールドがあり、上甲板にはないので、ディテールアップの際はまず手を打っておきたい。なお、日本駆逐艦では戦時の迷彩に関する記録がほとんどないが、特型は42年春撮影といわれる映像があり、「天霧」が不規則で大雑把な2色塗り分け、もう1隻（「朝霧」と推定）が欺瞞波を施しているように見える。ただしこれは写真の劣化の影響でそう見えるだけの可能性もある。

7 探照灯台／この辺の形状は目立たないこともあってタミヤ版、ピットロード版とも多少のごまかしを含むので、こだわるなら手を入れ、こだわらなければ放置する。なお、その直後の方位探知器は第3グループから搭載し、既存艦は随時追加したが、「吹雪」など一部は太平洋戦争開始時まで未装備だったともいわれる。

8 魚雷発射管／1930年代に入ってシールドを装備。発射は軽量のジュラルミン製だったが、腐食するため鉄製に交換。初期艦が装備した丸みのあるシールドが前者にあたると思われるが、同じ頃第3グループは角型シールドに竣工しており検討が必要。ピットロード版はシールドが「初春」型の形状。タミヤ版現行キットの追加部品ランナーには特型用の部品があるが、発射管自体がやや短いので、両者を組み合わせれば問題ない部品を作るといい。ヤマシタ版は三連装の中央管が若干高い構造を再現しているうえ、1箱に1基余るため、流用のし甲斐がある（「朝潮」型以前の酸素魚雷未搭載艦は戦時中酸素魚雷の搭載設備を追加した。

9 後甲板／爆雷投射機と投下軌条を標準装備するが、投射機の形式（K砲、Y砲）、軌条の長さ・角度・本数（1本の例あり）など、細かい要領は艦と時期によってばらばら。1930年代後半にはY砲1基と軌条2本で概ね統一され、軌条の爆雷は縦置き式から大戦後期に横置き式に変更されたと考えるのが無難な線か。

1 From the second ship built by each builder both side (port only in Miyuki) end of forecastle was lengthened.
2 The shape of type A main gun house shield was altered in group1 late production. That of type B was changed in the middle of 1930s with farther replacement only to the 1st (A) turret.
3 The bridge structure of the 3rd group was much enlarged including the basis. In about 1940 the 2nd group was replaced rangefinder on the bridge top and foremast was slightly leaned to back.
4 For original design five boats were provided. 6.5m motor launch was altered to 7.5m ML from Ayanami, and subsequently later ships carried two 7.5m MLs. To accommodate it forecastle end was chipped. Tenma boat was removed from all ships in about 1935. Shirayuki at her lost carried 10m special launches (Shohatsu) instead of 7.5m MLs.
5 Basically Toku-gata was separated into three groups by individuality of boiler and ventilator. Each funnel was raised at first by rainwater ejector then lowered to improve stability. The 2nd group late production, from Oboro to Ushio had completed with low funnels and earlier sisters followed before war.
6 Flare was applied overall almost broadside.
7 Group3 ships had MG platform between after funnel and searchlight tower being connected with that the funnel moved forward.
8 All except group3 had completed without torpedo tube shield. Some ships received duralumin cover but it was easily corroded and soon replaced to steel one.
9 There are unestablished variation in depth charge thrower and laying truck.

空爆下の「白雪」。1943年3月3日ダンピール海峡で撮影。連合軍が初めて反跳爆撃（爆弾を「水切り」の要領で敵艦の舷側に命中させる）戦術を採用したため、研究のため写真や動画を多く撮っている。「白雪」もこの直後に被弾沈没してしまうが、せめてもの救いは、元の通船格納位置に応急修理用の材木を積んでいる点も興味深い。本来のボートはその内側の甲板に置いているのではないかと。空で敵艦の舷にヨットが敵の手にかかる絶好の資料が残っていたことで、「白雪」の艦上にはどこかの艦艇に一回り大きい小発を吊り、内火艇用のダビ

ピックアップ～駆逐艦「敷波」

舞鶴工作部3隻目の特型として1929年12月完成。太平洋戦争開始時はコタバル上陸船団を護衛しており、敵機の空襲で輸送船3隻すべてが撃沈・大破の苦杯をなめる。以後も侵攻船団や支援部隊の護衛を続け、バタビア沖海戦では大破した米重巡「ヒューストン」にとどめの魚雷を発射。ガダルカナル向けの「東京急行（ネズミ輸送）」には11回参加、43年3月ビスマルク海海戦で再び護衛中の輸送船8隻全部と駆逐艦4隻を失う。内地で整備後南西方面へ転属し、以後当地で行動を続けたため、最後まで二番砲塔撤去などの訓戒改装を受けなかった。座礁事故の損傷修理も必要となり、44年9月6日ヒ72船団の護衛陣に加わって昭南を発ったが、12日朝に米潜群の攻撃を受け、「敷波」も「グローラー」の雷撃により沈没した。この時沈められた輸送船の1隻は、ガダルカナル強行輸送作戦からの生還者で最後に残っていた「南海丸」。ヤマシタホビーの「敷波」のボックスアートは、夜明けの南シナ海で積荷のドラム缶詰航空ガソリンに引火し業火に焼かれる同船を背景として、開戦から何度も商船隊の地獄を目撃した「敷波」自身が間もなく悪魔の手にかけられようとする直前の殺気漂うシーンが描かれている。

「吹雪」型

▲第1グループ（「東雲」）。缶室給気筒が全てトランク型で、砲塔も小型のため、特型の中では古風な印象を受ける。このグループは比較的外見が揃っており、1/700の模型程度ではあまり艦ごとの区別にこだわる必要はない。

◀第2グループ（「潮」）。砲塔や缶室給気筒が後の艦に近くなった。一般的な特型の印象はむしろこちらでは。艦や時期による相違点・変更点がかなり多く、混乱しやすいので注意。

▲第3グループ（「雷」）。巨大化した艦橋構造物が「高雄」型重巡洋艦を彷彿とさせる。1番煙突が細く、日本駆逐艦の中でも特に見分けがつきやすいが、グループ内の区別は難しい。

◀第3グループ改装後（「電」）。艦橋構造物の上半分は「白露」型以後に近い形状となったが、下半分は元のまま。試運転時のこの写真は艦首が浮き上がって、いかにも前が軽くなりましたといった風情だが、艦橋構造物上の射撃指揮装置が間に合わず測距儀だけをのせている（写真提供／大和ミュージアム）。

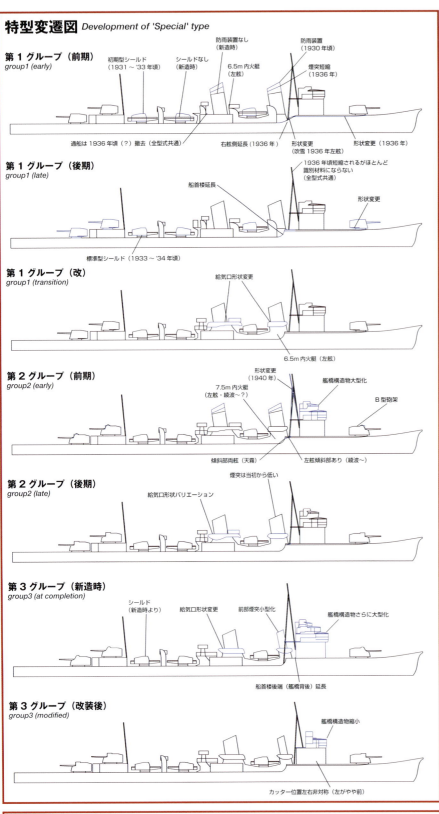
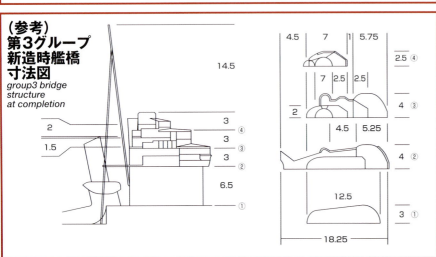

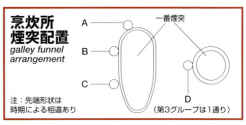
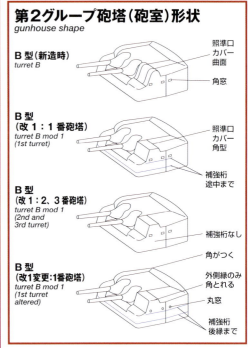
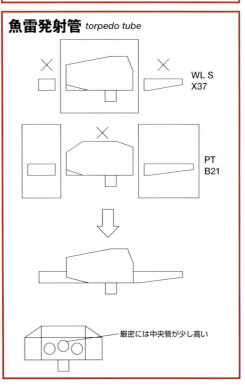

「吹雪」型

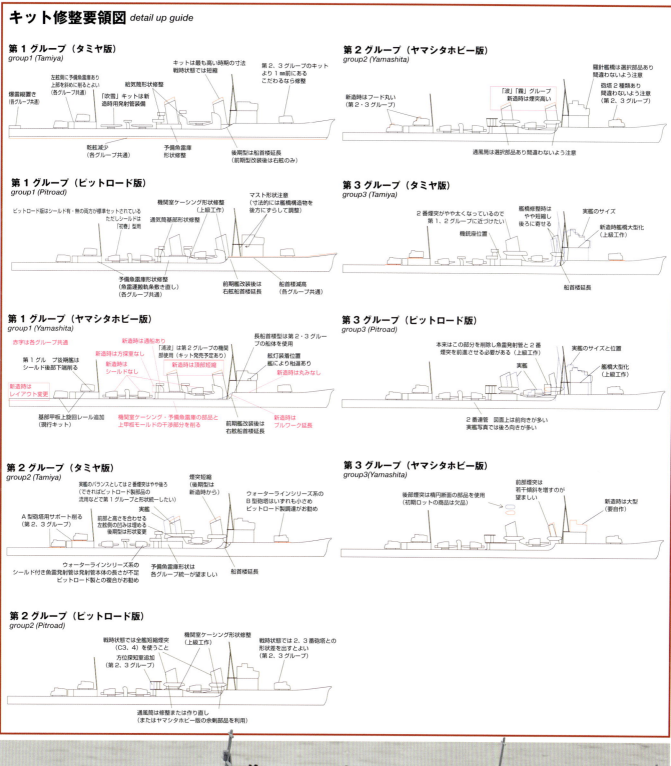

キット修整要領図 *detail up guide*

第1グループ（タミヤ版） group1 (Tamiya)
第2グループ（ヤマシタホビー版） group2 (Yamashita)
第1グループ（ピットロード版） group1 (Pitroad)
第3グループ（タミヤ版） group3 (Tamiya)
第1グループ（ヤマシタホビー版） group1 (Yamashita)
第3グループ（ピットロード版） group3 (Pitroad)
第2グループ（タミヤ版） group2 (Tamiya)
第3グループ（ヤマシタホビー版） group3 (Yamashita)
第2グループ（ピットロード版） group2 (Pitroad)

「吹雪」 *Fubuki 1930*

タミヤ版の素組。1930年頃の状態となる。特型の精悍さとタミヤのシャープな造形が見事にマッチした傑作キットだ。作為か否か、他艦より若干傾斜のきつい同艦の煙突頂部まで忠実に再現されている。全体にやや腰高の印象を受けるが、船体乾舷の高さを縮めてやると他艦のキットとの相性はもっとよくなる。予算を抑えたいという方は、これをベースにしても今なお充分通用する作品に仕上げることができるはずだ。

「吹雪」型

「白雪」 Shirayuki 1933

ピットロード版にディテール調整を施した状態。初期型魚雷発射管シールドを付けた1933年頃の状態としている。同社も多数のバリエーションキットを発売しており、まず作りたい艦のタイトルの商品があるかどうかを探すといい。ただし艦名のデカールを別とすれば、第1グループ短船首楼型以外はどれでもグループを問わずほとんどの姉妹艦に対応できるはず。他艦のイラストを流用した簡易箱のものも多いので、ボックスアートに興味がある方は要注意。

「東雲」 Shinonome 1942

ヤマシタホビー版の素組。同社初の駆逐艦フルセットで、高い完成度を誇る。第1グループは2・3番砲塔の支持ローラーのレールがないという欠点があり、現行キットを直してもいいが、今後発売予定の修整パーツ入りの姉妹艦を待つのが楽。

「敷波」 Shikinami 1944

ピットロード版の素組。同社のキットをそのまま作って最も実艦との違和感がないのはこの第2グループだ。特に本艦や「曙」「潮」の後期状態が持ち味とよくマッチした状態といえるだろう。「敷波」はタミヤ版のイメージで2番主砲塔を撤去したと思いがちだが、実際は撤去もレーダーの設置もなかった。最終時は25mm単装機銃数基を応急的に装備したともいう。

「朝霧」 Asagiri 1942

タミヤ版にウォーターライン追加武装パーツとピットロード版の余剰パーツを組み込んだ場合。作例は1942年春アンダマン作戦時（別項参照）。機銃は本来13mmだが25mmで代用している。簡単なようで部品の取捨選択にはある程度のセンスを要し、初心者のトレーニングにはうってつけ。ほぼ既存部品の組み換えだけでも相当のレベルアップが可能だが、さらに各所のディテールバランスを違和感のない状態まで持っていきたい。

「吹雪」型

「潮」 *Ushio 1945*

ヤマシタホビー版のディテール調整作例。このキットには本艦の最終状態専用の後部煙突通風筒（および機銃座）部品が入っており、余剰パーツの組み合わせで他の艦も製作できる。予備魚雷用スキッドビームは自作品やエッチングパーツへの差し替えが定番だが、キットパーツを削り込んでもどうにか対応できる。

「暁」 *Akatsuki 1932*

ピットロード版にディテール調整を施した状態。1932年の新造時。特型の作例では最も大規模な修整を施している。艦橋と煙突周りの完全作り直しはなかなか大変だが、見返りも大きいので、特型の総仕上げとしてぜひ挑戦していただきたい。ちなみにタミヤ版「暁」のボックスアートは小松崎茂氏だが、「吹雪」とほとんど同じ明度で見事に夜間の風景を表現したテクニックにも注目されたい。作例の艦橋天蓋のリノリウムはたぶん誤り。

「響」 *Hibiki 1944*

タミヤ版にディテール調整を施した状態。1944年秋。第3グループに関しては両社製品の長所が拮抗しており、煙突周りはタミヤ版、船首楼の長さはピットロード版のほうがよい。前者の欠点だった改正後の艦橋形状を後者の余剰パーツを流用して簡単に再現できるようになったため、好みによってはこちらをディテールアップしてもいい。ちなみに、前部煙突の黒塗装は規定（断面直径の1/3）を無視して後部煙突と同じ幅にしていたようだ。

「電」 *Inazuma*

ヤマシタホビー版の素組。エンジンケーシングを丸ごと別部品とすることで、煙突位置の違いにも対応できている。あいにく新造時の発売予定はないようで、頑張って自作艦橋をのせてやる必要がある。なお、本書の作例はほとんど艦底色を省略しているが、ヤマシタホビー版で現行キットの設定年代とすると公試喫水が底から0.7mm付近になるらしく、本来は艦底色塗装か乾舷減少の工事が望ましい。

1/700艦型図集(1)

着色表示

紫：機銃
緑：短艇類
青線：手すり・ジャッキステイ等
濃線：錨鎖
褐色：舷梯
青：喫水線
桃：水線下紺：ペイント（舷側艦名及び駆逐隊表記）

「峯風」型
（「帆風」1921年＝推定）

本図のもとにした原図のタイトルは青焼きの上に印字で「帆風」「大刀風」とあり、舷側の艦名はホカゼなどがあり、よく見るとビシを消した跡がある。艦尾手前には「ほし」そのような字で「汐風」「大刀風」さいと書いてある。「峯風」型の03分の2を作った舞鶴工廠だけに、使い回しの痕跡がよくわかる図面は興味深い。日付に関する情報はなく、いちおう完成図と記載され、主砲の最後の建造艦である「峯風」グループは1枚板だが、「峯風」が実際にこの状態だった時期は不明。若干艦首側が持ち上がった状態となっているが、そのまま各構造物間の対比などがしづらいため、本図ではいずれキールを基準とするよう調整してある。（「松」「若竹」型はなぜか最初からキール基準で作図され、喫水線の方になっている。

「神風」型
（「第3駆逐艦」のち「朝風」1923年）

「峯風」シリーズでは三菱長崎が作った最後の艦で、原図の艤装品表記が英語になっているほか、艦装品表記にはローマ字の吃水票がある。図面の端にタイトルとは別のサインのような英文字の書き込みがあり、辛うじて1923年と読み取れる。艦名など新造時のまま左右反転し「13・5・20」の文字が写り込んでいるのか無関係の裏の文字が写り込んでいるのか不明。ほか、戦時中武装改正の検討に使われたらしく、掃海具やー部ボートの撤去、機銃座の増設がどかうっすら書き加えられていた。また、画像の右端に36という刻印があり、造船所番号が「神風」369、「朝風」370なのでもともと「神風」として起こされた図面だったと推測される。

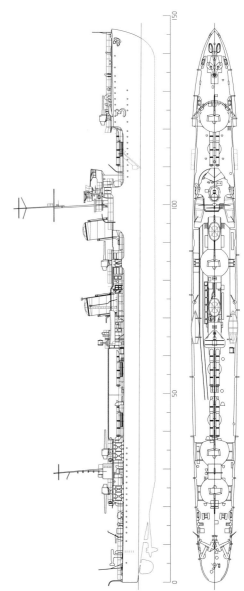

1/700 艦型図集（1）

本書で扱う駆逐艦各型の詳細図面を以下に掲載する。特記なき場合は呉海事歴史科学館（大和ミュージアム）所蔵の実艦公式図面（船外側面及び上部平面図）をベースとし、原図を1/700相当に縮小したものを0.05mm罫線の上でトレースする手法をとってある。このスケールだとややサイズが過少気味にも思えるが、利便性の見地からあえて同寸掲載とし、原図からは張線類など一部ディテールを省略する一方、手すり、武装類、ボート類など一部の艤装品を着色し見分けやすいよう配慮した。また、原図の表題や各種注記など、図面自体以外から得られる情報に関しても紹介する。ある程度模型の作り込みのための資料としても利用できるが、それとともに艦船ファンとして図面をどう読み解いて活用するかの楽しみを見出していただきたい。原図を分割撮影したものをプリントアウトした画像をさらに分割スキャンして1枚に再構成復元するという手順をとっており、各段階で発生する寸法や角度のずれは極力補正したが、どうしても若干のずれが発生してしまう点をご了承いただきたい。

These outboard profile and plan of upper works are based on official drawings mostly from collection of Kure Maritime Museum (known as Yamato Museum). Scale in 1/700. Some error would be expected in the process of putting divided data together.

「樅」型
（「菊」1935年）

「樅」型第2グループ1番艦。原図の製図日は1935年9月22日となり、「友鶴」事件後の第四艦隊事件の改正を示すものだが、その4日後に第四艦隊事件が発生することとなる。駆逐艦としてはかなり後期の状態を示すが、艤装は新造時とほとんど変わっていない。上甲板は中部舷側付近と艦尾（居住区後端から後方）のほか、煙突付近の内舷側にも滑り止めの凹凸が入るか。艦底はリノリウムの被覆範囲は不明。図面をよく調べると船体に微細なシアーがついているが、1/700では無視してもいいだろう。本艦はのちに「第31号哨戒艇」となっており、当時の図面資料がないため本図のもとに細部を推測する必要がある。艦尾両舷の緊留桁は本図のように左右に展開した状態で描かれるが、以下の掲載図では格納状態に変更している。

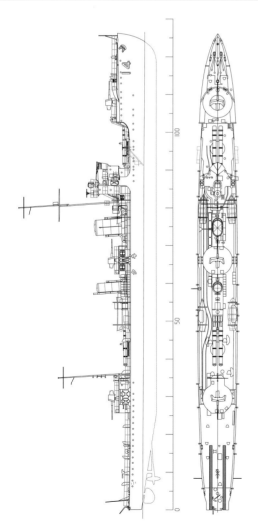

「若竹」型
（「呉竹」1934年）

「菊」「呉竹」とも建造所は神戸川崎だが、本書で使用した原図の製作者は呉工廠となっている。同じ由来と思われるが、「呉竹」は1934年12月で「菊」より製図日が早く、「若竹」型の方が重複ないし問題視されていたことがうかがわれる。「菊」のものとは左右がずれている揚爆雷具展開射撃装置か大柄の前部煙突突防衛装備か右舷側から後ろ向きらわかりに幅か増している。原図を左舷側側のはまに1番と2番主砲左右端から版側まそか微妙に広く、その他、こまごましたところか変更されて気か抜けない。尾の艦名表記は全て省略したが、「菊」「呉竹」をはじめ原図にもともと描かれていないものも多い。

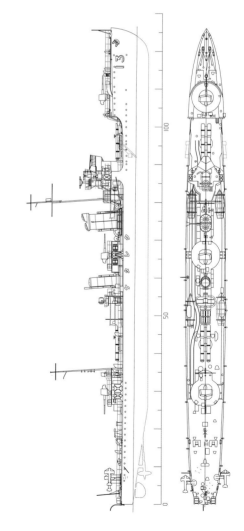

39

着色表示

紫：機銃
緑：手すり・ジャッキステイ等
青緑：短艇類
濃緑：錨鎖
掲色：舷梯
青：喫水線（2種類の場合は水色を併用）
桃：水線下
紺：ペイント（舷側艦名及び駆逐隊表記）
灰：その他（各頁参照）

「睦月」型
（「第19号駆逐艦」のち「睦月」1926年）

本図は二次資料を複合して作成したもので、これに完全に対応する原図はない。基本的には「世界の艦船」新造時を用い、手すりの位置などは「長月」から補った。「睦月」772号掲載の「睦月」新造時からコピーっトした。元の図面は主砲シールドが初期型（「菊」の図面と同じ）らしいが、本図では訂正してある。船首楼の前端は神風型より1mm程度高い。本図のレイアウトはほぼ同型と同じで、艦橋横の舷側が一段高い部分がそれ以外の艦橋横の舷側と同型になる。「神風」型のスプーンバウから単純に継ぎ足しただけではなく、水線上で少し切り詰めてから前に突き出した側面形状となっており、全長は15cmしか違わない。

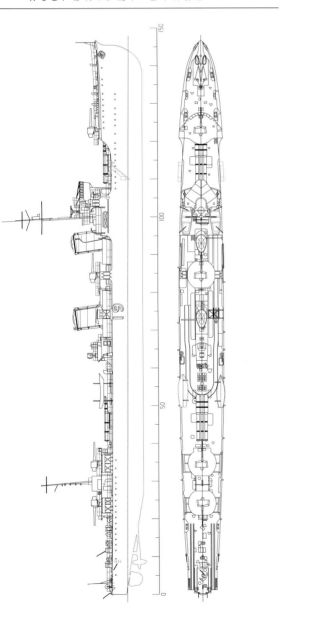

特型第1グループ
（「深雪」1929年）

本図は「天霧」の図面に、「学研歴史群像18」に掲載された「深雪」の図面を重ねて調整した手法を取っている。引用図に水線下はない。原図のタイトルに「No.338」と書かれており、内容と合わせ浦賀船渠の完成図と思われる。在来型駆逐艦から飛躍的に近代化したイメージの特型だが、この図面では甲板上にさせる状通風筒が多数見られ、意外に古めかしさを漂わせている。羅針艦橋が「天霧」より1/700で0.3mm程低くなっているため「薄雲」の図面とも照らして3面艦橋は「天霧」と同じで、実艦の反映か図面上の問題かは不明。なお、本書掲載図では上面図の重複階層部分は原則省略しているが、原図では描かれている場合と描かれていない場合があり、本書ではボート類の下のみ原図を反映している。

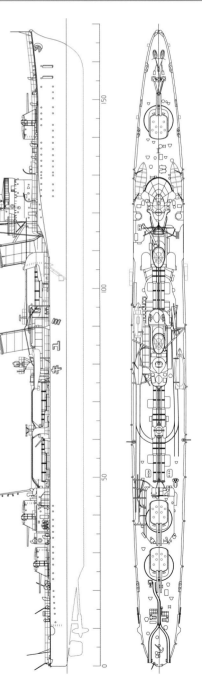

1/700 艦型図集（1）

特型第2グループ
（「天霧」1937年）

原図は1937年のもので、駆逐隊番号が示す通り当時の所属鎮守府だった横須賀工廠の製図であった。喫水線のうち水色は新造時で、青が改装後の公試状態喫水を示す。「天霧」の特徴はマスト止めにかなり綿密に描かれておりドシャード途中で折れ曲がった前部マスト止めにかかり綿密に描かれており、ある程度リノリウムの被覆範囲も推測できる。「深雪」「天霧」のコピーと思われる前後の煙突は単純なデータだが、全く同型の駆逐艦番号の細な描画だが、なぜか正横向き。側面図に船首楼後端ナックルとブロベラガードは未記入（本図の灰色部分）。

特型第3グループ
（「電」1936年）

こちらも第四艦隊事件後の図面で、よく知られる改装後の試運転写真は1936年3月舞鶴で撮影されたものだが、原図は同年11月製図で三菱横浜船渠の印があった。本図も「天霧」をベースに「電」の図面を重ねたが、やや誤差が大きく若干辻褄がどうやらわかりかがい実艦の反映かどうかわからない。主砲塔後面に平坦な部分があり、製図上の誤りを再現しておいたが、こちらは欠けていている。また、本図では艦砲表記は各艦の新造時の様式が守られていたように消した跡もあり、本図では正常に各艦の公式図面のままだらつきが大きく、特型はそのる「電」は各文字の間隔が狭いほか、同じ4文字でも「暁」「雷」は微妙に位置がずれている。

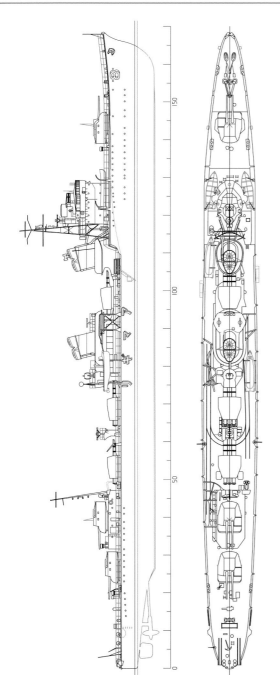

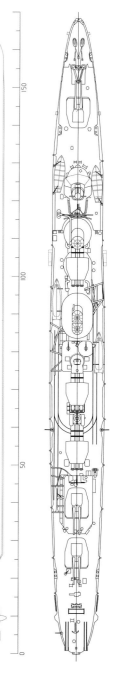

41

1/700
日本海軍駆逐艦 箱絵で見るキットカタログ 2

ボックスアートのエキスパートとして戦車からアニメメカまで多彩なジャンルを手掛け、現在も活躍を続ける高荷義之氏は、近年特に艦船模型のイラストを精力的に手掛けている。最大の特徴は何といっても天才肌の大胆な筆さばきにあり、彩度を抑えた重厚な色彩表現と劇的な画面構成とのハーモニーで見る者を力強く引き込んでいく。

日本海軍甲型駆逐艦 雪風
1600円（ピットロード）

日本海軍陽炎型駆逐艦 陽炎（フルハル）
2000円（ピットロード）

日本海軍秋月型駆逐艦 涼月1945
2000円（ピットロード）

日本海軍白露型駆逐艦 白露
2000円（ピットロード）

日本海軍駆逐艦 白露
2400円（2隻セット）（フジミ）

日本駆逐艦 春雨
1200円（タミヤ）

日本海軍白露型駆逐艦 海風
2000円（ピットロード）

日本海軍駆逐艦 涼風／海風
2400円（2隻セット）（フジミ）

日本駆逐艦 朝潮
1000円（ハセガワ）

日本海軍朝潮型駆逐艦 朝潮（フルハル）
2000円（ピットロード）

日本駆逐艦 荒潮
1000円（ハセガワ）

日本駆逐艦 峯雲
1000円（ハセガワ）

日本海軍一等駆逐艦 満潮
1500円（ピットロード）

日本海軍朝潮型駆逐艦 霞 1945
1500円（ピットロード）

日本駆逐艦 陽炎 1941
1000円（アオシマ）

日本海軍甲型駆逐艦 陽炎
1600円（ピットロード）

日本駆逐艦 雪風 1945
1000円（アオシマ）

日本海軍駆逐艦 雪風
2400円（2隻セット）（フジミ）

日本海軍陽炎型駆逐艦 磯風 1945
1600円（ピットロード）

日本駆逐艦 磯風 1945
1000円（アオシマ）

日本海軍陽炎型駆逐艦 浜風 1945
1600円（ピットロード）

日本海軍駆逐艦 浜風
2400円（2隻セット）（フジミ）

日本駆逐艦 舞風 1942
1000円（アオシマ）

第二部
軍縮条約の苦悩

ワシントン条約による主力艦6割の対米英制限に加え、1930年締結されたロンドン条約で主要補助艦7割の制約を受けたことは日本海軍部内で極めて深刻にとらえられた。特型駆逐艦をはじめとする優秀な補助艦艇の実現で設計陣は造艦技術への自信を強めたが、数的不利を補うため新造艦の重武装化にさらなる拍車がかけられる。駆逐艦については、「睦月」型に続く標準艦隊型駆逐艦「初春」型に加え、新たな制限対象外である排水量600トン以下の小型艦として「千鳥」型を計画、長らく途絶えていた水雷艇の名称がこれにあてられた。特型は「要求性能に対し可能な限り小さくまとめる」設計だったのに対し、「初春」「千鳥」型は「要求排水量に対し可能な限り重武装を施す」という論法にすり替えられ、これに設計理論上の盲点が重なった結果、1934年に就役直後の水雷艇「友鶴」が転覆事故を起こす事態となった。両型とその後継艦は大幅な設計変更を余儀なくされ、性能面のアドバンテージをほぼ喪失。翌年にも演習中の艦隊が台風に巻き込まれ、特型の「初雪」「夕霧」が艦首を切断するなどの大規模遭難が起こり、日本海軍は艦艇設計の限界を痛感させられる。

この問題は軍縮に強い不満を持つ部内の強硬派を助長させ、中国大陸の権益に関する外交問題を糾弾する陸軍勢力の動きと連動して軍部の政治的発言力が増大。ついには軍縮条約を破棄し新たな軍拡競争を招くこととなる。

Further restriction by London naval treaty in 1930 irritated IJN command very much. They ordered shipbuilding engineer to cram with more armament to the next design; former gist 'minimum design to required specification' was switched skillfully to 'maximum armament to required displacement'. The distorted ideal was soon turned out to be fiction when torpedo boat Tomozuru capsized in March 1934 and two of Toku-gata lost their forecastle in September 1935. These scandals promoted hard-liner in IJN to abrogate treaty.

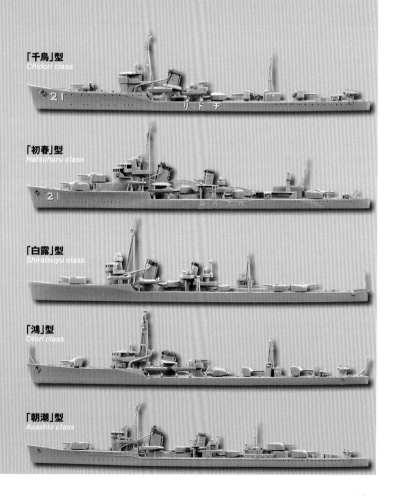

「千鳥」型 / Chidori class

「初春」型 / Hatsuharu class

「白露」型 / Shiratsuyu class

「鴻」型 / Otori class

「朝潮」型 / Asashio class

「千鳥」型

新造時の水雷艇「千鳥」、1933年11月（写真提供／大和ミュージアム）。

昭和の日本建艦史を語る上で欠かせない小艦艇といえば、「友鶴」をおいて他にない。そのネームシップたる「千鳥」型水雷艇はロンドン軍縮条約の抜け道狙いで計画されたものだが、われわれ素人の目からでさえ危険そうに見える軍艦が、なぜプロの手から実現したのか。模型を通して当時の日本海軍の軍縮に対する過剰反応ぶりを探究するというアプローチは、モデラーとしての視野を広げ、模型の作り方にも少なからず影響を及ぼすだろう。

「千鳥」型水雷艇について

ロンドン軍縮条約の制限対象とならない排水量600トン未満の水雷戦艦艇は、日・仏・伊で計画されたが、中でも「千鳥」型は、大型駆逐艦と同じ砲塔や他より一段高い艦橋構造物で異彩を放っていた。しかし試運転では安定性が極めて不良で、バルジをつけて一応合格とされたものの、3番艇「友鶴」は竣工後最初の訓練中に荒天下にあっけなく転覆。新鋭艦がまるで使い物にならないという大失態を犯したのだった。自然条件に対する見積もりの甘さと工作誤差の重量的影響が直接の要因だが、それら自体が行き過ぎた重武装化の要求への妥協が積み重なったものでもある。

平凡な、しかし本来望ましい姿となった「千鳥」型は、太平洋戦争では近海船団護衛艦としてタフな仕事をこなした。狭い水域で海上交通を巡って盛んに水上戦闘が展開された地中海とは異なり、太平洋の戦場で水雷艇のポテンシャルが発揮される場面はほとんどなかったが、彼らは黙々といわれのない贖罪を続けたのだった。

キットについて

知名度抜群で昔から商品化の要望が高かった「千鳥」型は、ピットロードも早い段階で手掛けている。その時代なりに程よくまとめられたキットで扱いやすい。現在では資料も増えて、過剰なまでに繊細なデザインの全貌が知られるようになった。それ自体最新の商品開発技術でようやく対応できるレベルのものであり、こだわったキットが出ても面白い。

製作

実艦図面から得られる情報を余さずキットに落とし込もうとすると、フルスクラッチビルドに近い手間を要する。しかし、可能な限りキットの持ち味を生かしてまとめるならほとんど手を入れるところがない。このつかみづらさが「千鳥」型らしさ。

モデラーとして細部にこだわる工作ももちろんやってみたいが、それよりまだキットのない新造時に改造する方がわかりやすくて面白い。最も重要なバルジの形状は、「初春」型と同じく他に類例を見ないもので、ここだけはそれなりの覚悟が必要。しかしそれ以外はさほど高いレベルを求められるものでもないし、この状態の資料はまだ乏しいぶん、むしろ気が軽い。「千鳥」で小手調べしてから「初春」にチャレンジするといいだろう。

Although Chidori class torpedo boat at completion was characterized by excessive heavy armament, it had been brought about wrong theory to stability. After capsizing accident they were rebuilt to featureless, but useful ship.

水雷艇

水雷艇の英語は Torpedo boat で、現代なら魚雷艇と訳すべきところだが、そうでないのは後世の魚雷艇との区別のためではなく、もともと torpedo が魚雷を指す単語ではなかったところから来ている。トーピドー（本来はシビレエイという発電魚のこと）の兵器としての初出は18世紀のアメリカ独立戦争の際、デヴィッド・ブッシュネルという人が作って実戦投入された潜水艇「タートル」の搭載兵器で、敵艦の艦底に取りつける時限爆弾の名称だった。つまり、最初の水雷艇はサブマリンだったわけだ。その後は海中に設置しておく地雷の水中版（＝機雷）や、小型艇の艦首に長い棒を張り出して先に爆薬を取りつけ直接敵艦に当てるもの（spar torpedo、直訳すると竿雷だが一般に外装水雷というわかりにくい用語を用いる）をトーピドーと称しており、とりあ

「千鳥」型

千鳥型
Chidori class

設計番号	F 46
基準排水量	535 トン（計画）600 トン（改装後）
全長	82 m（1/700：117.1 mm）
水線幅	7.4 m（1/700：10.6 mm）
機関出力	1 万 1000 馬力
速力	30 ノット（計画）
兵装	12.7 cm砲 3 門、53.3 cm魚雷発射管 4 門、12.7 mm機銃 1 門、爆雷投射機片舷用 2 基（新造時） 12 cm砲 3 門、53.3 cm魚雷発射管 2 門、12.7 mm機銃 1 門、爆雷投射機片舷用 2 基（改装後）

艦名 name	建造所 builder	竣工 commissioned	終末 fate	識別点 distinguish points				備考 note
				1	2	3	4	
千鳥 Chidori	舞鶴工作部	1933.11.20	1944.12.22戦没 （USS Tilefish）	1	1	1	1	1
真鶴 Manazuru	藤永田	1934.1.31	1945.3.1戦没（空母機）	1	1	1	1	1
友鶴 Tomozuru	舞鶴工作部	1934.2.24	1945.3.24戦没（空母機）	1	2	2	1	1
初雁 Hatsukari	藤永田	1934.7.15	終戦時残存	2	2	3	2	1

備考
1　大戦後期に3番主砲撤去を含む対空・対潜兵装増備を実施

識別表

識別1	大改装	1：基本設計で竣工後大改装　2：改装状態で竣工
識別2	改装後主砲	1：旧式防盾　2：新式防盾
識別3	改装後艦橋	1：羅針艦橋前面波返しあり　下部角型　2：波返しなし　下部角型　3：波返しあり　下部丸型
識別4	烹炊所煙突	1：短い（先端形状は後日変更）　2：長い

工作のワンポイントアドバイス　　ピットロード版……ディテールアップは上級者向け。思い切って新造時に挑戦せよ！

改装後の「真鶴」。バルジの撤去跡も生々しい船体に艦名を書き込んでいるのが印象的。徹底した復元性対策によって計算上は日本海軍の駆逐艦・水雷艇でもっとも転覆しにくい船となったが、排水量の2割はバラストで占められた（写真提供／大和ミュージアム）

えず砲弾以外で海上戦闘に用いる爆薬のかたまりの総称ぐらいの曖昧な意味合いだった。ホワイトヘッドが自走式の機雷を開発すると、トーピドーは専らこれ、すなわち魚雷を指すようになり、機雷は地雷と同じmineと呼び、使用者本人の危険性が高すぎるスパー・トーピドーは廃れ、さらに潜水艦は潜水艦で分けて考えるようになったため、消去法で魚雷を主兵装とする小型水上艦艇イコール水雷艇となった。

超小型駆逐艦を水雷艇と呼ぶような逆転的感覚が定着したのは、ロンドン軍縮条約で駆逐艦をサイズや武装によって法的に規定した影響が大きい。ワシントン条約の時に発生した条約型重巡洋艦と同様、水雷艇はロンドン条約の制限外艦艇という新たな枠組みの中で再び脚光を浴び、日本の他フランス・イタリア・ドイツでも建造された。フランスの「ラ・メルポメーヌ」級は速力を、ドイツの「T1」級は魚雷を重視したが、前者は戦時中日本と同じく転覆事故を起こし、後者は主砲を1門としたのが非実戦的と評された。一方、イタリアの「スピカ」級は砲と魚雷の口径を引き下げて手堅くまとめ、地理的特質から水上戦もこなせる小型護衛艦が多数必要という固有の事情にもフィットしてかなりの成功をおさめた。しかし、もともとサイズ不足で駆逐艦に負けたのを蒸し返しても満足いくものではなく、結局いずれの国でもより大きな改良型を作って欲求不満を解消する羽目になった。

なお、同時期のソ連には警備艦と称する独自のカテゴリーがあり、初期のものは条約型より小型低速の水雷艇に相当する要目だったが、やはりサイズと速力を増して駆逐艦に近い船へと進化している。

日本海軍水雷艇「友鶴」

1　艦首／船首楼はのちの「秋月」型と同様、1番砲塔の付近がへこんだ側面形状。基本計画図では平らになっており、あるいは重心の問題ではなく、予算をケチるため必要以上に排水量を削けたのと関係があるかもしれない。ここは1/700で無理にこだわる必要はないが、キットの艦首端はややクリッパーバウっぽくなっているので調整しておきたい。アンカーの位置も上に寄せるといい。

2　主砲／新造時の主砲は「初春」型と同じ砲塔（厳密には砲室）装備の12.7㎝砲で、どう見ても過重武装。旋回部の重量は改装後の12㎝単装砲G型（7トン）に対し、連装砲塔は4倍以上（30トン）、単装砲塔も約3倍（21.5トン）ある。改装後の主砲シールドは前2隻と後2隻で異なり、部品も用意されているので対応するものを使う。ただ前者用の旧型シールドは砲身の上が欠けている欠点があり、できれば新式シールドの改造で調達したい。

3　艦橋／改装の前後ではフロアを1段抜いただけで、基本形状の違いはない。キットは羅針艦橋レベルの前後幅が不足しているようで、できれば下段と後端が同じ位置になるまで延長しておきたい。また、下段の正面は多角形が正しいが、「初雁」のみ丸型らしい。波返しも姉妹艦と時期による変化あり。烹炊所煙突はキットの指示と異なるアレンジが必要。

4　煙突／「初春」型と違い、改装時に変更は加えられていない。キットの煙突基部左右にある出っ張りは予備魚雷格納庫跡の表現らしく、新造時を作る場合はいったん落として格納庫と置き換えるといい。あわせてスキッドビームを設置、魚雷運搬軌条のアレンジも大幅に変える必要がある。

5　船体／別図参照。「千鳥」型はメタセンターを上げるために幅を広げ、そのぶん喫水が浅い船体形状だった。そのため真横から見たシルエットに占める水面下の割合が小さく、風や波の力を受けると横倒しにされやすい状態になっていた。追加バルジの形状は別図のとおり。通常の単なる浮力増大用とは異なり転覆防止を主目的としていたため、最大幅がガンネルにある特有の形状をしていた。本来はかなり難しい工作なのだが、キットの舷側がもともと型抜きの都合で上広がりなので、そんなに手はかからないはず。なお、図面をよく見ると後部構造物付近に「古鷹」型重巡のような微妙に船体が波打った部分があるようだが、1/700では無視するべきだろう。

6　ボート／場所の制約で高さが異なる2種類のラッフィング式ダビットを使用。キットでは部品A16をラジアル式のように扱っているが、カッターは必ず外向きに取り付けること。A16はウォーターライン装備品のX35と取り換えてもいい。イラストでは通船を描いているが、戦時状態では撤去されており取りつけないのが正しい。

7　艦名／「千鳥」型の艦名は全て漢字2文字で、このうち「友鶴」「初雁」は成語、「真鶴」は固有名詞、「千鳥」は一般名詞（単にチドリという種類はない）。「友鶴」とは夫婦鶴のこと。鶴は一生ペアを変えない鳥の代表種。オシドリは毎年ペアを変えるので、気を利かせたつもりでバードウォッチャーにオシドリ夫婦と声をかけると嫌な顔をする。

8　魚雷発射管／新造時の53㎝連装2基から1基に減少。予備魚雷も撤去し、魚雷の本数は4分の1となる。キットの発射管はシールドありとなしの2種類入っているが、少なくとも新造時から大戦中期までは前半分だけの簡易シールド。完全シールドの装着が実施されたかどうかは不明。実艦図面によると、船体中部のリノリウムの被覆範囲はキットとはかなり異なるようで、どうやら両舷の魚雷運搬軌条の内側を通路に利用し、改装で右舷の軌条は撤去したがリノリウムだけそのままにしていたらしい。

9　後甲板／決して広くない甲板に12㎝砲、爆雷投射機、掃海具を詰め込んでいる。新造時の爆雷投射機をY砲としている資料もあるが、実際はK砲だったようで、掃海関連設備と干渉するための配置と思われる。部品A17・18をB8装着位置の外側に置き、主砲の直後に掃海具曳航ウインチを自作するといい。

10　「氷川丸」／戦時中の同船の行動を描いた映画「海軍病院船」に「友鶴」が登場する。洋上での傷病兵移送シーンで、接舷状態を外側からボート？　で撮ったもののほか、「氷川丸」から「友鶴」の後部を俯瞰したカットもあり、天井にカバーをかけた魚雷発射管などもはっきり確認できる。是非チェックしたい。

1 Forecastle deck is arched to reduce hull weight.
2 There are two shapes to 4.7in gun shield.
3 Several differences can be seen on spray barrier and galley chimney between each ships and period.
4 Spare torpedo storage and track had been installed abreast funnel on completion.
5 Just before entering service large bulge was given to supplement stability, especially metacenter height, for that maximum breadth was located at upper end.
6 Fore davit is higher than aft.
7 Tomozuru means 'pair of crane'.
8 Half shield with canvas owning was added to torpedo tube.
9 Probably K-gun (type81 DCT) was fitted since completed to avoid minesweeping cable.
10 Tomozuru can be seen in wartime movie 'The navy hospital ship'.

復原性理論と「友鶴」事件

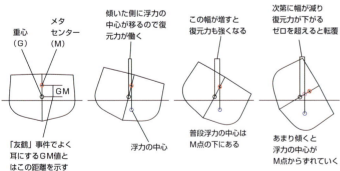

重心が高くなってもM点を上げれば対応できると考えられた。一番簡単な方法は断面形を平たくすること

「初春」型「千鳥」型は図のようなバルジによってM点の影響範囲を確保しようとしていた

しかし頭でっかちになりすぎて風や波の影響を余計に受けてしまった

大傾斜して復元力が弱まっているところに連続して風波の力を受けると意外にもろく横転してしまう

事故現場と地理的状況（1934年3月12日未明）

五島列島　佐世保　艦隊針路　「龍田」「千鳥」「友鶴」　長崎　風向

事故当時は南南東の強風で島に囲まれた浅い海に風が吹き込み、大波が短いピッチで起きやすい状況だった。しかも艦隊は佐世保を目指しており、船にとって一番危険とされる斜め後方からの波を受けてしまった。悪条件が重なっていたのだ。

GMが大きすぎると、ばねを強くするのと同じで横揺れの激しい船になり居住性や射撃照準に支障をきたす。適切な範囲に収めなければならないのが船の設計の難しさだ。

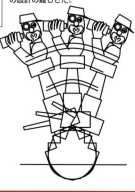

「千鳥」型製作要領図

ピックアップ～水雷艇「友鶴」

　1934年2月竣工。工期は同じ舞鶴で建造された「千鳥」の25カ月に対し15カ月。しかし1ヵ月もたたずして事故を起こし、大改装を余儀なくされる。日中戦争開始からほとんど前線で活動し、南方侵攻作戦終了後も内地へ戻らずジャワ海周辺、のち大陸沿岸で船団護衛に従事。1944年2月にようやく帰国して本格的な対潜護衛艦への改装を実施した後は、第4海上護衛隊所属で台湾以北に行動範囲を絞った。1945年3月13日、船団カナ304を率いて鹿児島を出撃したが、悪化する状況の中でなかなか沖縄に近寄らず、結局那覇を間近にしながらやむなく反転。しかし翌24日朝から終日敵機の攻撃を受け、他の全艦船7隻とともに撃沈された（他1隻が18日雷撃撃沈）。米軍機が撮影したのは、かつて転覆事故を起こした船とは思えないほど頑ななまでに水平を保ちながら、静かに後部から没していく本艦の姿だった。

就役時 Just After completion

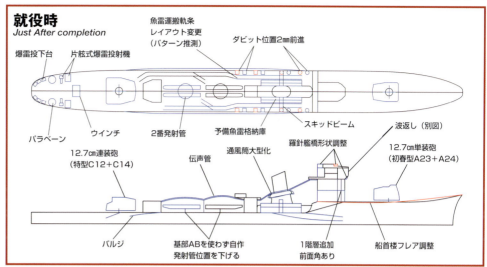

改装後 After modification

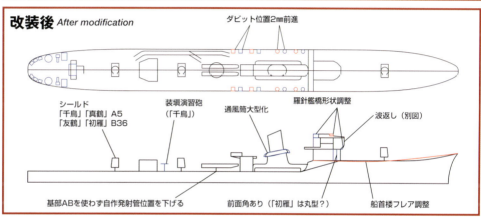

バルジ Bulge

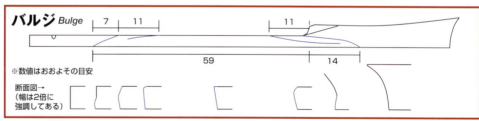

※数値はおおよその目安
断面図→（幅は2倍に強調してある）

舷窓配置図 portholes

※図は「友鶴」を示す。艦により若干相違あり

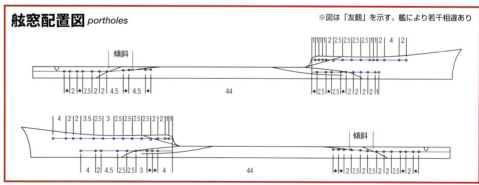

リノリウム被覆範囲 linoleum

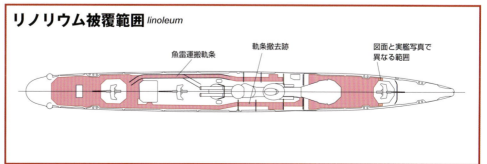

波返し Spray Screen

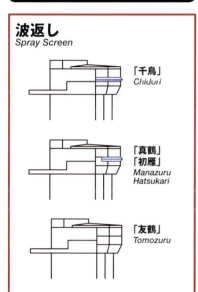

「千鳥」Chidori
「真鶴」「初雁」Manazuru Hatsukari
「友鶴」Tomozuru

予備魚雷格納庫（×2） Torpedo Storage

2.5 / 1.5 / 11

烹炊所煙突 Galley Chimney

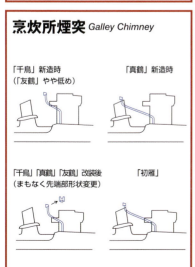

「千鳥」新造時（「友鶴」やや低め）　「真鶴」新造時

「千鳥」「真鶴」「友鶴」改装後（まもなく先端部形状変更）　「初雁」

「千鳥」型

「千鳥」 Chidori 1938
日中戦争時代。特徴的な形状の艦橋防弾板は陸上からの狙撃対策で、太平洋戦争開始時には撤去されていた。ひとまず基本的なディテールアップを施しているものの、微調整の範疇に入るものばかりで、どこまで取り入れるかは好み次第でいいのでは。

「真鶴」 Manazuru 1935
キットの素組。改装後の「千鳥」型はいたってシンプルな形状で、しかも紛らわしい比較対象がないという好条件もあり、そのまま組んでも問題ない。初心者も気軽に、4隻作り分けまで踏み込んでみてはいかが。

「友鶴」 Tomozuru 1934
就役時。ミニ駆逐艦とも呼ばれたその容姿は、縮小というよりデフォルメチックにも見える。若干ディテール処理に手がかかるところはあるものの、全体の作業量は決して多くないので、一度は挑戦してみたい。

「初雁」 Hatsukari 1944
大戦後期。キットで示されている装備は箱と組立説明図で異なるが、13mm機銃は「千鳥」のみ装備したらしい。なお、作例は実艦図面を未入手の段階で作っており、リノリウムの被覆範囲などキットの細部に準じた箇所がある点ご了承のほど。

水雷戦隊（1）

　列強各国ではどこも駆逐艦をグループ単位で運用するのが建前で、通常3～4隻を1戦術単位とする。英米ではそれを2セットと旗艦用駆逐艦（嚮導駆逐艦と呼ぶ）で1個群（flotilla）を編成。のちには嚮導駆逐艦を廃止して用兵のシンプル化を狙った。仏伊はサイズの異なるグループを別個に運用した。日本海軍でも基本的な駆逐隊の編成は4隻で、諸般の事情によっては3隻や5隻、ごく稀に2隻で駆逐隊を組むこともあった。日清・日露戦争の頃は概ね姉妹艦ばかりの集団で行動していたが、八八艦隊時代になると艦隊決戦の中で駆逐艦は極めてシステマティックな立ち回りを要求されるようになり、指揮統制のため通信能力の優れた巡洋艦を旗艦としてつける方策が考え出される。これが水雷戦隊で、日本海軍はこのスタイルを太平洋戦争まで基本とした。1920～30年代、連合艦隊では3～4個駆逐隊と旗艦軽巡洋艦からなる水雷戦隊2個を編成しており、第1艦隊第1水雷戦隊が戦艦隊の直衛、第2艦隊第2水雷戦隊が敵艦隊攻撃を担当する部隊だったことから、第2水雷戦隊は常にベストメンバーを揃えた日本駆逐艦部隊の花形だった。これ以外にも、大陸方面の任務や演習プログラムの関連などで水雷戦隊が編成された。

In 1930s IJN had retained two destroyer squadron (Suirai Sentai, torpedo squadron if more exactly translated) consisted of a flagship cruiser and three or four destroyer divisions. Since intended for attack duty the 2nd destroyer squadron always had been given premier equipment, while the 1st squadron was ordered to protect battleships. Other squadron was often organized for operation in China water or practice.

1933年の第2水雷戦隊
2nd Destroyer Squadron in 1933

　駆逐艦に限らず、平時の艦隊編成ではすべての艦が編入されるわけではなく、レギュラーとスペアを随時入れ替えてそれぞれを訓練と整備にあてる。戦前の日本艦隊は12月1日が年度初めで、艦隊の編成替えも大体この時期に実施された。第2水雷戦隊は1930年度から39年度まで特型のみで編成されており、33年度には初めて特型4個駆逐隊が揃う強力な布陣をとった。特型も最初は1個駆逐隊4隻だったのだが、強すぎるという理由で3隻編成に変更したため、せっかく4隻セットで名前をつけたのに半端者同士で別の駆逐隊を組まなければならなくなった。旗艦は前年度以降、5500トン軽巡で最も新しい「神通」と「那珂」が交代で担当。太平洋戦争に備え第2艦隊が2個水雷戦隊体制になると、両者がそれぞれ（第2・第4水戦）の旗艦となった。ちなみに、この年度の第1水雷戦隊は「睦月」型12隻と「夕張」。

　駆逐隊の番号は母港ごとにつけられており、ひと桁が横須賀、10番台が呉、20番台が佐世保、30番台が舞鶴。戦時中には艦型別でまとめた40番台、60番台も編成された。

旗艦（軽巡洋艦「神通」）
Flagship CL Jintsu

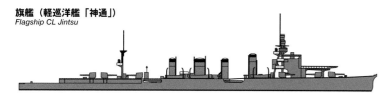

1番隊（第8駆逐隊「朝霧」「天霧」「夕霧」）
1st Subordinate 8th Division ; Asagiri, Amagiri and Yugiri

2番隊（第7駆逐隊「朧」「曙」「潮」）
2nd Subordinate 7th Division ; Oboro, Akebono and Ushio

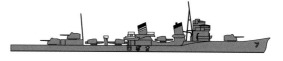

3番隊（第11駆逐隊「白雪」「初雪」「深雪」）
3rd Subordinate 11th Division ; Shirayuki, Hatsuyuki and Miyuki

4番隊（第12駆逐隊「叢雲」「東雲」「白雲」）
4th Subordinate 12th Division ; Murakumo, Shinonome and Shirakumo

注：当初は「薄雲」が入っていたが、2月1日付けで「東雲」と交代

「初春」型

駆逐艦「子日」。1933年9月、竣工時（推定）。

軍縮条約の条項内で極限のスペックを狙い、特型の縮小というより超特型圧縮版のような様相を呈した新世代標準駆逐艦も、結局は実用不可とされ「千鳥」型と同じ運命をたどる。水上戦用としては世界的に第一級の実力を持つスター揃いの日本駆逐艦の中でも、いまいちぱっとしない損な役回りを持っている「初春」型。しかし、間違った理論のもとで生まれたまやかしの超駆逐艦が夢破れる過程を実感する手段として、模型ほど優れた手段はない。

「初春」型について

ワシントン軍縮条約の締結を受けて始まった巡洋艦や駆逐艦の建造競争で、日本が次々と優秀なデザインを送り出したため、これを強く警戒した列強諸国はロンドン軍縮条約でこれらの保有量を厳しく制限。こと駆逐艦に関しては、総保有量に加え排水量1500トン以上の艦の割合まで規定された。もともと日本海軍は特型を24隻で終了して「睦月」型に続く中型駆逐艦の整備を再開するつもりだったらしいが、そこへ駆逐艦自体の保有量問題に加え、同じくシビアな制約を受けた巡洋艦勢力のしわ寄せまでがのしかかることとなった。「初春」型は特型の設計コンセプトをフィードバックさせた次世代標準中型駆逐艦となるべきものだったが、過重武装の結果設計が破綻し、失敗作の烙印を押される結果となった。あくまで最初の設計が無茶なのであって、改修後の「初春」型駆逐艦は世界的に見ても決して劣る艦ではない。特型という希代の優等生を兄に持ったがために、過剰な期待を押し付けられてつぶれてしまった過去を背負い、慎重な性格とそつのない能力を備えながら身内に評価してもらえない不遇な弟。しかし、その弟が最後に兄をこえる時が来た。「潮」「響」の不参加で天一号作戦最古参の駆逐艦となった「初霜」は、特別な思いを胸に秘めて沖縄へ向かう。

キットについて

ウォーターラインシリーズではアオシマが担当し、なぜか姉妹艦6隻中キット化4隻と破格の扱いを受けたが、中身は粗さが目立ち発売当初から評価はいまいち。そのため新進のピットロードも早期に手をつけ、ユーザーの支持を集めた。アオシマがリニューアルに着手したのは2011年で、現時点で図面が知られておらず実現不能と見られていた「初春」「子日」の新造時をあえてキット化し注目を集めた。引き続き「初春」「初霜」の戦時2状態まで発売されているが、やや技巧偏重の傾向が強く、コレクションモデリングとしては表現・考証の両面で相応のチェックが必要。専用の船体が必要となる「有明」と「夕暮」をどうするかなど、実艦の多彩なマイナーチェンジにメーカー・ユーザーの双方が現代の模型技術でどこまで対応すべきか、ともかく厄介なクラスである。

製作

かつて「初春」型を模型誌で扱う際は新造時への改造が半ば避けて通れない鬼門であり、「ネイビーヤード」誌で本型を扱った際もその製作に主眼を置いていたが、アオシマのキットが発売されてその困難は大幅に緩和された。ただしこのキットは写真や二次的な資料をもとにした同社の半オリジナル艦で、ファン各自の目で見て必ずしも満足できるものとは限らない。そこで本書ではあえて初出時に掲載した既存キットからの改造要領図を残し、それに準じた新キットの修整法を添付しておく。商品のレベルがますます向上する昨今、ほとんど別の艦を作るのと同じ工事規模の船を改造で調達するのは一層困難になりつつあるが、そのぶん今後ハンドメイドの評価も高まっていくのではないだろうか。簡単な工作でも積極的に試してみて、地力をつけていただきたい。

Having misfortune to follow outstanding brother Fubuki, Hatsuharu class was put to excessive requirement and as a result of it with wrong design theory serious stability problem was exposed before being forced to accept re-design reducing their armaments. Even they proved good performance comparing with foreign counterparts after then IJN retained low evaluation to them.

ロンドン条約と駆逐艦

ロンドン軍縮条約の駆逐艦に関する制限をもう少し細かく見ると以下の通り。(1) 駆逐艦は基準排水量1850トン、主砲口径5.1インチまで。(2) 日本海軍の保有量制限は10万5500トン。(3) 基準排水量1500トン以上のものは総保有量の16％以内とする。ただし条約調印（1930年4月22日）までに起工したものは保有を認める。

これに対し、基準排水量1680トンの特型24隻を合計した4万320トンは16％条項を大幅に超過するが、最終艦「雷」「電」を1930年3月7日に起工したため起工日特例にはすべりこみセーフという状況だった。一方、以後の艦は1500トンまででもよかったが、少しでも数を増やしたかったので「初春」型は100トン削って1400トンに設定。当時は1368トンというもっともらしい値が発表されていた。

基準排水量600トン以下の艦は性能、保有量とも完全な規制対象外とされていたが、「千鳥」型水雷艇は「予算を削るため」という理由で計画排水量を535トンにしていた。軽ければ安く出来るという論法も随分不可解だが、当時の書物を見るとこちらも公表値は527トンで余分にサバを読んでいる。

「初春」型

初春型
Hatsuharu class

設計番号	F 45　F 45 B（有明）　F 45 C（夕暮）
基準排水量	1400 トン（計画）
全長	109.5 m（1/700：156.4 mm）
水線幅	10 m（1/700：14.3 mm）
機関出力	4 万 2000 馬力
速力	36.5 ノット（計画）
兵装	12.7 cm砲 5 門、61 cm魚雷発射管 9 門（計画時）6 門（改装後）、40 mm機銃 2 門、爆雷投射機両舷用 1 基

艦名 name	建造所 builder	竣工 commissioned	終末 fate	グループ group	識別点 distinguish points						備考 note
					1	2	3	4	5	6	
初春 Hatsuharu	佐世保工廠	1933.9.30	1944.11.13戦没（空母機）	1	1	1	1	1	1	1	
子日 Nenohi	浦賀船渠	1933.9.30	1942.7.5戦没（USS Triton）	1	1	1	1	1	1	1	
若葉 Wakaba	佐世保工廠	1934.10.31	1944.10.25戦没（空母機）	2	2	1	3	2	1	2	1
初霜 Hatsushimo	浦賀船渠	1934.9.27	1945.7.30戦没（機雷）	2	2	1	2	2	1	2	1
有明 Ariake	神戸川崎	1935.3.25	1943.7.28戦没（陸上機）	3	3	2	3	3	2	3	
夕暮 Yugure	舞鶴工作部	1935.3.30	1943.7.16戦没（陸上機）	3	3	3	3	3	2	3	

備考
1　大戦後期に2番主砲塔撤去を含む対空兵装増備を実施

識別表

識別1	大改装	1：基本設計で竣工後大改装　2：改装状態で竣工　3：船体設計変更（「有明」「夕暮」で相違）
識別2	船体	1：舷側フレアあり・長船首楼　2：舷側フレアあり・短船首楼　3：舷側フレアなし・短船首楼
識別3	艦橋	1：大型波返し　2：小型波返し　3：波返しなし（1930年代後半全艦撤去）
識別4	前部マスト	1：基本形　2：前後幅狭い　3：左右支柱上甲板にあり
識別5	1・2号缶通風筒	1：大型お椀状（複合）　2：トランク状＋お椀状（分離）
識別6	プロペラガード	1：ブロックから金枠へ　2：ブロック　3：金枠

注：これ以外にも細かい識別点や時期的変化がいくつか見られる。

駆逐艦「夕暮」。「初春」の試験成績不良や「友鶴」事件の影響で後続艦の建造は混乱し、1隻単位の大幅な設計変更が実施される。最終艦「夕暮」では舷側のフレアも廃止され、より「白露」型に近づいたデザインとなっている（写真提供／大和ミュージアム）

工作のワンポイントアドバイス

アオシマ新版（新造時）……半分アオシマオリジナルデザインの船。気になるところは修整！
アオシマ新版（改装後）……優秀だが若干ディテール偏重気味。各部のバランスを確認し全体を落ち着けよう！
ピットロード版……同社製品では上位の出来。バリエーション再現にはアオシマ版より使いやすい！

魚雷艇

駆逐艦は水雷艇が昇華したものであり、もともと沿岸防御兵器のカテゴリーにあったものが次第に外洋適応をしていったことはすでに述べたが、最初の水雷艇の用途がいらなくなったわけではなく、軽量大出力の内燃機関の開発によってリバイバルがなされた。一般には魚雷艇と総称しているが正式な呼び名は各国ばらばらで、英は沿岸内火艇（CMB：第一次大戦）内火魚雷艇（MTB：第二次大戦）、米は哨戒魚雷艇（PT）、独は高速艇、伊は内火駆潜艇（MAS）のち内火魚雷艇（MS）、仏は小型魚雷艇（VTB）。大別すると、旧来の細長い船体のものと、縦横比の小さい通念的なモーターボートの形をしたものがある。前者の代表例がドイツのSボートで、第二次大戦中イタリアも後者のMASから独式のMSに切り替えた。日本では太平洋戦争開始とともに開発着手し、両方試作したが前者は失敗し8隻で製造中止。後者は各型合計400隻あまりが製作されたといわれるが、適当なエンジンが潤沢に得られなかったため、20ノットも出なかったものや騒音などの問題で使い物にならなかったものも多く含まれる。目ぼしい実績も知られていない。日本海軍最大の敵は言うまでもなくアメリカのPTボートで、駆逐艦も「照月」「卯月」「清霜」が食われているが、戦闘記録をよく調べると投入された艇や実際に発射した魚雷の数と比べ戦果は驚くほど少ない。魚雷艇による敵艦攻撃は意外と難しかったのだ。

「島風」と各国魚雷艇の対比。前列左が英海軍の第一次大戦型CMBで、大戦間には日本陸海軍が購入研究している。前列中の四角い船は同時期オーストリア・ハンガリーで建造された実験滑走艇で、魚雷を積んだだけでなく世界初の実用ホバークラフトでもあった。以下は第二次大戦の艇で、前列右は英MTB、二列目から伊MAS、米PT2種（「清霜」を撃沈した「PT223」、「天霧」と衝突沈没した「PT109」）、後列左は独Sボート。最後は英海軍のMGB（機動砲艇）で、火力を重視した派生型。敵魚雷艇との交戦や沿岸掃討など、多様な任務に応じ魚雷艇も次第に砲兵装が強化された。しかし、彼らの最大の天敵は駆逐艦だった。

日本海軍駆逐艦「初霜」

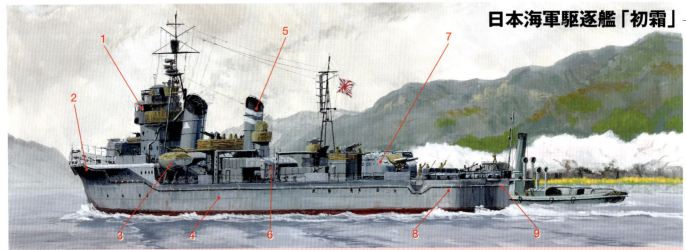

1 艦橋／新造時の艦橋は甲冑魚のような不気味な面構えをしていたが、内部も半階分のフロアが入り組んだややこしい構造だったようで、模型化の大きな障壁となっていた。余程のこだわりがない限りアオシマの新キットをそのまま組むといいが、少なくとも発射指揮所（魚雷戦艦橋、ひな壇の下から2段目）のウイングを露天式に直すぐらいはしておきたい。改装直後は羅針艦橋正面に「初春」「子日」は大型の、「初霜」は小型の波返しを持っていたが、のち撤去。他にも烹炊所煙突の形状など艦と時期によってこまごまと違いがあるので注意。ピットロード版はやや艦橋が前に寄っており、キットの位置のまま新造時に改造すると2番砲が窮屈になる（1番砲塔も心持ち後ろ）。ビフォーアフターを並べてみたい方はあらかじめ手を打っておくといい。アオシマ新版はなぜか基部形状が「初春」と「初霜」で違えてあるが、前者のほうが正確。また「初霜」は測距儀台の手すりが他艦より高く、些細な割によく目立つ識別点。

2 船首楼／特型と異なり1番砲直前で折れ線状に曲がるシアーとなり、甲型・丁型まで継承された。ピットロード版は船首楼が少し短く、前部マストの三脚支柱が上甲板に立っている。第4艦隊事件のあと後部ガンネルに丸みをつけ、同時に船首楼直後のブルワークの形状も変更。

3 ボート／当初は内火艇2、カッター2、通船1。場所が苦しく内火艇を2隻とも右舷に置いていた。新造時の「子日」は通船とダビットが確認できず、船首楼後端の張り出しに直置きし前方のデリックで操作していた可能性あり。改修後しばらくして全艦通船を撤去し「白露」型から完全に廃止されている。「初春」「子日」の艦橋横カッターダビットは日本駆逐艦では珍しく外付けのラジアル式を使っていたが、その後ラッフィング式に変更。「有明」「夕暮」は右舷カッターの搭載位置が他より少し前。

4 船体／追加バルジの幅は片側30cmで「千鳥」型より若干狭く、外見もより滑らかに整形されているが、2番発射管の魚雷が当たる恐れがあったのか、その部分だけ切り欠かれている。アオシマ新版は舷側のフレアが再現されたため、バルジの追加はかえって難しくなった。「友鶴」事件のあとバルジは撤去され、バラストで重心を下げる改修を実施。「有明」は最初からこのバルジを船体内に取り込んだのが仇となり、あとでバルジにあたる部分を削除し、かえって船体のラインがいびつになってしまったといわれるが、外見では全く判別不能で1/700でそこまでこだわる必要はない。一方、「夕暮」は舷側のフレアを省略した別設計の船体を使用。こちらは安易に見逃すわけにいかず、アオシマ新版を使う場合はさらに手がかかる。

5 煙突／2番煙突は右舷寄りで後ろが太い卵型、しかも1番煙突と傾斜角も異なる。ピットロード版のキットは同じ角度、箱の図面は角度の関係が逆なので注意。缶室通風筒は文献では改修時に30cm低くなったとあるが、現物を見る限り煙突と同じだけ（前部1.5m、後部1m）下げられているようだ。「有明」「夕暮」はなぜか1号缶の通風筒が独立して、トランク状のものを船首楼後端付近に設置、以後の駆逐艦も踏襲した。ピットロード版はこの通風筒が再現されており、初期艦を作るときは厳密には撤去する必要がある。また、これと関連して前部煙突基部のお椀状通風筒のサイズもかえておくとベター。アオシマ新版はシルエットに対して煙突が高めで、特に後部は機銃座部品の厚みもあってその傾向が顕著。エンジンケーシングごと低くしておくといい。前部煙突の給気筒はやや薄手の「有明」「夕暮」に近く、前期4隻に対してはピットロード製特型の余剰部品を使うのも手。

6 魚雷発射管／本来は四連装発射管を使いたかったらしいが、開発が間に合わず三連装3基を使用。ただし本型から次発装填装置を備えたため、3本のチューブが横一線の九〇式発射管となる。実質的には特型より重武装で、どう見ても無茶を承知の苦し紛れといった感じの配置方法。就役時にはすでに3番連管が撤去されていたが、発射管と魚雷搭載用のオーバーヘッドレールは外されているのに次発装填装置だけ残している不思議な状態となっていた。アオシマ新版はこの3番連管の位置が高すぎるようで、これを船首楼と同じレベルまで下げ、そのぶん次発装填装置の底を上げると発射管との位置関係が整合する。

7 主砲／本来は連装3基のところ、魚雷発射管の変更のため1基を単装とした。連装砲塔は特型とは微妙に異なり、のちに改修で形状が変化。「有明」「夕暮」は「白露」型以降と同じ。アオシマ新版の連装砲塔はなぜか底面に切り上がりがついており、扱いづらい。できればピットロードの装備品パーツ（甲型などで未使用部品として入手可能）を使いたい。最終的には単装砲を撤去し、主砲の火力だけは特型などと同レベルになった。

8 艦尾／基本仕様では掃海具装備のオプションがあったらしくブロック状のプロペラガードが付いていたが、「初春」「子日」は改装のとき鉄枠のみに変更。「有明」「夕暮」も類似のものを装着し、「若葉」「初霜」のみ最後までブロック状。アオシマ旧版をベースにディテールアップしたい方は艦尾を延長しておくこと。

9 艦名／「初春」型の艦名は日本駆逐艦の中でも脈絡のないものばかり集めた感があり、妙に印象的。とりわけ「初春」（元日）や「子日」（立春後最初の子の日。「春なので外で遊べの日」だった）は年中行事のある日を意味する特異な例。余談だが、1970年代の多くの少年は「子日」の艦名をアオシマ旧版の商品表記である「子の日」と刷り込まれた（組立説明書の解説文は正しく「子日」となっている）。プラモデルの影響力恐るべし。

1: it is better to move bridge structure slightly to stern in Pitroad kit.
2: Ariake and Yugure had shorter forecastle.
3: tenma boat was removed in the middle of 1930s.
4: all without Yugure were given flare almost whole broadside. At the entry of service bulge was added to Hatsuharu and Nenohi. The main aim is to supplement stability and the maximum breadth is located just at gunwale.
5: air ventilator to 1st boiler was separated from 'saucer' to the root of forward funnel and settled before it in Ariake and Yugure.
6: the 3rd triple torpedo tube was removed before entry in service.
7: main gun shield is different from previous Fubuki class and sometimes altered during career.
8: fixed block propeller guard was applied only to Wakaba and Hatsushimo.
9: when apply decal of broadside ship name, the position of three-letter name is better to be regarded to 'three letter plus one blank' therefore these letters locate the same position to the first three of four-letter ship.

修整と主要識別点の再現（ピットロード版使用の場合）
distinction and adjustment to Pitroad kit

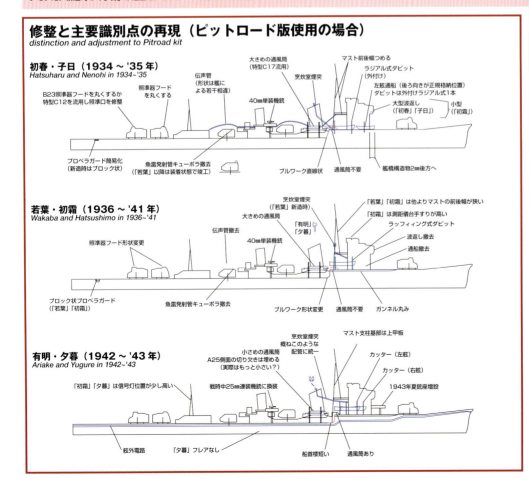

ピックアップ～駆逐艦「初霜」

浦賀船渠第390番船。「友鶴」事件時はすでに進水済で「初春」就役時に相当する改修を施されていたようだが、ただちに大改造され事件の4ヵ月後に竣工した。太平洋戦争では緒戦の南方侵攻を支援後、キスカ撤収まで北洋方面で行動。その後も任務のほとんどが後方での各種艦船・船団護衛で、オルモック第二次輸送で最前線まで出たあと、航空戦艦「伊勢」「日向」の内地向け物資輸送作戦（北号作戦）に参加して内地着。天一号作戦も無事生還した「初霜」だが、1945年7月30日宮津湾で対空戦闘中触雷し、擱座状態で終戦を迎える。

「初春」型

新造時簡易版工作ガイド

ベースの船体は、ディテール処理に自信があるならピットロード版でもいいが、初心者にはむしろモールドの少ないアオシマ旧版がお勧め。

このキットはなぜか艦尾だけ5mmも短いという不可解な欠点があり、ついでに直しておくとベターだが、単純に3番砲の後ろで刻むより、もっと前のできるだけ左右舷側のラインが並行に近い場所で切り離すほうが形を整えやすい。最大の難関である艦橋構造物は、ピットロードの特型を集めるとほぼ必ず余る艦橋の選択パーツをうまく利用すれば、案外簡単にそこそこ似た艦橋ができる。初期型砲塔や通船といったレアアイテムも同じキットから収集可能。40mm機銃はピットロードの「初春」型を大戦中期以降の状態で組めば余剰で得られるが、わりと単純な形なので適当に自作してもいいだろう。

「初春」型（簡易版新造時）組立説明図
Assembly plan of Hatsuharu type on completion, basic plan
アオシマ旧版をベースに使用した場合

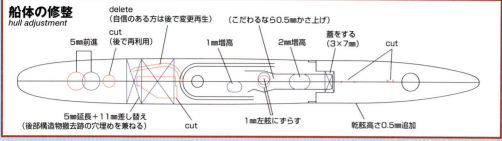

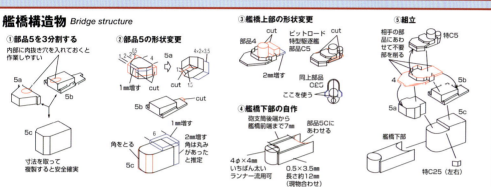

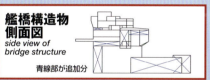

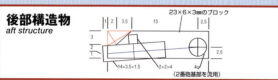

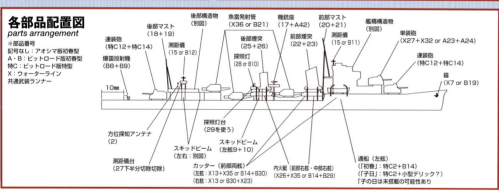

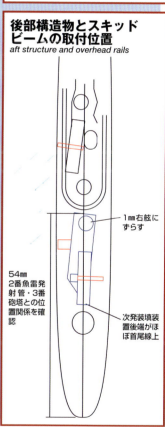

駆逐艦の主砲

黎明期の水雷艇は敵の大型艦を雷撃することしか考えておらず、魚雷以外はせいぜい小型の砲を1門積む程度だった。明治の日本水雷艇では57mm砲3門が最大。しかし駆逐艦は水雷艇退治が主目的なので、英海軍では最初から7.6cm砲を装備。第一次大戦では同種艦との交戦機会が多く、ドイツ艦に対する火力優勢の整備方針は有効だった。イギリスの流れをくむ日本も、雷撃重視といいつつ火力も欲張る傾向があり、英海軍が第一次大戦末期に導入した12cm砲を明治のうちから搭載していた。ただ、海上を時速60km以上で走りながら敵艦に砲弾を当てるのは決して容易ではなく、第二次大戦中ドイツが用いた15cm砲は純重すぎて失敗だった。ロンドン軍縮条約で定められた最大5.1インチ（13cm）という砲口径は実用上も妥当な線だったようで、以後は射撃速度の向上や砲戦指揮などによって命中率を高める方策が重要となった。

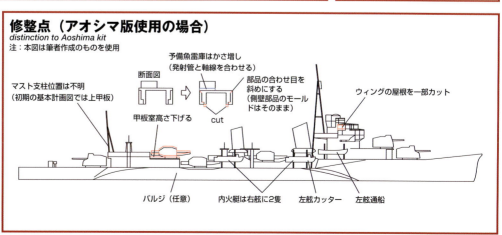

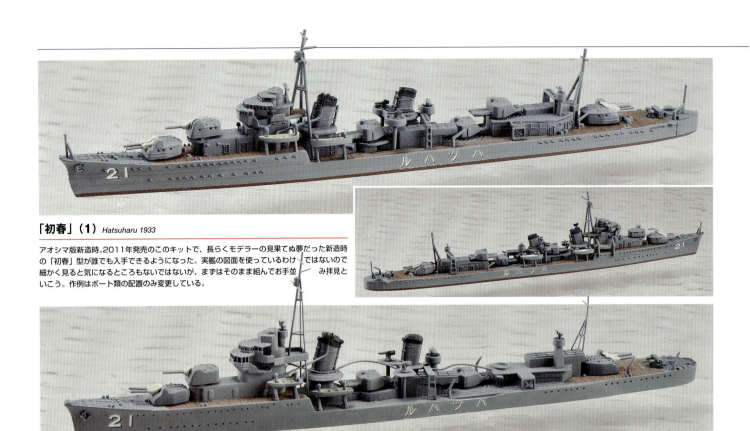

「初春」(1) *Hatsuharu 1933*

アオシマ版新造時。2011年発売のこのキットで、長らくモデラーの見果てぬ夢だった新造時の「初春」型が誰でも入手できるようになった。実艦の図面を使っているわけではないので細かく見ると気になるところもないではないが、まずはそのまま組んでお手並み拝見といこう。作例はボート類の配置のみ変更している。

「初春」(2) *Hatsuharu 1934*

ピットロード版キットを用い就役時を再現。疑いなく日本駆逐艦では最も難易度の高い工作で、長年小艦艇ファンの誰もが目標とするところだった。ピットロード版は舷側のフレアが再現されていないぶんバルジの装着工事が楽という利点があり、在来品に下部船体を加えたフルハル版も発売されているので、改修前後の全容比較という楽しみ方も可能。

「子日」(1) *Nenohi 1933*

アオシマ旧版を用い新造時を再現。ピットロード版の発売以前はもちろん、その後も細かい仕事には自信がないが何でもいいから新造時が欲しいという場合に旧キットは有用だった。今では新版を組む方が楽。ちなみに、旧「子日」の箱絵は北方戦域での実戦経験を持つ上田毅八郎氏ならではの描画表現が印象的な作品で、中央遠景には氏の乗船だった「昭浦丸」も描かれている。

「子日」(2) *Nenohi 1934*

アオシマ版新造時を就役時に改造したもので、「初春」ピットロード版に対応する作例。何といっても最大のポイントはバルジの再現だが、ここでは部品分割の特徴を利用し、側面船体を丸ごと自作する手法を取っている。各自工夫していただきたい。

「初春」型

「若葉」 Wakaba 1941

アオシマ新版「初春」を修整した作例。前部マストの傾斜角とブロック状のプロペラガードが主な識別点。各部の基本的な形状表現は良好だが、中部構造物、特に後部煙突付近の背を低く抑えることで、艦橋を頂点とする直角三角形を成す実艦のシルエットバランスにより近づいてくる。舷側のラインモールドや舷窓の庇、扉などは整理対象として考えておきたい。

「初霜」（1） Hatsushimo 1944

ピットロード版の素組。かなり優秀なキットで、そのまま組んでも充分OK。艦橋構造物を少し後ろにずらし、1号缶専用通風筒を外せばさらによくなる。同社の特型駆逐艦が舷側フレアを再現したため、あえてこだわるなら舷側を削って形状を揃えてもいい。「有明」「夕暮」への改造もアオシマ版よりは楽。

「初霜」（2） Hatsushimo 1945

アオシマ新版の素組。旧版とは文字通り隔世の差がある。単艦細密主義の傾向が強く調味料をきかせすぎている印象だが、近年これに近い表現の商品が増えてアクが弱まってきた。天一号作戦のコレクションとして作る場合などは、特に他艦とのバランス調整に配慮したい。

「有明」 Ariake 1942

アオシマ旧版の素組。尻尾が寸詰まりな以外はかなりアウトラインを正確に再現したキットなのだが、いかんせんディテール表現技術が古代的で、役割は終えたと見ていい。今回紹介したような練習工作に活用する他、どうしても自己流ディテールアップにこだわりたい方やちょっとだけノスタルジーに浸りたい方、箱絵を確保したい方は購入を検討されたし。

「白露」型

駆逐艦「夕立」。1936年11月、試運転時（写真提供／大和ミュージアム）。

「初春」型の修整版である「白露」型は、軍縮条約破棄の流れの中で駆逐艦の整備方針も揺れ動いていた時期に計画された微妙な立場にあった。実艦と同様に模型の世界でも長らくエアポケットのような存在だったが、コレクションの穴を安心して埋められる手頃なキットが現れた。

「白露」型について

軍縮条約下の無理な設計がたたって実用不可と判断された「初春」型は、武装の減少を含む徹底した改修を実施した結果、排水量相応の月並みな駆逐艦となってしまった。もともと姉妹艦として建造されるはずだった6隻は最初から設計を見直し、「白露」型と呼ばれたが、当初から排水量が大幅に増し軍縮条約の制限オーバーが確実となっていた。追加建造の計画も14隻から4隻に削減され、中型駆逐艦の開発自体が終りを告げる。特型の成功は日本海軍の艦隊決戦システムを次の段階へと押し上げる役割を演じ、「初春」型の失敗はそれに対応できない中型駆逐艦の限界を決定付けた。そして条約への不満を背景とする急進派の台頭によって、すでに日本海軍はロンドンの枠組みの中で生きる方策に見切りをつけていたのである。

キットについて

ウォーターラインシリーズの「白露」型はタミヤの担当で、太平洋戦争前期仕様の「白露」と後期仕様の「春雨」が発売中。ほぼ同時期のラインナップである特型と同様、メリハリのあるモールドでまとめ上げられた安定感のあるキット（と、このシリーズでは一部駆逐艦だけだった小松崎茂氏のボックスアート作品）ではあるものの、タミヤとしては珍しくシルエットバランスが悪く、構造物全般が艦首側に寄り集まって艦尾が長すぎるという特徴を持っている。それでも本型のキットはこれしかない状態が長らく続いていたが、2011年にピットロードとフジミが相次いで商品化を発表し、まさかの「白露」型競合にファンは唖然とさせられた。ピットロード版は考証面に多少の不具合があるものの、「秋月」型や特型でやや迷走の感もあった表現傾向が帳消しになったぶんコレクションアイテムとしては好都合といえる。一方、フジミ版も先行の「秋月」「雪風」からやや路線をずらしており、バリエーション展開を前提とした表現を採用。全体の完成度ではピットロードを上回っている。このクラスの模型面での不安は当面ほぼ解消と見ていいだろう。

製作

本書の母体である「ネイビーヤード」誌での連載で本型を扱った当時は、まだピットロード版、フジミ版とも存在せず、最も良好な「白露」型の模型を得るためにはピットロードの「初春」型から改造するのが適当としてその方法を紹介したが、この記事は所期の意味をなさなくなったので今回は省略する。発売されたピットロード版はやや船首楼が長いようだが、わざわざ直すほどでもない。現時点で考証的にはフジミ版のほうが優秀で、割安なのもいい。できれば煙突にひと手間かけておきたい。ただし、後述の通り「白露」型の寸法については一般に知られている値に疑念があるため、今後の研究によっては模型の評価や作り方にも変化をきたす可能性がある。

Shiratsuyu class destroyer had been originally approved as additional production of Hatsuharu type, but redesigned to stable ship after Tomozuru incident. This improvement caused an obvious excess to tonnage restriction of London naval treaty, and IJN decided to abandon reconciliation in naval holiday.

最初と最後の戦い

太平洋戦争で最初と最後の水上戦闘には、いずれも駆逐艦が関わっている。最初に敵艦艇と交戦したのは駆逐艦「蓮」（P20参照）で、開戦当日の上海で降伏勧告を拒否した英砲艦「ペトレル」を味方の砲艦「鳥羽」とともに撃沈した事例。洋上遭遇戦としては1942年1月12日、ボルネオ島タラカン攻略作戦中に駆逐艦「山風」が蘭敷設艦「プリンス・ファン・オラニエ」を発見撃沈したのが最初。そして最初の駆逐艦対駆逐艦の戦いは、同月27日マレー半島エンドウで補給船団を襲撃した連合軍駆逐艦2隻（英「サネット」豪「ヴァンパイア」）を護衛の第3水雷戦隊が迎撃し、「サネット」を撃沈したエンドウ沖海戦だった。この時日本側は低速で泊地に侵入した敵艦に雷撃されるまで気づかなかったが、魚雷の深度調定ミスに救われた。

一方、太平洋戦争で最後の水上戦は1945年5月16日発生。アンダマン諸島への緊急輸送に向かった重巡「羽黒」駆逐艦「神風」が英駆逐艦6隻に襲われ、「羽黒」が撃沈された。ただし「神風」は物資搭載のため魚雷発射管をすべて撤去しており、あえて交戦を避けたため砲火は交わしていない。戦死した司令官・橋本信太郎少将はエンドウ沖海戦時の第3水戦司令官で、「神風」艦長・春日均少佐も「白雪」水雷長として同海戦に参加していた。

「白露」型

白露型 Shiratsuyu class

設計番号	F 45 D
基準排水量	1685 トン
全長	110 m （1/700：157.1 mm）
水線幅	9.9 m （1/700：14.1 mm）
機関出力	4万2000馬力
速力	34ノット
兵装	12.7 cm砲5門、61 cm魚雷発射管8門、40 mm機銃2門または13 mm機銃4門、爆雷投射機両舷用2基

艦名 name	建造所 builder	竣工 commissioned	終末 fate	グループ group	識別点 distinguish points 1	識別点 distinguish points 2	備考 note
白露 Shiratsuyu	佐世保工廠	1936.8.20	1944.6.15沈没（衝突事故）	early	1	1	
時雨 Shigure	浦賀船渠	1936.9.7	1945.1.24戦没（USS Blackfin）	early	1	1	1
村雨 Murasame	藤永田	1937.1.7	1943.3.5戦没（水上戦）	early	1	1	
夕立 Yudachi	佐世保工廠	1937.1.7	1942.11.13戦没（水上戦）	early	1	1	
春雨 Harusame	舞鶴工廠	1937.8.26	1944.6.8戦没（陸上機）	early	1	1	2
五月雨 Samidare	浦賀船渠	1937.1.29	1944.8.26戦没（座礁・USS Batfish）	early	1	1	1
海風 Umikaze	舞鶴工廠	1937.5.31	1944.2.1戦没（USS Guardfish）	late	2	2	
山風 Yamakaze	浦賀船渠	1937.6.30	1942.6.23戦没（USS Nautilus）	late	2	2	
江風 Kawakaze	藤永田	1937.4.30	1943.8.6戦没（水上戦）	late	2	2	
涼風 Suzukaze	浦賀船渠	1937.8.31	1944.1.25戦没（USS Skipjack）	late	2	2	

備考
1　大戦後期に2番主砲塔撤去を含む対空兵装増備を実施
2　「春雨」1943年被雷で船体前部切断、簡易艦首・「夕雲」型規格艦橋装着

識別表

識別1	羅針艦橋	1：角型　2：丸型
識別2	機銃	1：40mm単装　2：13mm連装

工作のワンポイントアドバイス

フジミ版……トータルバランスで屈指の完成度。前部煙突の微調整だけでOK！
ピットロード版……レイアウトの多少のずれは気にしない。同社製品で艦隊を組む場合は迷わずチョイス！
タミヤ版……考証重視なら難易度が一気に跳ね上がる。純粋に初心者の入門用として扱うべし！

修理中の「白露」。艦橋の前に雷撃を受け、曲がった船体をいったん切り離して再接着する工事を施した。船首楼後端付近の外板のパターンはかなり複雑で、最近の1/700キットで見られるライン表現のような簡単な罫線ではない。日本艦に限らず、修理工事の記録写真はモデラーにとって最高級のディテール資料であることが多い。

ピックアップ〜駆逐艦「時雨」

浦賀船渠第392番船として1936年9月竣工。太平洋戦争開始時は内地にあって陸軍船団の護衛に従事したが、その後は珊瑚海海戦、ミッドウェイ海戦、第一次・第二次ヴェラ・ラヴェラ海戦、ブーゲンヴィル沖海戦、マリアナ沖海戦といった主要海戦に参加。1943年8月のヴェラ湾夜戦では同航の「萩風」「嵐」「江風」が全滅、1944年2月にはトラック大空襲に居合わせたが損傷にとどまり、同6月ビアク島沖で優勢な連合軍艦隊に追い回されるも脱出と、数々の修羅場をくぐりぬける。レイテ沖海戦では西村部隊に加わり、米戦艦・巡洋艦隊の集中砲火で戦艦「山城」ら艦隊の大半が撃沈される中で再び生還を果たすが、辛くも内地にたどり着いた同艦は次に加わった石油船団ヒ87でも度重なる敵潜と航空機の襲撃にさらされ、ただ1隻となったタンカー「さらわく丸」を護衛して昭南到着を目前の1945年1月24日、米潜「ブラックフィン」の魚雷が命中。屈指の歴戦艦もついに夜明けの南シナ海に果てたのだった。

日本駆逐艦の対潜能力

日本駆逐艦の損失原因のうち、最も多いのは航空機で半分弱、その次が潜水艦で3割にのぼる。水上艦艇による撃沈は1割しかなく、潜水艦のほうがずっと厄介な相手というイメージが出来上がっている。敵潜攻撃に不可欠なソナー（アクティブソナー＝探信儀、パッシブソナー＝聴音儀）が標準装備されるようになったのは「陽炎」型からで、それ以前の艦は順次装備が進められていたものの、太平洋戦争開始時にはまだ行き届いていなかった。未装備の艦は潜望鏡を見つける以外に潜航中の潜水艦を捕捉できず、爆雷を積んでいても全くの当てずっぽうで放り込むぐらいしかできない。戦時中これらの充足や新機種の開発が急がれたが、物資や技術の不足による特殊素材の品質低下、自艦の騒音による性能干渉への対応、操作員の教育、水中の音響伝播特性のような学術的基礎研究の不備など、致命的な問題があまりに多かった。護衛専任の水雷艇や二等駆逐艦には爆雷兵装をかなり強化したものもあるが、概して連合軍より強化の度合いは低い。対潜戦術の不備ないし不徹底もあり、「駆逐艦は敵の撃沈にこだわるが、ソナーのきかない高速で走りまわり実効が上がらない」といわれるのは、より小型低速の駆潜艇などが粘り強く制圧を続けて撃沈に至る例が結構あったのに対し、もともと速く走れる上に敵潜攻撃が本業とは思っていない駆逐艦がせっかちになるのをチクリと指摘した意見だ。艦どうしや航空機との連携もまだまだ未発達だった。米潜水艦はドイツのUボートなどと比べればかなり大型で鈍重な船であり、数も少なかったから、まともな対応ができていればもっと分のいい勝負ができただろう。実際はソフト・ハードの両面で力負けしていたといわざるを得ない。

米潜水艦はしばしば潜望鏡から日本艦船の写真を撮っており、駆逐艦のものでは「ノーティラス」が撮影した「山風」撃沈時が有名。1番砲塔上に日の丸を張っているのがわかる資料としても知られる。「白露」型では1943年1月24日ウエワクで「ワフー」が「春雨」を撃破したシーンも現存。米潜に写真を撮る余裕があったのだから駆逐艦にとっては屈辱的だが、皮肉にもこの米潜2隻とも後に撃沈されている。

日本海軍駆逐艦「時雨」

1　船体／「白露」型の設計は、基本的に「初春」型の性能改善設計をリファインしたもので、若干バランスが変わっているもののレイアウト自体はまったく同じ。具体的には、1番砲塔と艦橋構造物前端が2フレーム後ろ（後端は同じなので、艦橋構造物は2フレーム分小さい）、船首楼後端は2フレーム前、艦尾4フレーム（爆雷投射機1基ぶん）追加で、それ以外の位置関係はほとんど変わっていない。ということは、普通に考えると「白露」型は「初春」型より4フレーム（約2m）長くなるはずで、一般に知られている全長差50cmが正しいのであればどこかでフレームの間隔（肋骨心距）を詰めていなければならない。現時点では何とも断定しがたいが、どちらを取るかによって模型の作り方も全く変わってしまうので、極めて厄介な問題ではある。ピットロード版は「初春」型の金型を手直しする形で設計されているのだが、レイアウトバランスは大幅に変更。前部では主砲位置そのままで（もともと後ろ寄り）艦橋構造物を「初春」規格の船首楼に合わせて設置（つまり船首楼後端と艦橋構造物の位置関係は合うが、「白露」型は「初春」型の短船首楼なので結果的に艦橋が後ろ寄りになる）、後部では1番連管から3番砲塔までを丸ごと前に寄せて艦尾スペースを稼いでいる。最初から両者の兼ね合いまでは考えていなかっただろうが、無理なつじつま合わせをしても仕方ないので、とりあえずはそのまま使うのが無難。しかし単純延長説を取る場合は、ピットロード版を切り継ぎするのが有効のはず。一方、フジミ版はまだ自社で「初春」型を出していないが、概ねアオシマの同型と並べて不自然はない程度に揃っている。手directしには向いていない。タミヤ版も本文記載の通りバランスはよくないが、現時点ではもはやわざわざ直して使うほどのこともないだろう。

2　主砲／12.7cm砲5門。連装砲塔はC型と呼ばれる形式（「有明」「夕暮」も同様）だが、なぜか「夕立」のみB型で前端左右の上面と後端左右にカーブがついている。ピットロード版の部品ではそれぞれB35とB23だが、微妙にサイズがずれていてB23は心持ち大きいようだので、気になるようならB35に手を入れて使ったほうがいいだろう。フジミ版でも「夕立」の場合だけ少し形状を変えればいいが、それより砲塔側面に相当大きなヒケが出る傾向がある点のケアが必要。なお、C型砲塔は最大仰角を55度に落としたものとされるが、B型との厳密な構造上の違いははっきりしていないらしい。

3　船首楼／建造中に発生した第4艦隊事件の調査結果を受け、完成時から船首楼後部のガンネルに丸みを持たせてあった。戦時中に魚雷で船首楼を失った「春雨」は、復旧のさい折れ線状に簡易化されたガンネル（「秋月」型後期建造艦と同様）となっている。

4　艦橋／当初は「初春」型の面影を残した平面構成の羅針艦橋だったが、「海風」から前面左右の角が丸くなり、以後の「朝潮」「陽炎」型に踏襲された。ピットロード版、フジミ版はバリエーションキットで対応。前者は構造物全体を前後に割るユニークな部品分割で、羅針艦橋窓枠を基準に取り合わせを調節するといい。後者は射撃指揮装置の下にヒケが出る点に注意。タミヤ版は後期仕様で、厳密には「白露」「春雨」にならない。なお、損傷復旧後の「春雨」は、「夕雲」型類似の艦橋を載せるというプラモデル並みの改造を実施している。

5　煙突／「初春」型と異なり前後の傾斜は同じ。フジミ版の弱点はこの煙突で、前部が楕円、後部が卵型（後ろが太い）であるべき断面形状が両方レンズ状に近くなってしまっている。さほど目立たないし、ほとんど直しようがないのでそのままにするか、どうしても嫌ならピットロード版を持ってくる。断面形を直さない場合でも、前部煙突は高さを1mm増すとシルエットバランスが格段に良くなる。

6　機銃／完成時の装備は、前期型40mm単装、後期型13mm連装。

7　魚雷兵装／発射管が「初春」型の三連装から四連装に強化されたため、後部煙突横の予備魚雷格納所が左右対称の配置となった。スキッドビームには造船所の癖が出ているようなので、ディテールアップのとき注意しておこう。魚雷発射管のシールドは背の高い独特の形状で、ピットロード版は対応しておらず、フジミ版やハセガワ新版「朝潮」型のいずれも予備部品はないので、部品請求サービスや型取り、改造、自作の対応が必要。タミヤ版はなぜか後部予備魚雷格納所が3本分しかない。

8　艦尾／対潜装備が強化されており、爆雷投射機2基と軌条2本。軌条は3番砲塔の砲身先端付近まで延びている。タミヤ版は投射機の装填台が1個だけなので追加。

1 Hull is almost same to that of Hatsuharu type, but forecastle is shorter and stern is longer.
2 Only Yudachi had type B gun house opposed to others having type C.
3 Rounded gunwale to after half of forecastle.
4 To build group 1 windows on Navigation Bridge have to be curved considerably.
5 It is better to use ASASHIO kit funnels because of detail shape.
6 13mm MG for group 2 is difficult to obtain.
7 Torpedo tube cover is better to modify in shape. Overhead rail shape is slightly differed among builders.
8 Reinforced ASW equipment.

基本形状の修整 / foundation

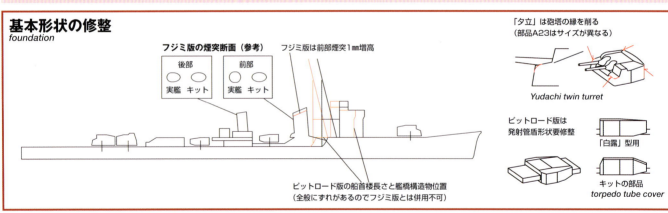

大戦末期の装備例「時雨」1944年秋 / Shigure in late 1944

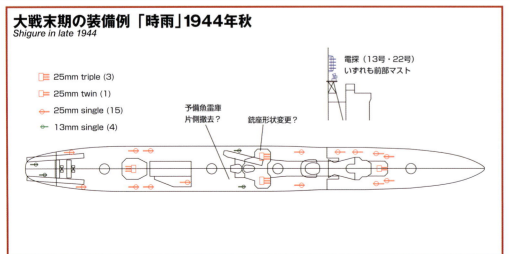

「初春」型からの改造

いちおう別キットからの改造方法を略記すると：(1)「初春」型と「朝潮」型のキットを用意する。(2)「初春」型の船体を艦橋付近で2mm短縮、後部砲塔直後で2.5mm延長。(3) 艦橋構造物は「朝潮」型を使う。前期型は羅針艦橋を角ばらせ、後期型はそのまま。(4) 前後煙突と前部連管用次発装填装置は「朝潮」型を使う。(5) 後部連管用次発装填装置は形状修整で対応。(6) 爆雷投射機2組搭載。その他細部対応。「ネイビーヤード」誌第6号に図面を掲載しているので、興味のある方は参照されたし。

「白露」型

「白露」 *Shiratsuyu 1942*

タミヤ版の素組。シンプルながらメリハリの利いた小気味よい仕上がりで、レイアウトバランスの問題は返すがえすも残念なところ。このキットを手直しするなら、艦橋付近で3mm延長、3番砲塔直後で3mm短縮するが、現在あえて直すメリットは小さい。艦尾に爆雷投射機を2基置くには好都合とも取れるので、多少の難点には目をつぶってもいいので、は。

「時雨」 *Shigure 1944*

ピットロード版「初春」を改修したもの。以前は同型の艦首尾を切断調節してバランスをとりながら改造するのが最も上等な「白露」型の入手方法だったが、図らずもレイアウトバランスの問題は同社純正の「白露」型でも持ちこされてしまった。

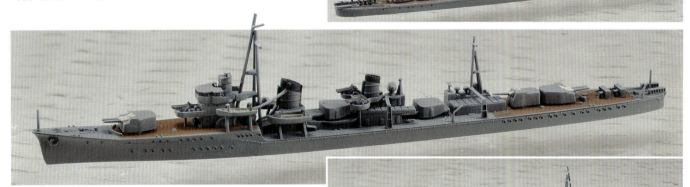

「村雨」 *Murasame 1943*

フジミ版の素組。「白露」型に限らず1/700の駆逐艦模型としてもかなりバランスのとれたキットで、別売りエッチングパーツを加えて作り込むにも、そのまま艦隊編成用として揃えるにも手頃な折り合いがついた優秀作といえるのでは。後期型のキットも用意されている。

「夕立」 *Yudachi 1942*

ピットロード版「初春」を改修し、「朝潮」型の部品を使いながら艤装変更をしたもの。「白露」型のキットが入手できなかった場合の応急策としていちおう掲載するが、非効率でお勧めはできない。「夕立」はこのクラスでは抜群の人気を誇りながら商品化に恵まれなかったが、現在はピットロード(フルハル)・フジミ(2隻セット)が発売中。

「白露」型

「春雨」 *Harusame 1942*
フジミ版を手直ししたもの。やや上級のコレクション用といったところで、別売り専用エッチングパーツセットの手すりなどを加える一方、スケールバランスや他艦との兼ね合いを考え舷窓の庇（俗に言う眉毛）は削除。艦橋の窓枠もあえてエッチング部品を使っていない。カスタマイズの参考にしていただきたい。

「五月雨」 *Samidare 1942*
ピットロード版の素組。「初春」型から約15年後の発売ながらバリエーションキットに近い内容で、良くも悪くも無難な仕上がり。駆逐艦発達史を踏まえた考証の面ではやや不満があるものの、同社製品でコレクションを揃える方には大変受け入れやすいキットだろう。

「海風」 *Umikaze 1941*
フジミの特EASY版。プラ部品自体は特シリーズと同じで、塗装を成型色の変更とシールで補う。工作が楽なのはいいが、「白露」後期型はややキャラが立たないのが弱み。基本的には通常版の代用として使えることを覚えておけばいいだろう。

「江風」 *Kawakaze 1942*
後期建造艦の作例。これはピットロード版「初春」の船体をそのまま使い、「朝潮」型の部品を使って艤装変更をしたもの。「白露」後期型のキットは概ね作例に近い。やや意外ではあるが、ルンガ沖夜戦のメンバーはこれでようやく同社版だけで揃うようになった。

水雷戦隊（2）

日米関係が一段と悪化した1941年春には、在籍駆逐艦の大半を動員して史上最多の6個水雷戦隊が編成されたが、太平洋戦争の第一段作戦が終了すると南方侵攻作戦に従事した旧式艦の水雷戦隊は解散。ソロモン戦線以降は駆逐艦の戦没・損傷が急増して水雷戦隊としての組織的運用が難しくなってきた。大柄な旗艦軽巡は実戦で狙われやすく、空襲で被弾沈没したり、夜戦で探照灯をつけて集中攻撃を受け撃沈される艦も出た。1945年4月の「大和」沖縄特攻作戦後、最後まで残っていた第2水雷戦隊が解体され、日本海軍の水雷戦隊の歴史が事実上ここで閉じられる。

なお、戦時中には水雷戦隊以外の駆逐艦集団が編成されている。一つは1942年春に編成された第10戦隊で、空母部隊の直衛を任務としたものだが、中身は全く普通の水雷戦隊と変わらず、ガダルカナルでは水上戦にも従事した。もう一つは1944年夏編成の第31戦隊で、旧式艦や戦時簡易艦を集めて対潜作戦にあてる目的だったものの、レイテ沖海戦で臨時に空母部隊の護衛をした以外はほとんど組織だった活動をしていない。他に新造艦の慣熟訓練部隊として第11水雷戦隊があり、組織としては終戦まで残っていた。

In 1941 six destroyer squadrons were organized. As war against allied progressed it was turned out to be almost impossible to maintain order of destroyer squadron organization because of repeated operation and consequent damage and loss. After Yamato's final sortie the 2nd destroyer squadron was dismantled. Aside of Suirai Sentai, there were two squadrons organized by destroyers and cruiser; 10th squadron to escort aircraft carriers and 31st squadron for anti-submarine sweep.

1943年の第2水雷戦隊編成推移

1943年には大規模な艦隊戦闘が発生しなかったが、中部ソロモン諸島を巡る戦いは熾烈で、ほとんど水雷戦隊だけが対米戦の矢面に立ち続ける状況だった。この図は同年の第2水雷戦隊の編成推移を示したものだが、表に示した入渠期間の他にもトラックでの応急修理、前線～後方間の移動、他部隊への便宜編入（例：「島風」「長波」のキスカ撤退作戦参加）、別作戦への分派（内南洋防備輸送など）といった要素が含まれるため、最前線での実働戦力は著しく限られる。7月にはコロンバンガラ沖夜戦で旗艦「神通」が撃沈され戦隊司令部が全滅する事態となったが、日本水雷戦隊の象徴である第2水戦だけはつぶしたくないということで、第4水戦をかわりに解隊してその司令部を丸ごと第2水戦に移し替える措置が取られた。同様の事例は1944年11月にもう1回発生している（P69・97参照）。

1943年の第2水雷戦隊編成表

		1	2	3	4	5	6	7	8	9	10	11	12
旗艦		五十鈴	神通					×	長良	能代			
第15駆逐隊		陽炎				×							
		黒潮	△			×							
		親潮				×							
第24駆逐隊		海風											
		江風							×				
		涼風							△				
												満潮	
第31駆逐隊		長波										△	
		巻波	△									×	
		大波										×	
			清波					×					
第27駆逐隊								有明×					
								白露					
								時雨					
								五月雨*				△	
												春雨	
第32駆逐隊								玉波*					
										涼波		×	
										藤波			
										早波			
													浜波
								島風					

水雷戦隊司令官

水雷戦隊の司令官は部下に駆逐艦10隻以上を従える結構な大所帯のリーダーだが、格付けの上では主要艦艇の戦隊司令官と同じで、基本的には少将が務める。太平洋戦争中の着任者は（第10・31戦隊を含め）のべ29名だが、同一人物の重複を除くと21名。そのうち約半数がのべ任期半年以下で、1年以上務めたのは5名しかいない。

最も長かったのは高間完少将で、1942年6月に第4水戦司令官着任、翌年7月第2水戦、12月第11水戦に移り、終戦前月まで同職にとどまった。計約37ヵ月、第一線部隊の1年半を含め、太平洋戦争の大半を水戦司令官で過ごした大御所だ。次は木村進少将で、1942年4月の第10戦隊設立とともに司令官になり、負傷交代、第11水戦初代司令官を経て1943年12月第10戦隊に復帰、翌年11月の解隊まで指揮を執った。実働約29ヵ月。第3位は木村昌福少将。1943年2月に第3水戦司令官となってすぐ重傷を負うが、6月に第1水戦指揮官として復帰、最後は第2水戦へ移って1945年1月まで活動した。期間は19ヵ月ながら経歴は全て第一線部隊で、中身の濃さでは上位に遜色ない。第4位の橋本信太郎少将、第5位の田中頼三少将はそれぞれ15、13ヵ月。いずれも前半戦の水戦指揮官で、ガダルカナルの活躍などでよく知られる。

一方、在任期間が最も短かったのは終戦時の第11水戦司令官・松本毅少将の1ヵ月半だが、これは特例的。1ポストでの最短は、木村昌福少将の負傷後臨時に指揮を引き継いだ江戸兵太郎少将の約半月。そのあと着任した秋山輝男少将は3ヵ月後の7月にクラ湾夜戦で戦死。江戸少将は1944年8月に第31戦隊司令官となったが、やはり3ヵ月後戦死。いずれも乙型駆逐艦（「新月」「霜月」）と運命を共にするという符合を持つ。第2水戦の伊崎俊二少将（「神通」）と早川幹夫少将（「島風」）は上記の通りだが、危ないといわれた軽巡に乗っていて戦死したのが伊崎少将だけなのに対し駆逐艦で3名戦死している点は見逃せない。もう一人の戦死者・中川浩少将は、秋山少将のあと戦時中唯一大佐で水戦司令官に着任した（のち昇進）伊集院松治少将を継いで第3水戦指揮官となったが、たまたま旗艦がなくサイパン島にいたところ米軍の侵攻を受け、陸上戦で玉砕するという悲運をたどっている。

注：
青枠……所属期間。戦没後の帳簿未処理期間は除く。
赤枠……内地での入渠修理整備期間。厳密な日付とは若干ずれている場合あり。
△……損傷
×……戦没
*……「五月雨」「玉波」は単独で編入後、10月1日付で上記駆逐隊に吸収される。

「鴻」型

水雷艇「隼」。1937年8月、上海付近（写真提供／大和ミュージアム）。

軍縮条約からの脱退を決めた日本海軍は、急速にその枠組みを超えた艦隊構想へとシフトする。「鴻」型水雷艇は「千鳥」型の轍を踏まないために大幅な設計変更を施し、当初から条約の制限違反を隠して就役するという十字架を背負っていた。このサイズの艦艇としてはやや仕立てが贅沢で性能も中途半端だが、使い勝手の良さに加え機関部が後の丁型に応用されるなど、ソフト・ハードの両面にわたり存在感を示した。

「鴻」型について

日本海軍はロンドン条約の制限外艦艇としての水雷艇を20隻建造する計画を立て、「千鳥」型以後の16隻を新設計とする予定だった。ところが「友鶴」事件で設計変更を強いられ、リミットの600トンをオーバーするのは避けられない状況となる。結局、軍縮破棄を決めた海軍にとってもはやこの制限値はもちろん、水雷艇そのものの価値さえ失われていた。「鴻」型は半数が建造中止となり、8隻が条約期間内に制限枠内の偽装公表値をもって竣工。同様の措置をとった「白露」型と並び、「鴻」型は軍部台頭を象徴するダークフリートの一員とならざるを得なかった。就役後の本型は直ちに大陸方面へ派遣され、太平洋戦争中期以降は主任務を海上交通保護にシフト。いずれに対してもベストマッチとまではいえないまでも概ね良好な実績を示し、建造打ち切りを惜しむ声も少なくない。戦わないための枠組みをすり抜けようとして生まれた彼らは、あくまで戦うことで自らの存在意義を問い続けたにすぎない。

キットについて／製作

「千鳥」型と同様、「鴻」型のキットはピットロードのものがある。現在発売されている「鴻」「雉」の商品はデカール以外同一で、各時期の製作要領さえわかっていれば同じように利用できる。「千鳥」型ほど大きな改造経歴がなく、キットの形状もまずまずで、当面これさえあれば大丈夫。

Once made a decision to abrogate treaty, IJN reduced torpedo boat production and only eight were continued to build with revised design to be Otori class. Although their significance was uncertain they were successfully used like other miscellaneous combatants.

接舷中の「鴻」（左）と「隼」。後部マストに装着されている艦尾信号灯の高さが異なるのが分かる。「鴻」型は現存写真が少なく、目立つマイナーチェンジもないので、1/700では無理に違いを出そうとしなくてもいいだろう。

ピックアップ〜水雷艇「鴻」

1936年10月竣工。翌年日中戦争が勃発するとただちに出動し、たまに整備のため帰国する以外はほとんど大陸方面で行動した。太平洋戦争開始後も南シナ海を根城とし、1942年末陸軍船団を護衛してラバウルへ進出後そのまま現地に滞留、1943年春から第2海上護衛隊所属となって中部太平洋の船団護衛に専従した。1944年5月29日、サイパン防衛のための増派最終便となる3530船団の旗艦として東京を出撃したが、米潜の襲撃で輸送船9隻中4隻撃沈1隻撃破の大被害を受け、失意のうちに6月7日サイパン着。ところがその直後、米機動部隊接近の報が入り、上陸作戦開始を覚悟した現地司令部は在泊全艦船に脱出を指示。11日朝「鴻」が船団を率いて出航し内地を目指したが、翌日ついに米軍機に捕捉され船団は壊滅、「鴻」も撃沈された。

「鴻」型

鴻型 Otori class	設計番号	F 47 B
	基準排水量	840トン
	全長	88.5 m（1/700：126.4 mm）
	水線幅	8.2 m（1/700：11.7 mm）
	機関出力	1万9000馬力
	速力	30.5ノット
	兵装	12 cm砲 3門、53.3 cm魚雷発射管 3門、40 mm機銃 1門または 25 mm機銃 2門、爆雷投射機両舷用 1基

艦名 name	建造所 builder	竣工 commissioned	終末 fate	識別点 distinguish points 1	2	備考 note
鴻 Otori	舞鶴工廠	1936.10.10	1944.6.12戦没（空母機）	1	1	1
鵯 Hiyodori	石川島	1936.12.20	1944.11.17戦没（USS Gunnel）	1	2	1
隼 Hayabusa	三菱横浜	1936.12.7	1944.9.24戦没（空母機）	1	3	1
鵲 Kasasagi	大阪鉄工所	1937.1.15	1943.9.27戦没（USS Bluefish）	1	1	
雉 Kiji	三井玉	1937.7.31	終戦時残存	1	1	1
雁 Kari	三菱横浜	1937.9.20	1945.7.16戦没（USS Baya）	2	3	1
鷺 Sagi	播磨	1937.9.20	1944.11.8戦没（USS Gunnel）	1	1	1
鳩 Hato	石川島	1937.9.20	1944.10.16戦没（空母機）	2	2	1

建造中止：「初鷹」「蒼鷹」「若鷹」「熊鷹」「海鳥」「山鳥」「水鳥」「駒鳥」

備考
1　大戦後期に3番主砲撤去を含む対空・対潜兵装増備を実施

識別表

識別1	機銃	1：40mm単装　2：13mm連装
識別2	後部マスト信号灯	1：高い　2：中間（下端が三脚横支柱の高さ）　3：低い

工作のワンポイントアドバイス　ピットロード版……修整不要。好きに作って問題なし！

各国の駆逐艦

　駆逐艦も時代とともに大型複雑化し、それとともに保有する各国でそれぞれの思想によって異なる方向付けがなされたのも当然と言える。駆逐艦の本場イギリスでは、財政難から第一次大戦後はできるだけコンパクトな艦を揃える方針を続けていたが、各国の動向を見て砲熕偏重の大型艦「トライバル」級を建造、さらにバランスをとりなおしたJ～N級を開発したものの、第二次大戦では数の充足に徹しあえて平凡な性能の艦を量産した。独伊の水上艦兵力が限られ、海上決戦よりシーレーン保護が優先される状況を見越した抜け目ない選択だったのでは。アメリカは日本と同じ艦隊決戦主義で、条約時代には「初春」型と同様の詰め込み設計が見られたが、その後「フレッチャー」級というバランスのとれたデザインを獲得。早い段階から主砲に両用砲を採用した点に慧眼が見られ、電子兵器や高性能機関などを織り込みながら大量生産を実現した工業力の違いが際立つ。ドイツはヴェルサイユ軍縮条約の破棄から駆逐艦の建造を再開、スペックデータの割に大型で手の込んだ船をデザインした後、主砲口径を15 cmに引き上げた超駆逐艦に移行したが、実用性不足に悩まされた。用兵より技術欲が前に出ている印象がある。フランスは特有の思想を持っており、世界一般のサイズの駆逐艦を艦隊水雷艇と呼び、それとは別に特型より一回り大きい駆逐艦を並行建造した。最終的には日本の5500トン型より強い14 cm砲 8門の駆逐艦も作っている。第二次大戦はひとえに出番を封じられた面が強い。イタリアは特型に近い艦もいちおう作っているものの、レギュラーの駆逐艦はコンパクト志向で、フランスの大型駆逐艦には軽巡洋艦で対抗する方針をとった。むしろ第一次大戦型の旧式駆逐艦や「千鳥」型に相当する大戦間の制限外水雷艇を船団護衛用として有効に使いこなした点が光る。

　その他の中小海軍国では、大国からの輸入や技術供与による類似デザインの艦が多い。最も影響力があったのはイギリスで、両次大戦間（一部第二次大戦中）に引き渡しまで済ませた新造の輸出駆逐艦だけで29隻（英連邦向け除く）に及ぶ。太平洋戦争で日本駆逐艦とも対戦したオランダ駆逐艦は、英造船所の協力で類似デザインを国産したもの。次に商売熱心だったのはイタリアで、大戦間に新品11隻（＋水雷艇9隻）を輸出。革命で造船能力が衰弱したソ連はイタリアの協力で自立状態を取り戻した。ノルウェーやデンマークなど独自路線で水雷艇クラスの船を作った国もあるが、中でもスウェーデンは駆逐艦レベルの有力艦を揃え、終戦時には1900トンの立派なものを建造中だった。

　第一次大戦後に初めて出現したのが戦時大量建造で余った艦の市場だが、当時の駆逐艦は戦時状態の酷使による損耗が激しく、ほとんど売れなかった。中古駆逐艦の市場が本格化するのは第二次大戦後のことだ。

　日本艦と比べると外国駆逐艦のインジェクションプラスチックキットはずっと少なく、一部の代表タイプが重複する例もみられる。1/700の第二次大戦艦ではピットロードが「ベンソン」級以降の米駆逐艦と護衛駆逐艦を網羅したが、それ以前のクラスを出した米のミッドシップモデルは消滅。ピットロードと中国のトランペッターは共同で英「トライバル」級と独「Z23」級、「フレッチャー」級（大戦末期仕様）を出し、後者は単独で残りの「Z」系駆逐艦を揃えた。タミヤは旧ピットロード版の「Z23」級と英「O」級のあと、自社で「E」「V」（濠「ヴァンパイア」）、米「フレッチャー」「シムス」の各クラスを開発。「フレッチャー」級は他にドイツレベル版がある。ドラゴン／サイバーホビーの「ベンソン」「リヴァモア」「Z23」級はかなりの細密仕立てだったが、現在入手難。2019年現在は細密志向を引き継いだフライホークが英「J～N」級を展開中の一方、ポーランドのIBGは自国と縁の深い英「G～I」級と護衛駆逐艦「ハント」級を手掛ける。日本艦がほぼ食い尽くされた状況にあって、外国艦の拡充にも期待を寄せたいところではある。よく調べれば現時点でも、既存品からの改造でフォローできる類似アイテムも結構あるのだが、やはり手広くやってみたい方は腕を磨いてレジンキャストキットを攻めるべし。

国名	クラス	基準排水量	速力	主砲	魚雷	備考
英	'A'	1350t	35.3kt	4-12cm	8-53.3cm	大戦間の基本タイプ
	'Tribal'	1854t	36kt	8-12cm	4-53.3cm	火力重視の特殊タイプ
米	Mahan	1488t	36.5kt	5-12.7cm（両用）	12-53.3cm	大戦間の典型タイプ
	Fletcher	2325t	38kt	5-12.7cm（両用）	10-53.3cm	第二次大戦の標準タイプ
仏	Le Fantasque	2569t	37kt	5-14cm	9-55cm	大型駆逐艦
	Bourrasque	1298t	33kt	4-13cm	6-55cm	艦隊水雷艇（駆逐艦）
伊	Maestrale	1417t	38kt	4-12cm	6-53.3cm	大戦間の代表タイプ
独	Z23	2603t	36kt	5-15cm	8-53.3cm	第二次大戦の代表タイプ
露	'Type7'	1695t	38kt	4-13cm	6-53.3cm	代表タイプ
蘭	Van Ghent	1316t	36kt	4-12cm	6-53.3cm	大戦間の標準タイプ

日本海軍水雷艇「鴻」

1 機雷防護枠／揚子江特有のローカル装備。停泊中艦首に下げておき、上流から流れてくる浮遊機雷の接触を防ぐ。公海上での浮遊機雷の使用は国際条約で禁止されていたが、揚子江は中国領内なのでおおっぴらに多用された。
2 船体／「千鳥」型よりかなり大型化し、ほぼ「樅」型駆逐艦と同じ。同時期の駆逐艦につけられたガンネルの丸みはない。復元性は充分確保されたが、基準排水量840トンに対し燃料搭載量が245トン（「千鳥」型の倍）もあり、軽荷時にやたらと浮き上がって推進効率を損ねる心配があった。
3 主砲／仰角55度の新砲架（M型）は本型と「第19号」型掃海艇のみの装備。対空用ではなく山の向こうを撃つのが目的だが、中国戦線のためにしつらえたわけでもない。「千鳥」型の原設計からは以前の二等駆逐艦をリバイバルした艦隊戦を強く意識した設計思想がうかがえるが、「鴻」型は対米戦で想定されるフィリピン上陸作戦の侵攻船団護衛や地上戦支援への配慮が見られ、同じ目的で作られた掃海艇に駆逐艦的要素を加えて少し贅沢にした船という見方もできる。
4 艦橋／敵陣地への精密射撃を意図したのか、「千鳥」型より大きい3m測距儀を搭載。
5 ボート／すべて6m型で、右舷が前から内火艇とカッター、左舷がカッターと通船。キットでは左舷前部を内火艇としているが、元資料の誤記載か誤認の影響と推定。早いものでは1938年中に通船を撤去しており、他も随時従ったのでは。なお、実艦図面によるとリノリウムは右舷上甲板のほぼ全体に敷かれており（イラストはキットに準拠）、これに従いたい場合はキットを修整する必要がある。
6 艦名／「鴻」型はすべて漢字一文字で成語はなく、平仮名4文字と2文字できれいに割れるほか、一般名詞の「鴻」「雁」「鷺」「鳩」と固有種名の「鴇」「隼」「鵲」「雉」にも分けられる。「鴻」は白鳥のことで、おなじオオトリでも鳳凰や鵬とは別物。計画中止された8隻にも艦名が用意されていたといわれており、うち「初鷹」「蒼鷹」「若鷹」は敷設艦で実現したが、なぜか空母でも「○鷹」の命名法を使いはじめ混乱を招いた。
7 機銃／標準装備は40mm単装で、「鳩」「雁」は竣工時またはその直後から25mm連装を装備した模様。
8 魚雷発射管／53cm三連装で、九四式という本型専用の発射管。予備魚雷はない。丁型で検討されていた53cm魚雷搭載案が断念されたため、この口径の魚雷を搭載した水雷戦艦艇は本型が最後となった（水上艦艇としては「香取」型がある）。中国戦線では全く不要の装備なので、横の上甲板に応急用木材や掃海用ブイ（2隻曳きの対艦式掃海具は多数のブイを使う）を積み上げていることが多い。
9 後甲板／比較的広い面積があり、爆雷兵装と掃海具は一等駆逐艦並の装備を持つ。配列も「千鳥」型と異なり、掃海具用ウインチが爆雷投射機の後ろ。日中戦争中の写真を見ると、破損したためか左右の落下機に違う形式の展開器（パラベーン）を取りつけているものがあり、掃海が重要な任務だったことをうかがわせる。また、「鴻」型と「初春」「白露」型の図面には、艦尾端に取り外し式の対艦式掃海具用作業台が描かれている。大戦末期には3番砲を撤去して爆雷投射機を増加。
10 揚子江／日中戦争の海軍作戦はあまり一般の印象が強くないが、緒戦の山場である1938年秋の岳州占領までの揚子江遡江作戦はかなりの激戦だった様子。7月の九江占領までだけで浮遊機雷の処分数590個という数値が残っており、「雁」「鴻」など多数が触雷損傷したほか、対地・対空戦闘も頻発した。

1 Surface mine defense device for use while at anchor in Yangtze River.
2 Hull dimension is similar to Momi class.
3 Type M 4.7in gun was intended to use against shore position behind hill.
4 Larger rangefinder than Chidori was installed.
5 Tender seems to be removed in late 1938 from some ships.
6 Otori means swan.
7 Kari and Hato were fitted with 25mm twin MG instead of 40mm single.
8 Type94 21in TT.
9 Equivalent anti-submarine and mine sweeping weapon to fleet destroyer.
10 Kari and Sagi were hit mine during Operation in Yangtze in 1938.

リノリウム被覆範囲 linoleum

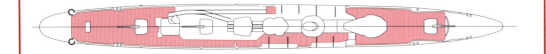

1/700模型と軍艦の旗

たいていの軍艦の模型には軍艦旗のデカールやシートがついている。実艦では停泊中は朝8時から日没まで、航行中は常時、艦尾の旗竿にこの軍艦旗を掲揚することになっていた。戦闘中は戦闘旗と名を変えて後部マストのガフにかけかえるが、戦時中は試運転時から極端な例では入渠中（P 77「不知火」写真参照）でもこの位置に掲げていることがある。この他、停泊中の上記時間には艦首旗竿に艦首旗（日の丸だが国旗とは縦横比が異なる）を掲げる。軍艦旗に近いもので将官旗の類があるが、駆逐艦の場合最も身近なのは司令旗（駆逐隊司令＝通常大佐が座乗していることを示す）で、戦時中は水雷戦隊司令官の少将が駆逐艦に乗り込んで少将旗を掲げる例も何度か見られた。これらは駆逐艦の場合、前部マストのトップに取り付けていた。

前部マストのヤードにはよく信号旗をなびかせている写真を見かける。この旗はアルファベットなどを示す万国共通のものと日本海軍固有の規定によるものがあり、それぞれの組み合わせで特定の意味を持たせてあるが、詳細は軍事機密事項だった。

これらの旗も現在アフターマーケットで入手可能ではあるが、1/700で使うと色彩的な過剰演出に陥りがちで少々扱いづらく、1/350以上の大型モデルのほうがしっくりいきやすい。しかし表現の幅が一気に広がる効果があるのは事実で、全体を作り込んで帳尻を合わせられるようなら1/700でも使ってみるといい。ダイオラマなどを作る場合はより注意すべき、あるいは気を配っておくと点を稼げるポイントといえるだろう。

「鴻」型

「鴻」 *Otori 1941*

キットの素組。もともとシンプルな艦ということもあり、これといった難点もなくよくまとまったキット。全体とディテールのバランスをとりながら調整していくと、見栄えもさらに良くなる。

「雉」 *Kiji 1944*

専用エッチングパーツ付きキットを用いたディテールアップ作例。この種のキットはエッチングパーツを始めるきっかけとして選ばれる可能性があるが、作例からお分かりのように、単独ではややバランスが悪く、比較的難易度の高い工作を含む場合がある。あくまで上級者向けの利便性を図ったものであることが多いので注意したい。なお、この商品の箱に貼ってある追加パーツ写真は「千鳥」型のもので現物と異なる。

「鶚」 *Misago 1943 fictional*

簡単な架空艦の例。実際に計画された8隻は別としても、水雷艇はもう少し建造されてよさそうな艦の代表例。艦名候補の鳥名もある程度見込まれるので、たまにはこういう船でリラックスしてみてはいかが。

水雷艇「鵄」型について

太平洋戦争開始後、日本海軍では拡大した戦線を支える兵站補給路に充当する護衛艦艇の不足が次第に重要な問題と見られるようになった。中部太平洋からソロモン・ニューギニア、蘭印、インド洋に至る外周エリアでは敵水上部隊による遊撃作戦の危険があり、護衛海防艦や特設艦艇では対応困難であることから、急遽水雷艇の追加建造が決定。「鴻」型をある程度簡易化した設計を用い、主砲を護衛海防艦と同じ12㎝高角砲としたうえ、威力と射線数のどちらを優先するかで紛糾した魚雷兵装は5500トン型の一部から陸揚げした61㎝連装発射管を流用する案で妥結。「鵄（はしたか・二代目）」「鳶（とび）」「鶚（みさご）」「鵙（もず）」「鶯（うぐいす）」「鶫（つぐみ）」「雲雀（ひばり・二代目）」「斑鳩（いかる）」の8隻が計画され、有力な前線用護衛艦、船団護衛部隊の旗艦適任艦として期待された「鵄」型だが、資材節約と更なる大量急速建造の要望を検討するうちに計画自体が後発の丁型駆逐艦に統合されることとなり、戦時型水雷艇の計画は幻となってしまった。

「朝潮」型

駆逐艦「朝潮」、1937年夏、試運転時（写真提供／大和ミュージアム）。

ロンドン軍縮条約破棄を決めた日本海軍が新世代標準型艦隊駆逐艦の雛型として設計した「朝潮」型は、条約期間中から建造に着手し1937年から就役開始する。特型と甲型の陰に隠れて印象が薄いクラスではあるが、精度の上がった近年の模型を並べることで、「白露」型と「陽炎」型の中間にある本型の発達史的位置取りが容易に理解できるだろう。

As decided withdrawal from London naval treaty IJN reviewed their destroyer construction policy to increase size of standard fleet destroyer to that of Fubuki class to meet current tactical demand for armament, speed and radius, despite of that IJN themselves had regarded Fubuki as 'special' at the time being designed. Asashio class settled new standard of IJN fleet destroyer leading to 'A' (Koh) series and, to the contrary, restricted flexibility to meet future style of maritime warfare; they were only a reversion to Fubuki.

「朝潮」型について

ロンドン軍縮条約下で設計された標準型艦隊駆逐艦「初春」型が失敗に終わり、暫定改良版の「白露」型に移行した頃、日本海軍はすでに条約破棄を前提として特型サイズを次世代のスタンダードに据える腹を固めていた。新特型ともいうべき「朝潮」型は「白露」型のうち10隻を差し替える形で計画され、同型と「吹雪」型を折衷したようなデザインとなる。着工直後に第4艦隊事件が発生して設計を修整、完成後は艦尾まわりの形状不良やタービン機関の不具合でなかなか調子が上がらず、最終的には航続距離不足が決め手となって次の「陽炎」型にバトンを渡すこととなる。新たな標準艦隊型のレイアウトを固めた点で日本駆逐艦史の重要な道標となったクラスではあるが、単なる特型のリバイバルであった点に行く手の袋小路を予感させる。

キットについて

「朝潮」型のキットは、ウォーターラインシリーズではハセガワの担当で、長らく1970年代のバージョンが使われていた。アウトラインは比較的よくとらえているものの、技術的古さは否めず苦しい状況だったが、「夕雲」型に次いで2017年にリニューアルを実施し不安を一掃した。ハセガワ特有のかっちりした造形、実艦図面をもとにした正確なアウトラインの把握に加え、三脚マストを一体成型するなど思い切った部品構成の合理化もなされ、ともすれば細かすぎて初心者に敬遠されかねない近年の新製品の傾向に安易には迎合しなかった印象を受ける。それまで上位キットとして頼られていたピットロード版は、同社製品のスタンダードレベルでこれといった欠点もないが、ディテールに特有の癖があって他社製品との取り合わせにやや難儀する毎度の特徴がある。天一号作戦の「霞」のように、相応のグループとしてのまとまりが求められるコレクションのメンバーを張る場合は、少々気を使う場面が出てくるだろう。最近の同社製品は下部船体付きのフルハルモデルに仕様変更して住み分けを狙う傾向にあり、新規参入のモデラー諸氏はまずディテール云々よりフルハルと水線模型というくくりで商品を選ぶといい。

製作

コレクションモデリングの常として、類似艦と同じところと違うところをきちんと踏まえた造形表現には可能な限り配慮したいところ。ウォーターラインシリーズでとりわけこの問題が顕著だったのが、アオシマ「陽炎」型とハセガワ「朝潮」「夕雲」型の関係で、現在はそれぞれのリニューアルにフジミのラインナップが加わってくる。「朝潮」型と「陽炎」型は別設計で寸法も性能諸元も異なるが、よく調べると各構造物の位置関係は全く同一で、後者は「朝潮」型の後甲板を少し切り詰めて1番砲塔と艦橋構造物の間を広げたようなバランス。以前は「陽炎」型の船体を切り継ぎして「朝潮」型にする工作も検討対象になり得たが、商品の繊細化が進むとそのような大胆な修整は難しく、むしろ細密に表現しようとするぶん各社のディテールの違いも縮まってきているので、要所を締めておけば充分ではないだろうか。

艦名考1

駆逐艦に限った話ではないが、日本特有の艦名、逆に外国ではよく見るが日本にはない艦名というのがある。前者の代表が日本駆逐艦に多用された天然気象の単語だろう。暁と曙、霧と霞と靄と霰（使われていないが）など、言葉の微妙なニュアンスの違いまで外国人に説明するのは難しそうな類似語は多い。太刀風や旗風など、その場の思いつきで作ったような言葉が普通にまかり通ってしまうのも日本語ならではだろう。

一方、日本でまず見られないのが人名だ。戦艦や空母に個人名をつけるセンスは受け入れ難い。不思議と日本の文化から欠落している星や星座の名も見られない。こと駆逐艦では大定番で、たとえ生息していない国でも世界的に認知されているトラやライオンといった猛獣も、間に漢字を挟むせいか、はたまた鎖国の影響か使われる気配がない。架空艦に「猛虎」や「獅子」などとつけてみてはいかが。野球っぽいが。

「朝潮」型

朝潮型 Asashio class

設計番号	F 48
基準排水量	2000 トン
全長	118 m （1/700：168.6 mm）
水線幅	10.4 m （1/700：14.9 mm）
機関出力	5万馬力
速力	35 ノット
兵装	12.7 cm砲 6 門、61 cm魚雷発射管 8 門、13 mm機銃 4 門または 25 mm機銃 4 門、爆雷投射機両舷用 1 基

艦名 name	建造所 builder	竣工 commissioned	終末 fate	識別点 distinguish points 1	2	備考 note
朝潮 Asashio	佐世保工廠	1937.8.31	1943.3.3戦没（陸上機）	1	1	
大潮 Oshio	舞鶴工廠	1937.10.31	1943.2.20戦没（潜水艦）	1		
満潮 Michishio	藤永田	1937.10.31	1944.10.25戦没（水上戦）	2	2	1
荒潮 Arashio	神戸川崎	1937.12.20	1943.3.3戦没（陸上機）	1	2	
朝雲 Asagumo	神戸川崎	1938.3.31	1944.10.25戦没（水上戦）	2	2	1
山雲 Yamagumo	藤永田	1938.1.15	1944.10.25戦没（水上戦）	2	2	1
夏雲 Natsugumo	佐世保工廠	1938.2.10	1942.10.12戦没（陸上機）	2	1	
峯雲 Minegumo	藤永田	1938.4.30	1943.3.5戦没（水上戦）			
霞 Kasumi	浦賀船渠	1939.6.28	1945.4.7戦没（空母機）		2	1
霰 Arare	舞鶴工廠	1939.4.15	1942.7.5戦没（USS Growler）			

注：資料不足のため全艦通じて適用可能な識別点はなし。
備考
1 大戦後期に2番主砲塔撤去を含む対空兵装増備を実施

識別表

識別1	汽笛配管	1：緩やかにカーブ 2：折れ線状
識別2	スキッドビーム	1：側板あり 2：側板なし

注：空欄は不明。資料不足のため全艦通じて適用可能な識別点はない。

工作のワンポイントアドバイス

ピットロード版……同社ラインナップの標準的な仕上がり。素組なら選んで安心！
ハセガワ新版……ハイレベルでまとまった優秀作。初心者も安心して選ぶべし！
ハセガワ旧版……シルエットは良好。ディテールアップに焦点を絞れ！

「峯雲」の進水式。1937年11月4日、藤永田造船所。飾り立てた船や手を振る人々の華やかさの一方、船台の横には雑然と資材が積み上げられていて、面白い好対照をなす。進水式の映像はフルハルモデル製作時の参考資料にもなるが、この写真のように当時の検閲で喫水標が消されていることもある。

駆逐艦と造船所

駆逐艦は極めてハイレベルな工作技術を要するため、建造できる造船所も海軍工廠と大手メーカーに限られた。最初の国産艦（初代「春雨」型）を横須賀工廠と呉工廠が手掛けたのに続き、日露戦争開始直後の大量建造計画（初代「神風」型）で残る2工廠と民間4社が参入。三菱長崎と神戸川崎のツートップの他、浦賀船渠も以後駆逐艦メーカーとして君臨するが、大阪鉄工所は「朝露」「疾風（初代）」のあとほとんど駆逐艦を作らず、第一次大戦中の「杉」と昭和の水雷艇「鵲」だけが記録されている。八八艦隊計画の「樅」型から大阪の藤永田と東京の石川島が加わり、前者は戦時中にかけて駆逐艦建造の主力メンバーとして活躍。後者は特型のあと駆逐艦から遠ざかったが、「鴻」型水雷艇2隻を建造。両社は戦後それぞれ大手の播磨造船、三井造船と合併しており、この2社も「鴻」型で唯一の水雷戦艦艇建造実績を残している。残る1社は横浜船渠で、駆逐艦は特型の「白雪」のみ。1935年に三菱傘下となったあと、これまた「鴻」型水雷艇2隻を作った。一方、海軍工廠では呉と横須賀が「樅」型までで駆逐艦建造をやめ、後者のみ丁型で復帰。「峯風」グループ以後は主に舞鶴で作って佐世保で補うスタイルが定着した。輸出駆逐艦14隻まで含めたトータルの造船所別駆逐艦（＋昭和期水雷艇）建造数は、横須賀工廠32、呉工廠14、佐世保工廠30、舞鶴工廠70、三菱長崎23、神戸川崎25、藤永田40、浦賀船渠38、石川島13、大阪鉄工所4、横浜船渠3、三井1、播磨1となる。

ハセガワ旧版＋アオシマ「陽炎」型
mixture with Aoshima Kagero kit

No.……ハセガワ「朝潮」型
No.……アオシマ「陽炎」型
No.……共通装備品

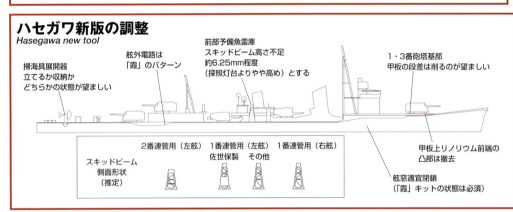

ピックアップ～駆逐艦「霞」

「朝潮」型9番艦として1939年6月竣工。真珠湾からインド洋まで空母機動部隊に随伴したあと、キスカで米潜の雷撃を受け大破し1年間戦線を離脱。しかし1944年末には第1水雷戦隊旗艦としてレイテ輸送（多号作戦）に参加、さらに第2水雷戦隊旗艦となってミンドロ島飛行場砲撃（礼号作戦）を成功させた。屈指の実戦派指揮官・木村昌福少将のもとで日本水雷戦隊最後の勝利をかちとった「霞」も、翌年4月7日、天一号作戦で米空母機の攻撃を受け航行不能となり、生存者救出後「冬月」の魚雷で処分された。この艦もまた、連合艦隊の栄光と落日の一部始終を見届けた1隻である。

ハセガワ新版の調整
Hasegawa new tool

魚雷発射管
torpedo tube

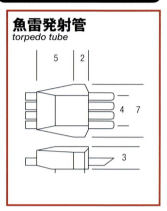

機関

19世紀の船舶用エンジンは、基本的にジェームズ・ワットが発明した蒸気機関の基本形態であるピストン式（レシプロ式）で、往復運動を推進軸の回転運動に変換する構造だった。20世紀の舶用レシプロ機関は、原則として蒸気機関車と異なりシリンダーを縦に置き、これを3本並べて一度発生させた蒸気を3回使い回す三連成式が大多数を占めた。第一次大戦のころまでは駆逐艦でもこれを積んでいるものがあったが、蒸気を風車にあてて直接回転運動に変えるタービンエンジンが1890年代中期に実用化され、速力を至上命題とする駆逐艦は率先してこれを搭載した。高速を発揮するためには単純に推進軸の回転数を上げればいいわけではなく、騒音や振動を防ぎ適切な推進効率を得るため、第二次大戦の主要国の駆逐艦はほぼ例外なく、減速装置を組み込んでスクリューの回転数を調整するギアードタービンを用いている。蒸気の有効利用も大きな課題で、高温高圧の蒸気を発生させるだけでなく、レシプロと同様に蒸気を複数回使い回す要領も造機技術者の頭のひねりどころだった。タービン機関には後進専用のユニットが組み込まれており、機関自体は逆回転できないため、全速後進を指示しても全馬力をかけることはできない。レシプロも蒸気タービンも缶と機関本体が必要で、かなりのスペースを取る。駆逐艦の場合、艦橋構造物の下から後部構造物にかけて、舷側に窓のないエリアがほぼ機関部なので、船体の半分程度がエンジンプラントということになる。また、多くの艦で前部魚雷発射管が少し高い位置にあるのは、缶の上端が上甲板より高いからで、それだけ巨大な装置が艦内に収まっていたことを意味する。20世紀に入って舶用内燃機関も発達したが、大型艦用のディーゼルエンジンは必要な出力を確保できず、小型軽量で大出力のエンジンの開発も複数基の連結も技術的に困難で、各国とも駆逐艦には用いていない。ガスタービンの実用化は第二次大戦後のこと。

特型駆逐艦第1グループの機関部構造図 （「白雲」1936年）
Machinery composition, SHIRAKUMO 1936

特型第1グループの機関部。日本海軍の駆逐艦では、海外各社の輸入品やライセンス生産品の比較運用を経て、「追風」から艦政本部デザインの艦本式ギアードタービンを搭載、特型以降は全て国産となった。艦本式といってもプラント内部の構造は随時変更されている。単式タービンは高圧・低圧部を複合したもので、大正時代の「桃」型で初めて艦本が開発したユニットだが、その後は特型しか搭載していない。また、両舷用のタービンを首尾線隔壁で仕切ったのは特型だけで、浸水時に転覆の危険性を高めるとして以後廃止された。これに蒸気を供給する主缶は、最初の国産タイプ「春雨」型から艦本式のイ号を用い、「磯風」型から終戦まで改良型のロ号艦本缶。基本的に発生する蒸気が高温・高圧となるほどエネルギー効率が向上するが、特型は機器類の耐久性の問題から、「峯風」グループと比べ圧力は若干上がった一方で温度は下がっていた。日本海軍の造機部門は概して慎重で保守性が強かったと言われ、最高峰とされる「島風」のタービンも、蒸気性状の点では外国どころか国産の商船「橿原丸（空母「隼鷹」）型にも及ばず、その代わり大きなトラブルも起こさなかった。少なくとも日本駆逐艦の機関発達史に野心的という表現は当てはまらないようだ。艦内構造は模型製作にはあまり活用できないことが多いが、缶室を見ると第1缶室の給気筒が艦橋構造物の基部にあるといった普段見過ごしやすいポイントに気付かされ、たまには視点を変えるのも有効だと感じられるだろう。

日本海軍駆逐艦「霞」

1 艦首・船首楼／「朝潮」型と次の「陽炎」型の形状バランスは先に述べたが、前の「白露」型と比べると船首楼後端までがほぼ合致し、後ろを引きのばして特型と同じ寸法にまとめたデザインだったことがわかる。結果として、何となく「陽炎」型より部が詰まりている。船首楼後端左右が艦橋構造物より後ろにのびており、ガンネルの丸みのスタート位置が甲型よりかなり前である点もほぼ「白露」型を踏襲している。なお、ハセガワ新版の「朝潮」は発売当初、船首楼前端下部付近に成型不良が見られ、第2ロットで別に修整された船体部品を追加する措置が取られた。成型不良といっても少し傷があるだけでパテで簡単に修整できて、事実上船体が2隻分入っているのと同じなので、かなりお得な（？）仕様となっている。

2 主砲／形式、形状とも前後のクラスと同じ。竣工時は1～3番砲塔とも共通で、機関部などの各種改修とあわせ1番砲塔に補強リブを巻いている。厳密にはシールドを丸ごと取り換え、古いものを「陽炎」型の後部砲塔に流用したという。ハセガワ新版は全てリブ付きなので、厳密には2・3番砲塔側面のラインを削除する必要がある。問題は1・3番砲塔基部の甲板にある段差。砲塔周囲のラインは実艦図面にも見られ、最近はハセガワの他フジミもこのモールドだけなので削っておく。同社旧キットは追加のウォーターイン共用パーツと元の砲身のほうがサイズが適切で、これを加工して新規の砲身部品を装着する手がお勧め。ただし、この砲塔は船体との勘合が強烈にきついことで有名で、甲板側の突起は工作方法にかかわらずあらかじめ切り取っておいたほうがいい。

3 艦橋構造物／こちらも「白露」型後期型でほぼ形が決まっていて、「陽炎」型ともほぼ同じ。やや華奢に見えるのは船首楼の長さとの関連が思われる。

4 ボート／やはり設計上、すべてラッフィング式ダビットで艦橋付近に4隻が集中している。なお、ハセガワ新版の「霞」は前部のダビットを撤去して後部に内火艇とカッターを各1隻搭載した状態だが、両者の取付穴の間隔が違うので調整する必要がある。同じ部品の「朝霜」も同様。

5 前部煙突／円に近い楕円断面。「陽炎」型は予備魚雷庫の移設に伴って卵型断面に変わり、前後がやや長くなったため、それと比べると「朝潮」型の煙突はやや細長く見える。また、前後の差は煙突の後ろ側に寄っており、給気装置より後ろまで張り出した形となったことから、「陽炎」型は煙突と前部魚雷発射管の間隔が狭まったように見える。「朝潮」型は艦ごとの相違点がほとんどなく、前部煙突側面の警笛の配管や予備魚雷格納用のスキッドビームの当て板といった、些細で全艦の資料がそろわないようなポイントを狙うしかないので、こだわる必要はないだろう。

6 魚雷発射管／「朝潮」「白露」型と同じ九二式二型発射管初期生産型で、「陽炎」型とはシールドの形状が異なる。全体に角ばっていて一見して違いがわかるが、ピットロード版は非対応。ハセガワ新版は「夕雲」型用の艦載品ランナーを流用のうえ専用の発射管を別に用意したため、1箱に後期型発射管3基がおまけでついてくる。他にも機銃や前部マストの見張所など優秀な予備パーツが入手できるので、ありがたく利用したい。一方、予備魚雷用のスキッドビームは新版最大の欠点で、3か所も同じ部品を使うようになっていて前部連管用の2か所が低すぎる。他のキットと共食いするのは無駄なので、自作するか、エッチングパーツを使うなどの対応をするしかない。旧版は主砲塔と同じく取付穴の処置に注意。

7 船体／寸法はほとんど特型と同じで、実質的な再設計版なことの面が明確に出てくる。「陽炎」型は縦横ともほんの少し大きくなっているが、1/700では1mm未満。図面は1から引き直されているものの、フレーム構造と各種構造物の位置関係は大体同じ（誤差2フレーム以内）。フレーム数は「陽炎」型の方が少ない。なお、「朝潮」型は就役直後にタービンの不具合が発生したが、見た目には何の変化もない。用語集項目参照。ハセガワ新版には他のクラスでは見られない独特なパターンの舷外電路がモールドされているが、これは「霞」の戦時改装図面によるもので、現在は他に資料がないためこれに従うしかない。

8 後部煙突／この付近の形状もほとんど「白露」型と同じ。煙突の断面は予備魚雷庫の影響で前が細い卵型。「陽炎型」は断面形の前後差が入れ替わっているだけで、煙突の太さは変わっていない。機銃は竣工時13mm連装で、「霞」のみ25mmで竣工、他適宜追加。

9 後部構造物／右舷側の甲板室の屋根が平坦。2・3番砲塔のスーパーポーズに必要な高さを基準にしているため、船首楼より少し高い。「陽炎」型は途中で坂をつけて前半を船首楼と同じ高さにしたうえ、後端を斜めにカット（ハセガワ版になぜかこの切り欠きがある）。

10 艦尾／かなり設計に苦心した部分。旋回圏減少のため、竣工後の改修で水面下にナックルがついたり舵の形を変えたり大幅に形状を改め、速力もアップした。写真を見る限り「霞」は少し尖った平面形状となったようで、全長が伸びた可能性もある。フルハル仕様を作るときはこだわりどころ。なお本モデルはブロック状プロペラガードの上に掃海具展開装置を設置しているが、ガードにもこの形状が反映している。ハセガワ新版の「霞」は、「朝霜」と並び、初めて後甲板のウインチを撤去して爆雷投射機を増備した天一号作戦仕様を再現したキット。この商品は同艦の1944年2月の改装図面（P106参照）にその後の追加装備を織り込んで設計されており、連装・三連装機銃座や前部マスト、艦尾爆雷投下軌条などをこれらを反映した信頼のおける形状となっている一方、部品共用の都合で舷窓の閉鎖は取りこぼしており、単装機銃の配置もメーカーの勝手な推測で、記録のある44年9月とは13mm機銃を省くなどの違いもある（実際そうした可能性もないわけではない）。商品開発の経緯を踏まえてフォローや独自解釈を加えてもいいだろう。

11 生存者／第1水雷戦隊司令官・木村少将は、スリガオ海峡突入作戦時に損傷した軽巡「阿武隈」から「霞」へ将旗を移し、そのまま号第二次・第四次輸送を指揮。第三次輸送で第2水雷戦隊司令部が壊滅すると予備スタッフのまま同隊へ異動となった。木村少将はキスカ撤退作戦時の指揮官で有名だが、「鈴谷」艦長時代のミッドウェイ海戦では独断で損傷した「三隈」の救援に向かったといい、「霞」もまた旗艦自ら戦時の僚艦の生存者救助にあたっている。イラストは礼号作戦の往路で撃沈された「清霜」の生存者救助にあたる「霞」と「朝霜」。

1. Roundness on gunwale starts before the 1st turret, much before that of Kagero.
2. Tho chiold of 1ct turret woo replaood to strengthoned type. Former one is said to be appropriated to Kagero type aft turrets.
3. Bridge structure is almost identical to Kagero.
4. Boats were concentrated to forward.
5. Forward funnel is simple in shape compared with that of Kagero being distorted and extended to stern.
6. Type 92 mod 2 TT early pattern shield.
7. Hull structural layout is basically identical to Kagero except for beam and stern.
8. Only Asashio was completed with 25mm MG.
9. The top of after structure is flat and slightly higher than forecastle.
10. Stern shape just under waterline was modified after entering service.
11. Rear admiral Kimura ordered his flagship Kasumi to pick up survivors of Kiyoshimo after strike on Mindoro Island.

水雷母艦

黎明期の水雷艇は小型でデリケートな兵器であり、居住性も低かったため、船自体と乗組員のケアのため母艦が必須だった。外国には航空母艦と同じように水雷艇を多数積んで敵の近くで発進させるタイプの母艦もあったが、通常は後方支援艦艇の位置づけ。日本の艦種呼称では水雷母艦といい、潜水艦の母艦も含まれていたが、駆逐艦が大型化したこともあって、1924年に潜水母艦が独立した後は正規の水雷母艦は存在しなかった。英米では第二次大戦にかけて排水量1万トン以上の駆逐艦専用母艦が多数作られたが、これらに対して日本の文献はなぜか水雷母艦とは呼ばず、昔から駆逐母艦、駆逐隊母艦、駆逐艦母艦といった呼び名を当てていて一定しない。その後、日中戦争時代に揚子江や大陸近辺の掃海部隊などの支援用として特設水雷母艦が出現、太平洋戦争の直前に第2艦隊の駆逐艦を支援する事実上日本海軍初の駆逐艦母艦として特設水雷母艦「神風丸」が入籍した。もっとも、この船はごくありふれた約5000総トンの貨物船で、もっぱら艦自体のメインテナンスや魚雷など兵器類の補給を意図したものと思われる。開戦直後に第1艦隊用の「神祥丸」も徴用されたが、わずか半年あまり後に撃沈されてからも補充はなされず、「神風丸」も1944年3月のパラオ大空襲で撃沈された。

「神風丸」

「朝潮」 Asashio 1942

ハセガワのリニューアル版。「夕雲」型とほぼ同時に更新され、ほぼ同じディテール表現でキットが得られるのが大きな強み。後部煙突横の予備魚雷用スキッドビームが弱点なので何とか対応したい。

「朝潮」型

「峯雲」 Minegumo 1941
ハセガワ旧版にアオシマの「陽炎」型のパーツを組み込んだ場合。比較的簡単なディテールアップで、艦橋構造物を取り換えるだけでも相当な効果がある。ただ、この手法をとるとどうしても丸1隻ぶんのデッドパーツが発生してもったいないので、在庫処分などの特別な事情がない限りあまりお勧めはできない。

「満潮」 Michishio 1944
ピットロードのキット。全体の出来は同社の標準で、艦隊編成に便利。こちらは魚雷発射管が弱点で、適切な形状の部品を調達するのが工作上最大のポイント。ピットロード、ハセガワ（新版）とも艦尾の平面形状はかなり実艦図面に近いが、実際は「陽炎」型に近い形に直されていたようで、模型表現の上で要検討ポイントとなっている。

「霞」(1) Kasumi 1944
ハセガワの旧版。全長が約3mm短く、ディテールも近年の商品より見劣りするものの、シルエットの捉え方は秀逸。面倒見のいいモデラーなら何とか使いこなせるはずだ。「霞」は映画関連企画で追加発売されたアイテムで、「峯雲」を一部変えただけの箱絵だが、中には新開発の後部三連装機銃座がセットされている。

「霞」(2) Kasumi 1945
ハセガワ新版のディテール調整作例。本艦の場合は2098号訓令の改装図面が現存しており、これをベースにしたキットの出来がいいのも当然。天一号作戦時を作る際は追加工事の部分を見極めるのがポイントとなる。

1/700 日本海軍駆逐艦 箱絵で見るキットカタログ 3

◀逝去後の現在も特に空想科学メカのファンから絶対的な人気を得ている小松崎茂氏も、艦船模型のボックスアートを手掛けている。戦前からの挿絵画家としての長いキャリアがあるだけに、作風も水彩絵具の特性を生かした明快な色遣いを特徴としており、風景を含めた画面全体で独特の世界観を醸成して少年の情感を盛りたてた。

日本駆逐艦 暁
1200円（タミヤ）

日本駆逐艦 白露
1200円（タミヤ）

日本駆逐艦 秋霜
1000円（ハセガワ）

日本駆逐艦 夕雲
1000円（ハセガワ）

日本海軍甲型駆逐艦 夕雲
1600円（ピットロード）

日本駆逐艦 早波
1000円（ハセガワ）

日本駆逐艦 秋月
1000円（アオシマ）

日本海軍秋月型駆逐艦 秋月1944
2000円（ピットロード）

日本海軍駆逐艦 秋月／照月
2400円（2隻セット）（フジミ）

日本駆逐艦 秋月
400円（フジミ）

日本駆逐艦 照月
1000円（アオシマ）

日本駆逐艦 初月
1000円（アオシマ）

日本駆逐艦 涼月
1000円（アオシマ）

日本駆逐艦 霜月
400円（フジミ）

日本駆逐艦 冬月
1000円（アオシマ）

日本海軍秋月型駆逐艦 冬月1945
（フルハル）2400円（ピットロード）

日本駆逐艦 宵月
1000円（アオシマ）

日本駆逐艦 島風
1200円（タミヤ）

日本駆逐艦 松
400円（フジミ）

日本駆逐艦 桜
900円（タミヤ）

日本駆逐艦 桜
400円（フジミ）

日本海軍橘型駆逐艦 橘
1600円（ピットロード）

日本海軍橘型駆逐艦 初桜
1600円（ピットロード）

1/700艦型図集(2)

「初春」型
（「初霜」1936年）

原図は浦賀船渠の「初霜」完成図に三菱長崎が第四艦隊事件後の改正図を上書きしたもので、2通りのタイトルがついている。船首楼後ガンネルの変更などが実施されたはずだが、図面には仕上げられていて、他の部分を含めて手を加えた形跡は確認できない。羅針艦橋前面の風除け（図の灰色部分）は、この時点で撤去されていた可能性がある。改正後の変更時としては喫水線の新造時を青、新造時の高さを水色として、艦首側がほんの十数センチ沈んでいるのがわかる。船首楼のアウトラインの微妙な左右のずれ、船首楼の40mm機銃の左右のずれもみられる。1/700でも再現できないことはないが、このクラスは枚数の高さで極端に不規則で、どこまでが事実かわからなくなってくる。

「白露」型
（「時雨」1936年）

浦賀船渠による「時雨」完成図。「初霜」とは製図時期が近いことともあり、軍艦旗の鐶の表現までこちらと一致する（本図では省略）。ただしこちらの原図には、艦首尾の甲板上に洗濯物をすすためのを来が描いてあった（「鳥風」も同様）。本図は一般に伝えられる全長110m（1/700＝157.14mm）で作図し、実艦とは逆に本型のデータをもとに「初春」型を作図したが、この方法だと2.3番主砲塔の中心距離が「初春」型の方が開いてしまうため、図面自体の誤差でなければP58で指摘したように「白露」型はもう少し大きかった可能性が出てくる。

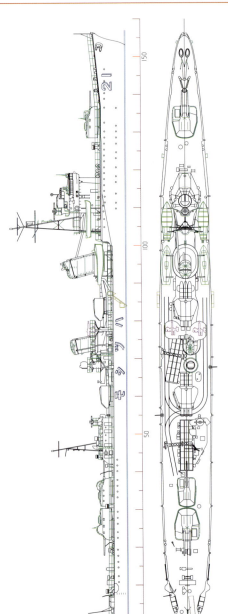
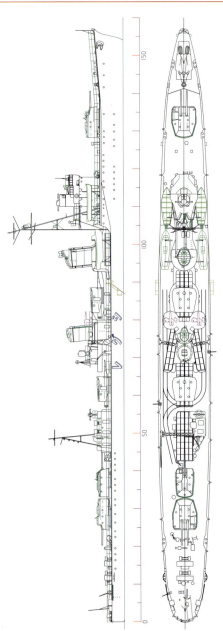

「千鳥」型
（「千鳥」1936 年頃＝推定）

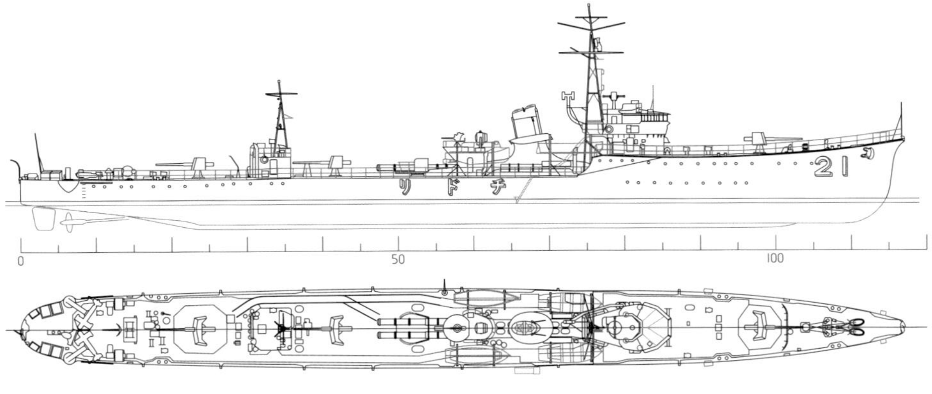

改装後の「千鳥」の図面。原図に日付がないが、補強工事施行後と但し書きがあり、第四艦隊事件後の1935年末～36年頃と考えられる。また、作図者が播磨造船所となっており、工事が民間造船所に外注されていたこともわかる。喫水線が2本あり、単に新旧としか書かれていない(図の水色が旧)が、これは「友鶴」事件の前後だろう。1番砲周囲の八角形の範囲がシアーやキャンバーとは別の平坦部となっている。他の艦の図面ではよくわからないのだが、この線は単なるリノリウムの境界線ではなく砲座周囲の構造的補強範囲を示すと推測される。現存写真と見比べると、この付近のリノリウムの被覆範囲が微妙に異なる。

「鴻」型
（「鵯」1936 年＝推定）

原図の日付などの欄がつぶれていてはっきりしないが、新造時かそれに準ずる状態なのは確か。「鵯」は石川島製だが、図の欄外に小さく「横浜船渠行」とあり、駆逐艦・水雷艇の建造経験が全くない同所に協力していたようだ。主砲の但し書きにわざわざ「十一年式十二糎砲（M型）」と記載しているのが興味深い。本図には基準状態と公試状態の喫水線があり、後者は艦尾が沈んでいるのに対し艦首側はほんのわずかながら基準状態より浮き上がっている。本図によると本型は魚雷運搬軌条を通路に使っておらず、軌条のない右舷側にリノリウムが敷いてある。左舷の舷梯は縦型の簡易なものが四角いリノリウムのところにある。このタイプは他に改丁型で見られる。

着色表示

紫：機銃
緑：短艇類
青緑：手すり・ジャッキステイ等
濃緑：錨鎖
褐色：舷梯
茶：リノリウム（原図に記載ある場合）
青：喫水線（2種類の場合は水色を併用）
桃：水線下
紺：ペイント（舷側艦名及び駆逐隊表記）
灰：その他（各項参照）

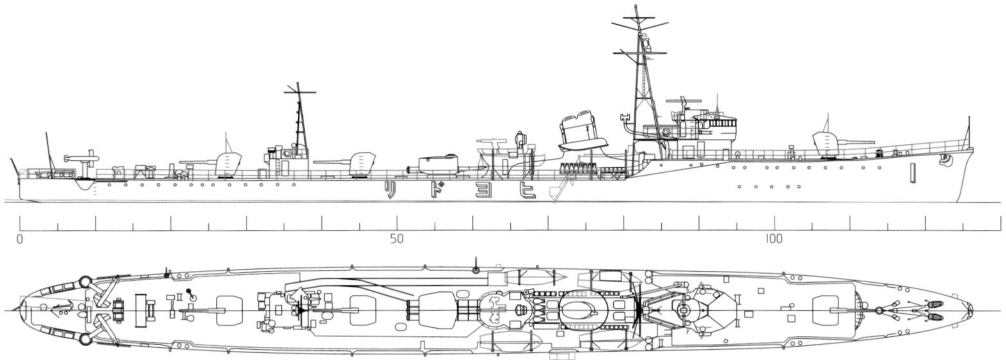

塗装ガイド1

　日本海軍の艦艇塗装は、黎明期には白や黄色も使われたが、1904年1月に「全面鼠色」の指示が出され、太平洋戦争の終戦まで引き継がれた。海外では何らかの色味をつける例も見られるが、日本の軍艦色は白と黒だけで調合した完全な無彩色だった。実際は植物油（亜麻仁油や荏胡麻油など、現在ではスーパーの健康食品コーナーで見かけるような材料だった）に由来する黄色味がいくらかついていたはずだが、これは1/700程度のスケールではさほど重要ではないだろう。

　現在、模型用塗料を扱う主要各社はいずれも、日本海軍の軍艦色として4個所の海軍工廠に対応した4種類の商品を発売している。昔は1色しかなかったが、1990年代に各工廠が独自に作っていた塗料のレシピが知られるようになり、ピットロードを皮切りに各社が商品化した。元ネタがあるのだから存在自体否定できないが、実はこの色、ベテランモデラーでも持て余すというのが正直なところ。当時の塗料は現在よりずっと質が低く、物を燃やしたススや砕いた貝殻、植物油など天然由来の原料が大半を占め、劣化が早いため、平時の艦隊では毎月塗り直しをするほどだった。各工廠でレシピが異なるのは、例えば舞鶴では北洋の曇天に対応して明るめにしたといった説もあるが、そもそも膨大な需要を国レベルで画一的に管理しきれないため個別の調達事情に配慮したものと考えられる。問題はこれらの色の違いが実艦写真で立証できない点にある。塗装の頻度から見て、通常の駆逐艦は駆逐隊の所属鎮守府の工廠色と考えたくなるが、異なる駆逐隊の艦が並んでもまず見分けがつかない。P91の「夏月」のように、佐世保製の新造時でもかなり明るく見える場合がある。海軍工廠以外の民間造船所でどのような色を使ったかの資料がないのも辛い。フジミの艦NEXT版「秋月」は、建造所の舞鶴ではなく佐世保工廠の色で成型されているが、これはキットの状態が三菱長崎で修理した（建造中の「霜月」の艦首を切って継ぎ足した）後の状態で、さしあたり近所の佐世保の色を使ったためらしい。ただし、この場合に限らず海軍工廠から造船所へ塗料を送った記録は知られておらず、手順としてはやや不自然だし、播磨造船のように明らかに他より濃い色を塗っている例もみられる。写真の見栄えは撮影時の気象条件やカメラの設定、印刷によっても大きく変わってしまうことではあるが、少なくとも、戦時状態では一定の規則性を維持するのはほぼ不可能と考える方が自然だ。

　結論として、工廠色は文献資料があるものの裏付けが取れない情報で、現実的に不確定要素や疑問点が大きく、模型の塗装としてこだわることにはあまり意味がないと言わざるを得ない。強いてあげるとすれば、塗料は元の色から劣化して薄くなっても濃くはならないので、迷ったら明るめの色を選ぶのが無難ではある。むしろモデラーにとっては、剥落や錆の発生などの表現をどうするかが興味の対象になりやすいだろうし、あるいは駆逐艦のような小さい艦は大型艦より少し明るめに塗って見栄えを整えるとか、空気遠近法を念頭に置いた淡い青に振るといった多様な技巧論もある。要は好きな色を使っても全く構わない。

　日本海軍は世界的に見て決して迷彩塗装の研究に消極的だったわけではなく、平時でも時折実験塗装をしていたことが知られている。しかし、戦時中は他国のような専門組織による大規模な管理運用に至らず、主力艦隊ではむしろ迷彩を軽視し採用を嫌っていたらしい。駆逐艦も同様で、戦時中の迷彩塗装を示す決定的な映像はないようだ。最終時の「潮」は緑系の迷彩を施していたことを示すカラー画像が残っている（これも時期によってはほとんど見分けがつかなくなる）が、この場合は非稼働状態の陸地隠蔽塗装で若干意味合いが異なる。

4工廠色の対比例。第6駆逐隊（特型・ヤマシタホビー版）はGSIクレオス「Mr.カラー」、第16駆逐隊（甲型・アオシマ版）はタミヤ「タミヤカラー」。それぞれ色の濃い順に「暁」佐世保（SC02）、「雷」横須賀（32）、「電」呉（SC01）、「響」舞鶴（SC03）、「雪風」佐世保（LP13）、「時津風」横須賀（LP15）、「初風」呉（LP12）、「天津風」舞鶴（LP14）を使用。いずれも瓶入ラッカー系で、下地ジャーマングレイに混濁防止のクリアーをはさんで各色をエアブラシで吹きつけている。8色全て明度・彩度・色味が異なり、クレオス版は佐世保色がやや赤味、横須賀色がやや黄色味が強いのに対し、タミヤ版は明るい色よど青味が強い。塗料そのものは、素の状態だとタミヤ版の方がやや薄めできめが細かい印象があり、エアブラシ塗装の際は溶剤の追加を控えめにした方がよさそう。なお、本ページで紹介したサンプル以外の本書の作例は、全てGSIクレオスのラッカー系ニュートラルグレイ（13）を使っている。理由は近所の店で品切れしにくいから。

「響」緑塗装
海軍出身で戦後の艦船研究をリードした一人である福井静夫は、第6駆逐隊の特型駆逐艦が緑褐色に塗られているのを見たと証言している。具体的な色調や明度は不明だが、夜間襲撃用塗装の実験らしい。黒はシルエットを強調してしまい、夜間では目立つ色とされており、英独などでは夜間用迷彩として白を使っていた。闇夜の黒牛はあくまでとんちの絵の話であり、本物の忍者は黒装束ではなかったともいう。

第三部
挑戦の果てに

　軍縮条約から脱退して足かせを払った日本海軍は、「大和」型戦艦をはじめとする新たな艦隊構築プロジェクトを始動する。その第一段階では条約下の設計に見られた様々な齟齬や欲求不満の解消に重点が置かれ、艦隊用標準駆逐艦もこの段階で特型規格への一本化を実施。これを甲型と称し、1939年末から就役開始した「陽炎」型で、日本海軍が長年心血を注いだ主力艦による艦隊決戦構想の1ファクターとしてほぼ満足できる域に達したものとみなされた。

　その間にも日本は中国大陸で戦端を開き、国際関係の悪化から1941年末、ついに太平洋戦争が開戦。この時点で日本駆逐艦勢力は122隻（新水雷艇を含む）にのぼっていた。しかし連合艦隊司令長官・山本五十六大将は初動で真珠湾空襲という手段を選び、自ら日本海軍の伝統的海軍戦略を否定。想定してきた日本海海戦の再来であるべき戦艦同士の艦隊決戦は起こり得なくなり、これに特化しすぎた日本駆逐艦ははしごを外されたような皮肉な展開となる。1943年中ごろまではソロモン諸島を巡る戦いの中で本領を発揮して敵艦隊に手痛いダメージを与える場面もあったものの、航空母艦を中心とする新時代の海上戦闘様式の中では概して希薄な存在に終始し、敵制空権下での前線輸送や、常時敵潜水艦の脅威にさらされる護衛任務といった地道な任務を繰り返すうちに次々と消耗。在来の艦隊型駆逐艦は終戦までにほとんど戦没した。

　こうした一方で日本海軍では甲型とは別に、空母部隊用対空護衛艦に汎用性を持たせた全く別コンセプトの乙型を開発。実戦により適合した設計として高く評価された。さらに甲型の正統的後継者となるべき高速艦・丙型の試作も進めていた。しかしこれらは大型化・精緻化のため戦時下での建造に支障をきたす。半世紀近くに及ぶ発達史の中で、日本駆逐艦は世界に誇りうる優秀な性能を追求し続け、それぞれの時代における一流のデザインを輩出してきたが、第二次世界大戦の実相はそれを上回る数の論理を厳然と提示した。その解答として用意されたのが小型簡易設計の丁型であり、目的に対し一定の成果を得たものの、それは同時に日本の工業力の限界と、すでに駆逐艦が戦いの帰趨を左右するほどの影響力を失っていたことを象徴する皮肉めいた存在でもあった。

　太平洋戦争における日本駆逐艦の苦闘は、近代海戦様式の総合的進歩に対する自らの方向性のずれがもたらした結果であり、明治維新から連綿と続いた日本海軍の栄光と挫折の最終過程を端的に示した例のひとつと見ることができる。

Having shook off fetter of treaty, IJN finally gave rise to ideal fleet destroyer Type A (Ko-gata). Their long years of naval strategy was, although, completely denied by own attack on Pearl Harbor and destroyer as one of most specialized weapon lost their best stage. In the new style of naval battle destroyer remained in quiet position and were gradually consumed. Much effective and suitable design in the days Type B (Otsu-gata) and new generation of fleet destroyer Type C (Hei-gata) were too large and complicated to mass-product for Japan in wartime circumstance. Although Type-D (Tei-gata) could satisfy much of requirement of number, at the same time proved limitations of Japanese national strength. The hardship of Japanese destroyers in the Pacific war was brought by a gap between their planning course and advance of modern war style, symbolizing the final process of glory and frustration of the Imperial Japanese Navy which had continued from the Meiji restoration.

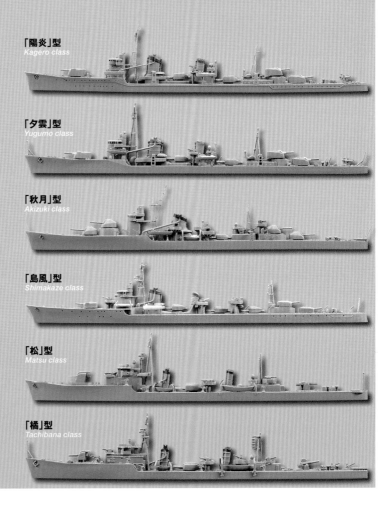

「陽炎」型 / Kagero class
「夕雲」型 / Yugumo class
「秋月」型 / Akizuki class
「島風」型 / Shimakaze class
「松」型 / Matsu class
「橘」型 / Tachibana class

「陽炎」型

駆逐艦「雪風」。1939年12月、試運転時（写真提供／大和ミュージアム）。

太平洋戦争当時の日本駆逐艦兵力の中軸をなす甲型は、圧倒的な魚雷攻撃力を持ち世界的にもトップクラスの実力を誇った。その艦影は兵器としての本質とは矛盾するような品格すら感じさせ、その意味でも日本海軍らしい艦といえるだろう。「雪風」を筆頭に人気も高い「陽炎」型は多くのメーカーが多様なスケールで模型を手掛けているが、このクラスの特性と商品開発技術の向上によって1/700の世界での位置づけは微妙に変化しつつあるようだ。

「陽炎」型について

日本海軍が軍縮条約後を見据えて、戦艦「大和」型などとともに計画した新世代艦隊編成の一角。条約下で混迷した艦隊型駆逐艦の整備方針は特型を踏襲した2000トン級で決着し、甲型の名称で「陽炎」型と小改正版の「夕雲」型各19隻が竣工する。これらは短期決戦で最大限の能力を発揮することに集約された日本駆逐艦設計の、当時におけるひとつの完成形であり、対米戦の切り札として大いに期待された。しかし太平洋戦争は予期に反した展開となり、航空機と潜水艦を複合した多角的戦闘、かつ長期間の消耗戦のいずれにも対応できなかった甲型駆逐艦は「雪風」以外の全てを失う苦杯をなめる。軍縮という枠組みが失われた瞬間、もはや駆逐艦は虎の子であることを許されなくなっていたのだ。

キットについて

端正なスタイルと華々しい戦歴から、日本駆逐艦で最も人気の高い「陽炎」型。ウォーターラインシリーズではアオシマが担当したが、当初のキットは発売時からデフォルメ過剰で評価は芳しくなく、ピットロード版が登場すると一挙に存在意義を失った。しかし2000年代に入って悲願のリニューアルを実施すると、考証や形状表現など1/700のコレクションモデルとしては一定の基準とみなしうる高いレベルの傑作に生まれ変わった。旧版とはラインナップが多少異なり、とりわけ「秋雲」が選ばれたところにも時代を感じさせられる。ピットロード版も特有のモールドバランスで得た人気が根強い。両社とも多彩なバリエーションキットを発売しているが、戦後の「雪風」を別とすれば造形的に個艦を特定させるような違いはなく、太平洋戦争の前・中・後期の「陽炎」型に便宜的な艦名を当てただけと考えていい。

一方、2010年末に出現したフジミ版は、大型艦キットでつとに先鋭化が進んでいるディテール徹底主義の傾向を汲んだもので、バリエーション展開を考慮せず単艦の細部表現に徹した点に独自性が見られる。「雪風」「浦風」および「磯風」「浜風」の2隻セット2種が発売されているが、造形は同じ。専用エッチングパーツセットと合わせ、在来のコレクションアイテムとしての1/700とは異質の印象を持たせた。しかし、その後の模型業界にはフジミ特シリーズの志向に追随するメーカーもあり、ピットロードがとってきた細密主義をある意味シフトさせた考え方、すなわち多少スケールバランスを融通してでもディテールを盛り込もうとする方法論も多くのメーカーに継承されている。それら2つのベクトルの発達の結果として、従来のアオシマ版やピットロード版が持っていたコレクションマネージメントの指標的位置づけは次第に揺らぎつつあり、次のスタンダードをどこに置くか、それに対応する次世代の商品が必要なアイテムはどれかが模索される時期にあると思う。

細密主義とビギナー対応という一見異なる方向性を融合した特徴的なラインナップがフジミの艦NEXTシリーズで、2016年末に発売された「雪風」「磯風」は、特シリーズのそれをさらに進めたディテール表現と接着剤不使用のスナップフィットに対応した極端に大ぶりなマストなどが混在する、独特の世界観を打ち出した。その後大戦前期仕様の「不知火」「秋雲」も発売。頑張れば他の1/700と同じ純然たるスケールモデルの土俵に持ち込むこともできるが、あくまで中級以上のモデラーの道楽といったところか。

製作

「陽炎」型も「朝潮」型と同じく、クラス全体にわたって艦ごとのマイナーチェンジがほとんど行なわれなかったのが特徴。すでに日中戦争が始まっていた時期の建造であり、造船統制の強化と国際情勢をにらんだ急速整備の要求などが、その背景としてあげられる。あえて違いにこだわりコレクションの中で主張しようとすると、他の部分をよほどきっちり作っておかなければならず、無駄にストレスをためることになりかねない。ここはあえてややこしく考えず、綺麗に作ってずらりと並べる楽しみ方でも充分OKだ。この気楽さも本型の大きな利点といえる。

戦時中の装備変更についても、アオシマ版やピットロード版あたりのレベルならほとんど特段の配慮を必要としない。ただ、手を入れようと思い立ったらそれなりに様々な問題が生じてくるのは必至なので、あらかじめ相応のリサーチと表現要領の検討を加え、うまくラインナップのバランスをとりたい。

一方、フジミ版は極端に作り込まれすぎていて、そのままだとコレクションとして他艦とのバランスがとれない。しかし出来が悪いわけではなく、かえって既存キットからディテールを差し引くことでバランスを取るという逆転の発想で受け入れてもいい。余計な手間かもしれないが、単純なコスト対比を見れば筋の通る話だ。

フジミの艦NEXT版は基本形状自体はれっきとしたスケールモデルで、特シリーズよりディテール表現を煮詰めており、リノリウムを別色成型するのとあわせスパンウォーターが再現されるなど魅力的な部分も多い。ただし、この部品の境界がかなりはっきり出てしまう欠点もある。また、マストやボートダビットなどスナップフィットに特化した部品を自作マストや他のダビット部品に取り換える場合、滑り止めがモールドされた鉄甲板に開いた巨大な取付穴を完全に消すのが困難。一長一短を承知の上で手を入れれば、特シリーズより一歩上の作品が手に入る見込みがある。

Type A destroyer Kagero and Yugumo class was a definite form of IJN design at that time solely to demonstrate maximum performance in the style of short term decisive battle. Ironically their failure was caused by that they could not cope with all of other situation. When framework of naval treaty was lost, destroyer could not be allowed to be a tiger cub.

「陽炎」型

陽炎型（甲型）
Kagero class (Type A)

設計番号	F 49
基準排水量	2000 トン
全長	118.5 m （1/700：169.3 mm）
水線幅	10.8 m （1/700：15.4 mm）
機関出力	5万2000馬力
速力	35ノット
兵装	12.7cm砲6門、61cm魚雷発射管8門、25mm機銃4門、爆雷投射機両舷用1基

艦名 name	建造所 builder	竣工 commissioned	終末 fate	備考 note
陽炎 Kagero	舞鶴工廠	1939.11.6	1943.5.8戦没（機雷・陸上機）	
不知火 Shiranui	浦賀船渠	1939.12.20	1944.10.27戦没（空母機）	1
黒潮 Kuroshio	藤永田	1940.1.27	1943.5.8戦没（機雷）	
親潮 Oyashio	舞鶴工廠	1940.8.20	1943.5.8戦没（機雷・陸上機）	
早潮 Hayashio	浦賀船渠	1940.8.31	1942.11.24戦没（陸上機）	
夏潮 Natsushio	藤永田	1940.8.31	1942.2.9戦没（USS S-27）	
初風 Hatsukaze	神戸川崎	1940.2.15	1943.11.2戦没（水上戦）	
雪風 Yukikaze	佐世保工廠	1940.1.20	終戦時残存	1
天津風 Amatsukaze	舞鶴工廠	1940.10.26	1945.4.6戦没（陸上機）	
時津風 Tokitsukaze	浦賀船渠	1940.12.15	1943.3.3戦没（陸上機）	
浦風 Urakaze	藤永田	1940.12.15	1944.11.21戦没（USS Sealion）	1
磯風 Isokaze	佐世保工廠	1940.11.30	1945.4.7戦没（空母機）	1
浜風 Hamakaze	浦賀船渠	1941.6.30	1945.4.7戦没（空母機）	1
谷風 Tanikaze	藤永田	1941.4.25	1944.6.9戦没（USS Harder）	
野分 Nowaki	舞鶴工廠	1941.4.28	1944.10.25戦没（水上戦）	1
嵐 Arashi	舞鶴工廠	1941.1.27	1943.8.6戦没（水上戦）	
萩風 Hagikaze	浦賀船渠	1941.3.31	1943.8.6戦没（水上戦）	
舞風 Maikaze	藤永田	1941.7.15	1944.2.17戦没（水上戦）	
秋雲 Akigumo	浦賀船渠	1941.9.27	1944.4.11戦没（USS Redfin）	

注：資料不足のため全艦通じて適用可能な識別点はなし。
備考
1　大戦後期に2番主砲塔撤去を含む対空兵装増備を実施

工作のワンポイントアドバイス

フジミ版（特シリーズ）……本来は一品物モデリング専用の超細密キット。ディテール割引作戦も面白い！
フジミ版（艦NEXT）……独特の世界観を持つ異色キット。真のスケールモデルに模様替えしてみよう！
アオシマ版……やや古さが目立ち始めてきた。最新キットを参考にアップデートしよう！
ピットロード版……独特の味付けが好きな方向け。全艦同一メーカーで固めるべし！

修理中の「不知火」を撮った映像で、甲型のディテール資料としても最高級のショット。魚雷発射管室の平面形が左右非対称であることが手すりの見え具合からうかがえる。左側だけにある前下部の張り出しにも注意。本艦はキスカ島で米潜の雷撃を受けて船首楼を失ったが、後半部は応急修理のうえ曳航されて戻ってきた。このように船体が折れても片側から復活した例は「秋月」「春雨」などで知られており、日本駆逐艦の構造の堅牢さを証明しているが、そのぶん修理の手間もかかるのが難点だった。

ピックアップ～駆逐艦「陽炎」

甲型1番艦。舞鶴工廠で1939年11月竣工し、太平洋戦争開戦時は第2水雷戦隊第18駆逐隊所属だったが、第1水雷戦隊指揮下で真珠湾作戦に参加。その後も空母部隊に随伴していたが、1942年7月キスカ島で僚艦3隻が雷撃を受け撃沈破されてしまい、無傷の本艦のみ第15駆逐隊へ異動。ソロモン方面の戦闘が始まると直ちに内地を出て陸兵をガダルカナル島に揚陸したのを皮切りとして、「東京急行」に13回参加。ルンガ沖夜戦での勝利にも貢献した。ガダルカナルからの撤退を機にようやく内地に帰還して整備を済ませ、再びコロンバンガラ島向けの輸送作戦に加わるも、5月8日クラ湾で米艦が敷設した機雷原に踏み込み触雷、航行不能となったところを米軍機に攻撃され、今度は自らが僚艦「黒潮」「親潮」とともにまとめて撃沈されてしまった。エリートの称号をかなぐり捨ててひたすら走り続けた末の呆気ない最期だった。

基本形状の調整
foundation

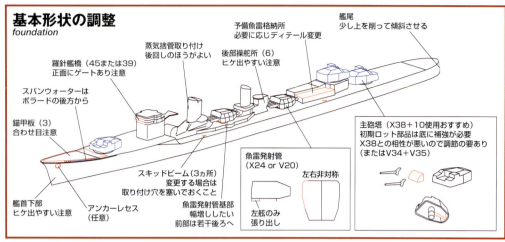

ピックアップ〜駆逐艦「天津風」

舞鶴工廠で1940年10月竣工。機関部の実験艦に指定されており、後の「島風」と同じ圧力40キロ/平方センチ、温度摂氏400度(他艦は30キロ・350度)に引き上げていた。言い換えれば「島風」は缶自体には冒険をしていない。現存する「天津風」の試運転写真は「島風」を彷彿とさせるダイナミックな艦首波を立てているが、成績は34.5ノットと案外振るわなかった。精鋭・第2水雷戦隊に属して太平洋戦争を迎えたが、緒戦の任務は南方侵攻作戦の支援で、ミッドウェイ海戦後は空母護衛の第10戦隊へ転属。何度か主要海戦の参加艦に名を連ねたものの、常に脇役だった。第三次ソロモン海戦で敵艦隊との夜戦に臨み、混乱の中で損傷、修理後は後方での護衛任務に終始した。1944年1月17日、僚艦「雪風」とともに艦隊タンカー船団ヒ31を護衛中、仏印沖で米潜「レッドフィン」の雷撃を受け大破、行方不明となるが、1週間後に漂流中を発見され、駆逐艦「朝顔」の曳航で聖雀にたどり着く。45年3月、昭南から最後の内地向け船団ヒ88Jを護衛し出撃したが、船団は途中で壊滅、香港からホモ03に転じるも、4月5日大陸沿岸で米陸軍航空隊の攻撃を受け、「天津風」も最期を遂げる。この時の同艦はかつての雄姿とは程遠く、前部魚雷発射管の位置に仮艦首と艦橋を取りつけた後ろ半分だけの状態となっていた。

細部の組立
detail assembly

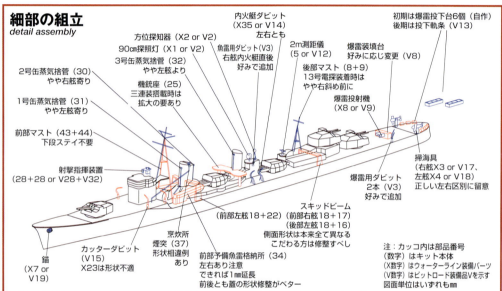

三連装機銃用銃座寸法図
MG platform

舷窓配置図
portholes

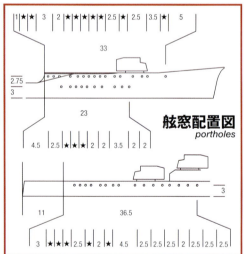

スキッドビーム自作用寸法図
overhead rail

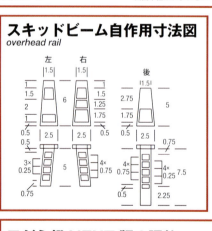

予備魚雷格納所上面図
spair torpedo storage

(参考)「雪風」舷窓閉鎖および舷外電路導設要領推定図

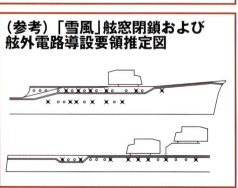

フジミ艦NEXT版の調整
Fujimi FUN-NEXT

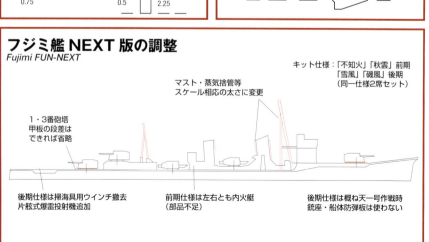

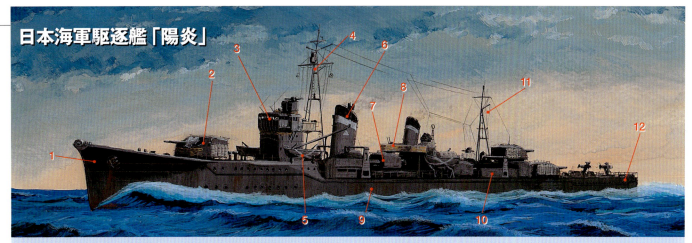

日本海軍駆逐艦「陽炎」

1 艦首/日本特有のダブルカーブバウと上がきつい角のついており、フルハル版や情景模型などでは注意しておくといい。アオシマ版は錨甲板（部品3）と船体の合わせ目に隙間ができやすく、埋める必要があるが、ディテールアップの際は合わせてスパンウォーター（舷側付近の甲板上にある高さ数センチの仕切り板）のモールドを前部のボラードの直後まで延長しておくとベター。アオシマ版には1/700の駆逐艦で初めて、船首楼後半のガンネルにある強度対策のカーブが再現された（フルハル版にはない）。フジミ版には艦首付近に梯子状のモールドがついているが、図面上の縄梯子をトレースしたものらしく、舷側に貼りついているのはナンセンスなので必ず落とすこと。

2 主砲/ウォーターラインシリーズXランナーのものがやや小さい点に配慮して、アオシマ新版は親切にも新規の砲塔を追加している。ただし砲身側の部品との相性がいまいちなので、多少の修整が必要。初期生産分では部品がリングサポートの上に乗らないで甲板にへたり込んでしまう欠点があったが、早速修整されている。これも購入時にチェック。フジミの艦NEXT版から砲塔側面にもモールドが入ったが、「朝潮」型と同じく前後の砲塔で補強リブの有無の違いがあるので注意。何と12.7cm砲の砲口にも穴を開けている。

3 艦橋/ほぼ「朝潮」型と同型。アオシマ版は羅針艦橋正面にゲート（ランナーとの接点）があり、金型の段差が生じている場合もあるので特に注意。羅針艦橋の窓は厳密にはガラス1枚と2枚の部分があり、合板準備なのだが外しても枠のピッチに違いが生じる。反エッチング党（？）の諸氏はこだわってみてもいいのでは。また、大戦後期には防弾板を装備する艦が増え、フジミ版は商品仕様になった。実艦の取り付け方は様々で、一部または全部の窓の上下幅を狭めている例が多い。フジミ版は信号所（C43）の板厚を薄く見せるために裏側の縁を斜めにカットしたうえ、甲板自体が本来の位置より浮き上がってウイングと合致しない状態となっている欠点がある。モデラーのセンスを問う重要修整ポイントとなりそうだ。

4 前部マスト/大戦中期以降の電探搭載に対しては、現行キットではすべて既存マストをいったん途中でカットして電探を置く方式を取っているが、これは最もディテールがはっきりしている「雪風」の形状を採用したもの。「野分」などでは既存マストに直接電探台を取り付ける方式を取っていた。

5 ボート/アオシマ版の細部でいちばん困るのは、艦橋横のカッターダビット。特型と「陽炎」型はクエスチョンマークのような形状のラジアル式を持っていたが、ウォーターラインシリーズには適当なものがない。おいそれと自作できないので他社の部品を調達するのが妥当。ピットロードの新旧装備品セットのほか、ヤマシタホビーの「睦月」型にも余剰品として入っている。最終的にこの位置のカッターは撤去されたが、「雪風」ではソケットのみ残してある。なお、「秋雲」の組立説明書はなぜか内火艇とカッターの装備位置を取り違えている。

6 煙突/アオシマ版とフジミ版は蒸気捨管が3箇所とも首尾線から外れている点まで再現。ただ前者は説明書のほうが曖昧すぎて、しかも指示通りの段階で組んでおくと、あとで船体に取り付けるとき困ることがあるので注意。フジミの特シリーズ「白露」「雪風」「秋月」型はいずれも煙突トップの金枠をエッチングパーツに依存しており、他のキットとの取り合わせの面で貧弱が割れるところだが、「陽炎」型の場合アオシマ版の部品とすげ換える（型をとって複製したい）手も使える。なお、京浜の所煙突で「磯風」「浜風」など一部にI字先端のものがあり、本級ではこれが最も顕著な識別点。造船所ごとの癖というわけでもなく、何故わざわざ違う形なのか不明。

7 魚雷発射管/「朝潮」型からは前部発射管の次発装填装置が移動して、前部煙突側面となった。後部煙突の横に予備魚雷があると、発射管内の魚雷と縦に等間隔で4セット並んでしまうので、前に場所を動かしてダメージの危険性を分散させるのがレイアウト変更の理由。装填装置を使う場合は前部発射管を後ろに向けることになり、実艦でも時おりその状態で繋止している例を見かける。アオシマ版の弱点はここで、予備魚雷庫と魚雷発射管の部品寸法がやや不足しているぶん発射管の位置が少し前寄りになっている。予備魚雷庫上面の蓋のモールドが多すぎる点と合わせて修整し、部品の左右（同じ番号=34がついている）に注意して取り付ける。ハセガワの新版「朝潮」型には、発射管に加え前部予備魚雷庫も同じ部品（本来は「夕雲」型用）があり、流用可能。発射管も位置変わり合わせて基部の径を増やされている。発射管自体の型式は以前と同じながらシールド形状が変更（本来より新造時から酸素魚雷を装備）。図面では平面形が左右対称ないし紛らわしい形になっていることがあるが、どうやら実際は左右非対称だった様子。これを正確に再現しているのはウォーターライン装備品ランナーとピットロードの新装備品セット（4）のもの。ただし、前面下部の裾が一部張り出しているところまで再現した1/700の部品はまだ現れていない。

8 機銃/中部機銃座の機銃は、最初は25mm連装で、大戦中期に三連装と交換。アオシマ版とピットロード版は同じ銃座を使うようになっているが、厳密には拡大が必要。フジミ版は後期用の大型機銃座をセットしている。連装、三連装機銃の数はどの艦も同じとされるが、単装機銃はそれだけに逆にそれだけで各艦の作り分けができるという考え方もある。1945年の機銃についてはあまり資料がないが、近年アジア太平洋歴史センター（JACAL）のWebサイトで第17駆逐隊の戦時日誌が公開され、レイテ沖海戦後の「陽炎」型の機銃増備の状況がある程度知られるようになった。それによると、44年末の単装機銃は25mm17、13mm4が標準だが、その後13mm増設の記述が消えてしまい、25mmと交換したのかそのままなのかわからない。また、3月に各機銃へのシールド追加が実施され（これが25mm単装21基となっている）、戦後の写真で一般によく知られる船側後端のシールドは天一号作戦後に設置したようだ。

9 船体/大戦後期には相当数の舷窓が閉鎖されていることがあるが、どこを塞ぐかは統一されていないようだ。同様に船体電路の導波パターンもまちまちなので、艦ごとにリサーチするしかない。ちなみに、各社ともフルハル版を発売しており、フジミとピットロードは通常版と共通の商品に下部船体を継ぎ足す方式なのに対し、アオシマはわざわざ新規のフルハル船体を開発。艦尾の爆雷兵装が後期仕様となっており、舷窓や外板継ぎ目に相当するモールドも入っているので、ここからウォーターライン版に逆改造というイタズラを考える向きもいるだろう。ただし、なぜか舷窓は閉鎖なしの新造時仕様で、ラインモールドが不正確、船首楼後端のブルワークが厚いなど、これはこれで欠点を持つ。

10 後部構造物/アオシマ版の後部予備魚雷庫は、発射管にあわせてモールドがきってあるため最も右舷寄りの蓋が欠けてしまっている。微妙な部分だが、前部を直すならついでに手を入れてディテール統一を図っておこう。アオシマ、ピットロードはスキッドビームの側面部品を3箇所共通化しているが、厳密には向きが異なり、フジミ版はこの点も再現してある。

11 後部マスト/アオシマ版の後部マストは、なぜか発売当初、部品8の形状に誤りがあった。その後修整されているが、そのまま使いたい場合は購入時にチェックしておこう。大戦後期の追加装備である13号電探は、厳密にはやや右舷にオフセットされた。第17駆逐隊戦時日誌の記述から、天一号作戦前に掃海具用ウインチを撤去し爆雷投射機を追加していたことも知られるようになった。1945年2月に「浜風」、翌月「磯風」「浜風」「雪風」が装備。ただし数の記載がなく、「浜風」が2回出るのは同艦だけ数が多いのか、全艦同数にしたのか、実際は1回目は予定だけで3月に工事をしたのかなど明確でない。また、2回とも「三式投射機」となっており、片舷側の左右各1基を1セットとしているはずだが、後甲板以外に丁の字のような舷側配置をした可能性もないとは言えない。2月の「浜風」のみ三式一型とある点も見逃せない。三式投射機は一型（古いタイプのK砲）の簡易生産型で性能は九四式（Y砲）と同じとされ、両者と同じ床置きタイプを二型、戦時型海防艦で採用された半埋め込みタイプを一型というため、模型の上では一型か二型かの違いは重要で、追加装備で一型を使ったのは意外。三式二型はピットロードの新装備品セットにあるが、通常は旧装備品セットやウォーターラインXランナーを半割りにして、一型はその基部を切り詰めて使うといいだろう

12 艦尾/「朝潮」型より50cm延長し、推進効率を改善。実艦は艦尾が上甲板から水線にかけてやや広がっており、アオシマ版とピットロード版は少し削っておくとベター。後期には掃海具を撤去して爆雷搭載数を増し、投下台を軌条に変更。一般に左舷側の軌条が長めになっていたとされる。

1 Double-curved stem with angle at waterline.
2 5in gun house in waterline series additional sprue is a bit smaller.
3 The front side of navigation bridge window was narrowed by armor plating in late war.
4 Some ships were attached landing for type 22 radar without cutting foremast top.
5 Peculiar shape of radial davit for cutter.
6 Top of galley chimney was varied.
7 Spare torpedo storage for the 1st tube was moved forward compared with Asashio.
8 Midship MG platform was extended to replace 25mm twin MG to triple.
9 Arrangement to degaussing cable was varied.
10 Each of three overhead rails had different shape.
11 Type13 radar was fitted with the front of mainmast, slightly shifted to starboard.
12 Mine sweeping gear was removed to increase depth charge fitting.

大戦末期の装備例
late war configurations

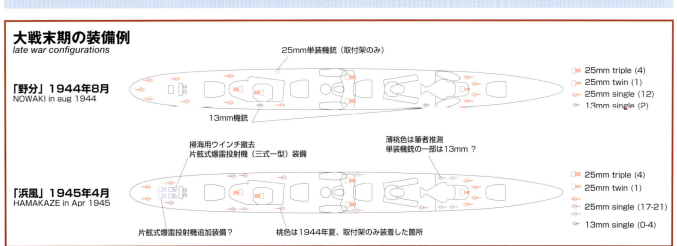

「野分」1944年8月
NOWAKI in aug 1944

25mm単装機銃（取付架のみ）

- 25mm triple (4)
- 25mm twin (1)
- 25mm single (12)
- 13mm single (2)

「浜風」1945年4月
HAMAKAZE in Apr 1945

掃海用ウインチ撤去
片舷式爆雷投射機（三式一型）装備

薄桃色は筆者推測
単装機銃の一部は13mm？

- 25mm triple (4)
- 25mm twin (1)
- 25mm single (17-21)
- 13mm single (0-4)

片舷式爆雷投射機追加装備？ 桃色は1944年夏、取付架のみ装着した箇所

「陽炎」 *Kagero 1941*

アオシマ版のディテールアップ作例で、太平洋戦争開戦時を再現。キットは旧版の雪辱を果たした出来栄えで、ウォーターラインシリーズ屈指の名作に躍り出たといえよう。各部品の形状やモールドのメリハリは良好だが、多少エッジが甘いので、いかに「キットらしさ」を消すかが最初の課題。日本駆逐艦の象徴的装備でもある予備魚雷関連のディテールアップなど、構造上の合理性がある改造はキットの印象を高めることになるはずだ。

「不知火」 *Shiranui 1942*

アオシマ旧版キット。「陽炎」「不知火」「雪風」「天津風」の4タイトルが発売されたが、細部のデフォルメが要領を得ておらず、現在の目ではもはや「陽炎型をモチーフにしたSFメカ」といった様相。生産終了から日がたつ今でも地方の模型店などで時折見かける。究極の腕試しにいかが。

「雪風」（1） *Yukikaze 1945*

アオシマ版のディテールアップ作例。大戦後期の状態を作る場合、どうしても見せ場が艦橋の防弾板や単装機銃のような細かい部分になってしまい、リサーチも難しい。ただし裏を返せば、機銃の配置だけで各艦の区別がついてしまうわけで、これだけならハードルは決して高くないから初心者にもぜひチャレンジしていただきたい。

「雪風」（2） *Yukikaze 1945*

フジミ版の素組に別売りエッチングパーツセットを組み込んだ状態で、メーカー側が提示したディテールアップ工作を示す。近年の細密志向派のトレンドを代表するキットで、モデラー側はメーカーが用意した知恵の輪を解くような感覚に近い工作過程を経ることになるだろう。それもある意味気楽だが、見栄えにひかれてついつい結果を急いでしまいがちにならないためのコツを探究するのが本書というわけだ。

「陽炎」型

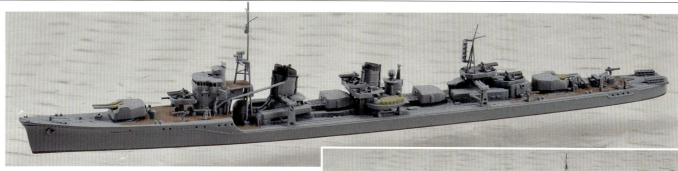

「浦風」 *Urakaze 1944*

フジミ版の修整作例。わざわざキットからディテールを差し引くという発想は以前ではほとんど顧みられなかったが、ユーザーの多様性への対応やコレクションモデリングのバランスマネージメントの面で、今後しっかりした地位を確立すべきだと思われるし、それができるのも1/700が本来持つ柔軟性だろう。その意味でもフジミ版は革命的なキット。

「磯風」 *Isokaze 1945*

アオシマから発売されたフルハル版キット。同社がウォーターラインシリーズとは別のブランドで展開するフルハルモデルの一つで、他社とは異なり上下一体の船体を別途開発しているのがこのシリーズの特徴。新規船体はディテールバランスがレギュラー版とかなり異なり、よほど気に入ればこれを水線模型に逆改造する手もないではないが、相当の難工事は覚悟のこと。

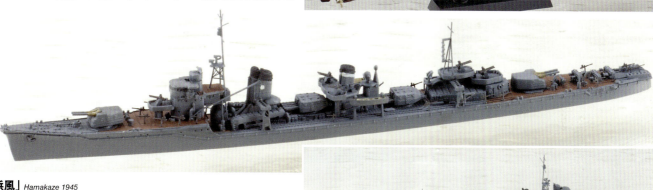

「浜風」 *Hamakaze 1945*

フジミの艦NEXT版をディテール調整したもの。内容的には特シリーズとほぼ同じで、ディテール表現に一長一短がある。天一号作戦など、ここぞというイベントに対していいとこどりの船を用意してもいいのでは。

「野分」 *Nowaki 1944*

ピットロード版の素組。発売当初は「陽炎」と「雪風」で大戦前後期のそれぞれに対応した部品構成となっていたはずだが、その後両方のパーツが同梱されてデカール以外共通となり、現在は追加開発された下部船体をつけたフルハル仕様が多く出回っている。同社の標準的なディテールバランスを備え、これといった欠点もない。アオシマ版とどちらを選ぶかは各自の好みで。

「秋雲」 Akigumo 1943

アオシマ版の素組。このキットは1943年後半頃の仕様となっている。独特のディテール表現に定評があるピットロード版に対し、本作は基本形状の正確さが秀逸。それぞれに持ち味のあるキットなので、好みを選ぶといい。アオシマのリニューアルが実施されたのは、ちょうど「秋雲」が「陽炎」型に再分類されたばかりの時期で、本艦がラインナップに入れられたのは一種の時事ネタ。

「丹陽」 Tang Yan ex-Yukikaze 1949

アオシマのバリエーションキット。戦後中国に引き渡された「雪風」の後身で、同艦のフルハル版に必要な交換・追加部品を加えた構成となっている。余程の「雪風」マニアか戦後艦専門モデラー向けの企画で、新規パーツのモールドもかなり甘いのだが、実艦の改造規模が比較的大きく自分でスクラッチするよりはかなり楽な工作になるはず。

波

1/700 の水線模型は停泊状態を素で並べて楽しむのが基本だが、やはり一歩進めて海面ダイオラマ仕立てにするのもいい。駆逐艦の場合は高速で疾走する様子を再現するのが醍醐味で、うねりを乗り越えるダイナミックな表現も魅力的。そして駆逐艦の場合はやはり魚雷発射シーンも見逃せない。雷撃の要領は P17 に記した通りで、旋回しながら扇状の斜線を形成するのが基本だったが、これを再現する際は船の旋回の特徴をおさえておきたい。船舶は強い水の抵抗を受けながら進んでいるうえ、舵が艦尾端付近にあるため、旋回の際は船の軸に対し艦尾側の方が大きく外側に振れる傾向がある。ちょうど車でバックしながらハンドルを切った時のような動きと考えるといいのでは。従って、艦首波はきれいに船体に沿って流れず、舵を切った側に広がる。ちなみに、爆撃機の対艦攻撃は一般に艦尾側から接近するため、機銃を増備する際は後ろ向きの射界が重視されやすいが、艦尾付近の機銃は旋回時に足元が大きくスライドしてしまい非常に撃ちにくかったという。

ヤマシタホビー「天霧」のボックスアート。後のアメリカ大統領ジョン・F・ケネディが指揮する魚雷艇「PT109」との衝突シーンを描いたものだが、第11駆逐隊司令・山代勝守大佐の証言では意図的な体当たりではなく回避し損ねた事故だったという。このとき「天霧」は「PT109」の艇尾側にかわそうとして取舵を取っており、船体が右舷側に振れるため、衝突後は切断した艇体の接触による舷側やスクリューの損傷が右舷側に集中した。

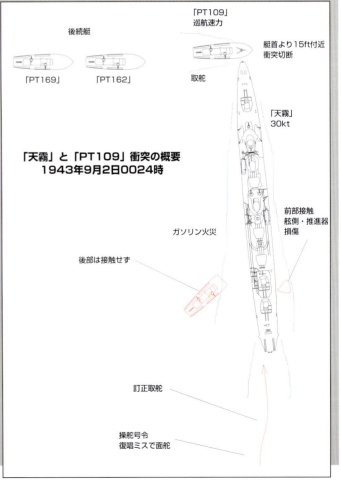

塗装ガイド2

リノリウムと艦底塗装

日本駆逐艦の露天甲板は、原則無塗装で表面は鋼材の亜鉛メッキだったとする説もあるが、模型の上では船体色で塗るのが通則となっている。現在では船の甲板で普段人が歩くところには舗装材を塗布するデッキコンポジションが一般的だが、伝統的には帆船時代からの木板張りが好まれ、オランダでは駆逐艦にも木板張りを使っていた。一方、戦前の日本海軍では甲板被覆材としてリノリウムという素材が使われた。これは麻布に亜麻仁油などでコルクや木片を定着させて若干の弾力性を持たせたシートで、木板より取付が楽な代用材として船舶の内装・外装を問わず多用された。模型用塗料としてはやはり多くのメーカーから専用色が発売されているほか、キットの塗装指示ではウッドブラウンやココアブラウンで代用するようになっている場合も多い。そもそもリノリウム自体は素材からしてごく薄いベージュのような色で、使う場所によって赤や緑など自由な色で染めるなり、高級品では模様をつけるなりするものなので、絶対的な色は最初からなく、たまたま日本海軍では露天甲板用として茶色の製品を使っただけ。つまり市販のリノリウム色は、厳密にいうと「茶色のリノリウムシートの色」。リノリウム自体の採用を含め、英海軍の様式を踏襲したと思われる。劣化すると黄土色のような色味になったといわれるのは、着色原料の退色と下地色の透過によるものだろう。近年は駆逐艦の魚雷運搬軌条の内側にリノリウムを敷いて通路として使っていたことが広く知られるようになり、対応するモールドをつけたキットも増えてきた。一般的には必要な形状に切ったシートを真鍮製の抑え金具で甲板に固着させており、模型作品を作り込む場合は金具のモールドを金色で塗るか、最近はエッチングパーツと置き換える選択肢もあるが、1/700では塗らなければならないというほどではないだろう。戦時中は金具を代用素材に切り替えたといい、可燃性素材なので一時期は撤去説も有力視されたが、現在はあまり注意を払われていない。また、外国のように迷彩色で塗りつぶすといった処置も知られていない。なお、羅針艦橋の一部などでは木製の簀子を敷いており、最近は内部にそのモールドが付けられている商品も目立つ。

本書は基本的に水線模型を扱うのであまり重要ではないが、いちおう艦底色についても触れておく。艦底色の色味は純粋に海洋生物の付着防止の目的で使われる原材料の色で、鉛丹や酸化銅などほとんどが赤系統。緑のパリスグリーンもあったが、輸入品で日本ではあまり使われなかった。第二次大戦中は物資統制のため酸化鉄が多用されたといわれているので、基本的には艦底色として発売されている濃い赤で問題ないだろう。展示模型でよく見かける鮮やかな赤は演出的なもので、実物には即していない。汚損や剥落が起こりやすい水線付近には耐久性の高い専用塗料（水際塗料）が使われるが、日本海軍の場合は基本的に他と同じ色だった。ただし、上海の江南造船所のように、海外でブーツトッピングと呼ばれる黒の水線塗装を施していたところもあり、写真では断定しがたいが支那方面艦隊の二等駆逐艦はその対象となった可能性もある。

煙突マーキング

日本海軍には、煙突に所属部隊内の序列を示す白線を書き込む慣習があった。戦前の駆逐艦は2個水雷戦隊体制をとっており、第1水雷戦隊は前部煙突、第2水雷戦隊は後部煙突に、所属駆逐艦（子隊＝ねたいと呼ぶ）の水雷戦隊内の序列に応じた白帯を入れた。1～3番隊は細い帯1～3本、4番隊は太帯と細帯各1本で、これらは巡洋艦以上の戦隊の1～4番艦表示と同じ。いわゆる鉢巻は艦隊で実働状態にある艦の証でもあり、それをつけるのは栄誉とみなされていた。1941年当時の第1～4水雷戦隊の表示は別表の通りで、第2・第4水雷戦隊は開いている方の煙突に白帯1本を追加。これが太平洋戦争当時の基本パターンとなる。ただし、戦前から例外が多く、他の水雷戦隊やそれ以外の何らかの事情で帯を巻く際は、通則に合わない組み合わせの帯（例：「睦月」1941年＝P28参照）や、斜めに引かれた例も知られる。

戦前は舷側に艦名を描いていたため駆逐隊内での序列は簡単に判別できたが、開戦に伴って艦名表記を消されたため、かわりに何らかの目印が必要となった。当初は各部隊に任されており、第1水雷戦隊の平仮名文字などが写真で知られているが、ミッドウェイ開戦前の1942年5月、開戦直後から第3水雷戦隊が用いていた幾何学模様を用いた識別表示が標準パターンに定められたといわれる。記入位置は子隊表示のない方の煙突で、3水戦の開戦時の指示では2番艦が直径90cmの円、3番艦が各辺105cmの三角形、4番艦が各辺90cmの四角とされており、概ねこれがサイズの基準となるだろう。大戦中期以降は稼働艦の状況に合わせて頻繁に編成替えが実施されたが、煙突のマークはかなり厳密にその都度塗り直していたらしい。特異な例としては、「大和」沖縄特攻作戦時に「磯風」がつけたといわれる菊水マークのようなものがあるが、海外で見られるパーソナルエンブレムは日本海軍にはない。塗装のバリエーションに乏しい日本駆逐艦にとって、煙突のマーキングは模型の見栄えに資する重要なポイントなのは間違いない。海戦の編成を再現する場合などは、マーキングまで再現できるのが理想だろう。すべての場面で完全を期するのはもとより無理としても、様々な資料を読み解けばある程度推測可能な場合も多く、少なくとも作った本人が艦を見分けるのに役立つ。

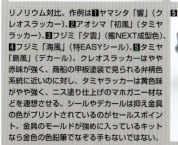

リノリウム対比。作例は①ヤマシタ「響」（クレオスラッカー）、②アオシマ「初風」（タミヤラッカー）、③フジミ「夕雲」（艦NEXT成型色）、④フジミ「海風」（特EASYシール）、⑤タミヤ「島風」（デカール）。クレオスラッカーはやや赤味が強く、商船の甲板塗装で見られる弁柄色系統に近いのに対し、タミヤラッカーは黄色味がやや強く、ニス塗り仕上げのマホガニー材などを連想させる。シールやデカールは抑え金具の色がプリントされているのがセールスポイント。金具のモールドが強めに入っているキットなら金色の色鉛筆でなぞる手もないではない。

煙突表示 *funnel marking*

水雷戦隊 destroyer aquadron

→fwd

3Sd　1Sd
4Sd　2Sd

子隊 division
4th　3rd　2nd　1st

4th　3rd　2nd　1st

個艦 unit

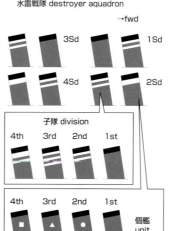

特殊な煙突塗装の例。上は大正末期の第2水雷戦隊で、「峯風」「神風」型。なぜか煙突頂部の黒塗装と白帯の間が開けられている（P12写真参照）。下は太平洋戦争初期に撮影されたらしい特型の写真に見られるもの。艦は形状から「漣」と判定できる（2キロ信号灯の位置が低い）ので、第1航空戦隊付属第7駆逐隊。映像では前部煙突のマークは片仮名のコを左右逆にしたように見えるが、左舷後方からのショットで烹炊所煙突に一部隠れていると推定し2番艦を示すイロハのロと解釈するが、後部煙突の線の意味は不明。

「夕雲」型

駆逐艦「巻雲」。1942年3月、竣工時（写真提供／大和ミュージアム）。

「夕雲」型は太平洋戦争開始とともに就役が始まった甲型第2グループだが、本来の設計理念と現実との遊離に悩まされた末、1944年春には生産終了。完成した19隻も全て戦没した。日本駆逐艦の悲哀を象徴するクラス。大半が戦時中の竣工であるため知名度の低い艦が多く、資料にも乏しいものの、前型からのマイナーチェンジに加え段階的に戦訓改正を織り込んでおり、一転して作り分けの妙味を楽しめるアイテムとなっている。

「夕雲」型について

日本海軍艦隊型駆逐艦の決定版として登場した「陽炎」型（甲型）の第2シリーズにあたる形式で、各種マイナーチェンジを加えた程度の準姉妹艦。追加と戦時中のキャンセルを経て、1941年末〜'44年春に19隻が就役した。建造担当は舞鶴工廠、藤永田造船所、浦賀船渠の3箇所に絞られ、戦訓を受けた改正を逐次実施したが、姉妹艦の写真が今のところ半数程度しか残っていないとされており、しかも苛烈な戦闘の中で全艦が失われてしまったため、今なお実態が把握できないクラスでもある。甲型駆逐艦は強力無比の酸素魚雷を搭載した本格派として期待された反面、対空・対潜・電子兵装、速力、防御力、生産性といった多くの欠点も抱えており、近代海戦様式の中で必然的に駆逐艦が負うこととなる広汎多岐な任務への適応力がきわめて乏しかったのが、悲運を招いた要因と考えられる。きれいに生きようとしすぎた結果、巨大な魚雷艇の域を出られなかったのだ。

キットについて

「夕雲」型のキットは、ウォーターラインシリーズではハセガワの担当で、「陽炎」型とは別のメーカー。1970年代のキットは全体のシルエットバランスこそかなり正確ながら、今の目から見るとさすがに時代物の印象が強くなっていた。2017年に待望のリニューアルを実施。極端な細密主義とは距離を置いた手堅いデザイン、ハセガワ伝統のカチッとした仕上がり、「陽炎」型との微妙な違いや姉妹艦の変更点をほとんどフォローした考証と、全体に高いレベルでまとめられ、「朝潮」型とほぼ並行して開発されたためディテール表現が統一されている点も大きな強み。それまでアオシマの新版「陽炎」型から改造して本型をアップデートしていたファンにしてみれば、ハセガワの「夕雲」型から「陽炎」型に改造する選択肢が発生し、一気に形勢逆転・・・のはずだったが、1番砲塔の位置を移動するのに船首楼甲板の段差表現が障壁となり、千載一遇のチャンスを逸してしまったのだった。

一方、ピットロード版は近年下部船体付きのフルハル仕様に移行したため割高だが、「陽炎」型もラインナップに入っているため、メーカー違いを気にせず並べられる点でコレクションモデラーにとって魅力的。考証に若干の対応不足があり、できればもうひと手間欲しい。

「陽炎」型を持っているフジミは、特シリーズではなく艦NEXTシリーズで2018年に「夕雲」型をキット化。同一仕様2隻入りの「陽炎」型と異なり前後期の2バージョン（「夕雲」「風雲」）で、前型とのディテールの共通性の面ではピットロード版と同様の強みがある。しかし肝心の船体を「陽炎」型と共用しており、考証的には中途半端。艦隊に編入できる状態にするのはかなり大変だ。

製作

とにかく「夕雲」型の模型製作の大前提は「陽炎」型との兼ね合い。話をもう一度整理すると、その点で細かいことを考えないのであればピットロード版かフジミ艦NEXTがいいが、どちらも考証面の不満がある。完成度の高さではハセガワ新版が圧倒的だが、それを軸とする場合はフジミかアオシマの「陽炎」型をそれに寄せる必要がある。フジミ特シリーズにハセガワ「朝潮」型の余剰部品を混ぜるとかなり雰囲気が似てくるが、大戦前期が作れない。同じ寄せるならアオシマの「陽炎」型を「夕雲」型に改造する方が少し楽だが、他クラスのキットが充実してきているので若干物足りない。現時点ではどこから攻めても攻めきれない、実にもどかしい状況となっている。

このクラスにはもうひとつ、資料がまともに揃わないという難関がある。それでも現存する資料を、建造時期や担当造船所といったキーワードに注意しながら分析していくことで、ある程度の対応が可能となるだろう。別掲の分類表は多分に推測を含むが、図面があっても写真と合致しないところがあるため、映像で確認できないものはうっかり断定できない。このように1隻丸ごと推定というのは艦艇模型の世界では今時あまりないことだが、自分の手で歴史の深淵から船を蘇らせるのだと思えば、これも至上のロマンでは。

Yugumo class destroyer could be said to the second series of previous Kagero class, and entered in service from just before the outbreak of Pacific war to mid 1944 as the last type of IJN fleet destroyer. Their torpedo equipment was undoubtedly foremost in power among all of the world destroyers, but in turn they did not possess enough capability of anti-aircraft, anti-submarine, radar, and especially mass production. They could not meet many of very extensive roles in modern war circumstance and remained as large torpedo boat.

「夕雲」型

夕雲型（甲型） / Yugumo class (Type A)

設計番号	F 50
基準排水量	2077 トン
全長	119 m (1/700：170 mm)
水線幅	10.8 m (1/700：15.4 mm)
機関出力	5 万 2000 馬力
速力	35 ノット
兵装	12.7 cm砲 6 門、61 cm魚雷発射管 8 門、25 mm機銃 4 門、爆雷投射機両舷用 1 基

艦名 name	建造所 builder	竣工 commissioned	終末 fate	識別点 1	2	3	4	備考 note
夕雲 Yugumo	舞鶴工廠	1941.12.5	1943.10.6戦没（水上戦）	1	(1)	(1)	(1)	
巻雲 Makigumo	藤永田	1942.3.14	1943.2.1戦没（機雷）	1	1	4	4	
風雲 Kazagumo	浦賀船渠	1942.3.28	1944.6.8戦没（USS Hake）	1	1	5	5	
長波 Naganami	藤永田	1942.6.30	1944.11.11戦没（空母機）	1	2	4	4	1
巻波 Makinami	舞鶴工廠	1942.8.18	1943.11.25戦没（水上戦）	1	(2)	1	2	
高波 Takanami	浦賀船渠	1942.8.31	1942.11.30戦没（水上戦）	(1)	(2)	(5)	(5)	
大波 Onami	藤永田	1942.12.29	1943.11.25戦没（水上戦）	(1)	(2)	(4)	(4)	
清波 Kiyonami	浦賀船渠	1943.1.25	1943.7.20戦没（陸上機）	(1)	(2)	(5)	(5)	
玉波 Tamanami	藤永田	1943.4.20	1944.7.7戦没（USS Mingo）	(1)	(2)	(4)	(4)	
涼波 Suzunami	浦賀船渠	1943.7.31	1943.11.11戦没（空母機）	(1-2)	(2)	(5)	(5)	
藤波 Fujinami	藤永田	1943.7.31	1944.10.27戦没（空母機）	(1-2)	(2)	(4)	(4)	
早波 Hayanami	舞鶴工廠	1943.7.31	1944.6.7戦没（USS Harder）	2	2	2	3	
浜波 Hamanami	舞鶴工廠	1943.10.15	1944.11.11戦没（空母機）	2	2	2	3	1
沖波 Okinami	舞鶴工廠	1943.12.10	1944.11.13戦没（空母機）	(3)	(2)	(2)	(3)	1
岸波 Kishinami	浦賀船渠	1943.12.3	1944.12.4戦没（USS Flasher）	(2-3)	(2)	(5)	(5)	1
朝霜 Asashimo	藤永田	1943.11.27	1945.4.7戦没（空母機）	3	2	4	4	2
早霜 Hayashimo	舞鶴工廠	1944.2.20	1944.10.26戦没（空母機）	3	2	3	3	1
秋霜 Akishimo	藤永田	1944.3.11	1944.11.13戦没（空母機）	3	2	4	(4)	(1-2)
清霜 Kiyoshimo	浦賀船渠	1944.5.15	1944.12.26戦没（陸上機・魚雷艇）	3	2	5	5	2

建造中止：「山雨」「秋雨」「夏雨」「早雨」「高潮」「秋潮」「春潮」「若潮」「妙風」「清風」「里風」「村風」「山霧」「海霧」「川霧」「谷霧」

注：資料不足のため全艦通じて確定できる識別点はないが、建造時期や造船所によっていくつか傾向は見られる。表中では推定分を括弧で表示している。

備考
1 大戦後期に大幅な対空兵装増備を実施。本型は2番主砲塔を撤去せず、相当する機銃座を1番煙突後方両舷に設置
2 上記装備を実施した状態で竣工。ただし「早霜」は、現存写真は機銃増備未施工のものしかないが、公式図面では増備状態となっている

識別表

識別1	艦橋	1：基本形（電探室追加の場合あり） 2：電探室外付け・測距儀フード拡大 3：電探室包含
識別2	後部マスト	1：陽炎型同形・放射状ヤード 2：三脚位置変更・放射状ヤード
識別3	舷外電路	1：舞鶴1 2：舞鶴2 3：舞鶴3 4：藤永田 5：浦賀
識別2	汽笛管	1：舞鶴1 2：舞鶴2 3：舞鶴3 4：藤永田 5：浦賀

工作のワンポイントアドバイス

ピットロード版……もう少し「陽炎」型との違いに踏み込んでおこう！
ハセガワ新版……初心者にも扱いやすい。考証的にもほぼ手を入れる必要なし。「陽炎」型への改造は困難！
ハセガワ版……手間なりに化けてくれるが、新版発売で役割は終了！
フジミ版（艦NEXT）……凝っている場所もあるが船体は「陽炎」型。ディテールアップは難工事を覚悟！

新造時の駆逐艦「朝霜」。「夕雲」型は前の「陽炎」型と異なり、建造中に戦訓改正が次々と織り込まれて艦ごとに細部がかなり変化している。「朝霜」は「巻雲」と同じ藤永田製で写真のアングルもほぼ同じだが、細かく見比べると各所に違いがあるのがわかるだろう。後部魚雷発射管の横に運搬中の魚雷が見えている。（写真提供／大和ミュージアム）。

ピットロード版の調整
Pitroad kit

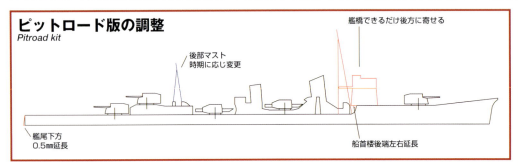

ハセガワ旧版の調整
（オプションX部品使用要領を含む）
Hasegawa old kit

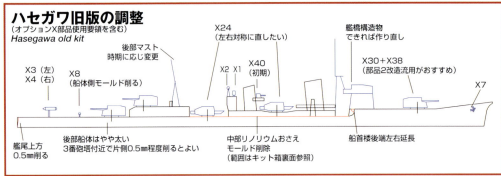

アオシマ「陽炎」からの改造
converting from Aoshima Kagero kit

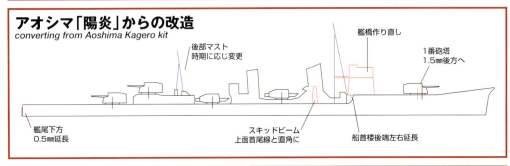

後部マスト mainmast
艦橋構造物 bridge structure

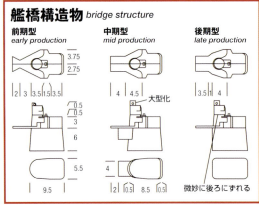

機銃座自作要領
MG platform

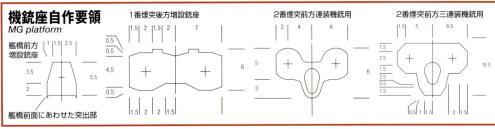

大戦末期の装備例「長波」1944 秋
Naganami in autumn 1944

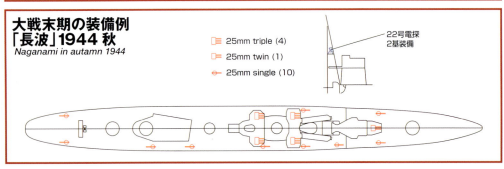

ピックアップ～駆逐艦「高波」

「夕雲」型6番艦で、浦賀船渠の建造第481番船として1942年8月31日竣工。初陣が南太平洋海戦で、そのあとトラックからショートランドへ進出、第三次ソロモン海戦では第二次ガダルカナル増援輸送船団の直衛として出撃するが、船団は壊滅し作戦は失敗に終る。このため所属する第2水雷戦隊は自ら補給物資をドラム缶に詰めて同島へ送る任務を実施することになり、11月30日夜、警戒隊として輸送部隊の前面に進出した本艦は出現した米艦隊の攻撃を一手に引き受け、反撃に転じた味方の大戦果と引き換えにわずか3ヵ月の艦命を閉じる。ルンガ沖の栄光の立役者「高波」の在りし日を伝える写真は、今のところ1枚も残っていない。

舷外電路
degaussing cable

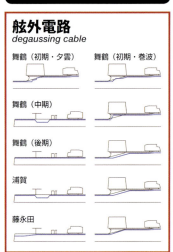

ハセガワ版砲塔の工作例
Hasegawa kit gun turret

ルンガ沖夜戦と田中少将

日本駆逐艦が活躍した戦いとしてまず挙げられるのが、1942年11月30日のルンガ沖夜戦だ。ガダルカナル島向け輸送の切り札として、ロープで数珠つなぎにした物資入りドラム缶を現場の海に落としてボートで引き取らせる戦術が考案され、旗艦「長波」ら第2水雷戦隊の駆逐艦8隻で第一次輸送を実施。これを察知した米側は巡洋艦5、駆逐艦6の圧倒的兵力で迎撃に向かったが、結果は日本側の「高波」沈没に対し重巡1沈没3大破という、惨憺たる返り討ちにあった。米巡洋艦の火力がレーダー管制上の欠陥からうまく機能しなかったのに対し、日本駆逐艦が早々と輸送任務を放棄して雷撃に専念したことが明暗を分けたのだった。日本側指揮官・田中頼三少将は非常に慎重な人物だったようで、第二次ソロモン海戦で旗艦「神通」が爆撃をうけ自身が一時意識を失うという経験をしてから、日本海軍の伝統とされていた指揮官先頭の陣形を避けるようになり、ドラム缶輸送を含め不条理な作戦に対する不満もはばからなかったことから、年末に内地の教育機関へ左遷されてしまう。しかしアメリカではルンガの大敗がよほどこたえたと見え、田中を高く買う傾向がある。

「夕雲」型

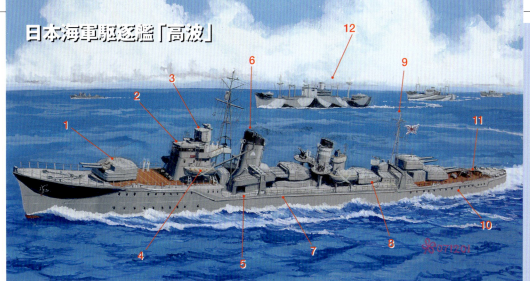

日本海軍駆逐艦「高波」

1　主砲塔／形式がD型となり、再び最大仰角が75度に上昇。ただし、初期艦の図面では50度となっている（P107参照）。リミッターがついていたという説もあるらしい。外見上の目立った違いはないが、従来1番砲塔だけに装着されていた外周の補強リブが全砲塔の共通装備となっている。1番砲塔は重心の都合か波浪対策か、「陽炎」型よりやや後ろに移動しており、「陽炎」型から改造する場合は取り入れておきたいポイント。ピットロード版は反映されているが、フジミ艦NEXTは「陽炎」型のまま。ハセガワ新版は「朝潮」型で触れた船首楼甲板の段差が「陽炎」型への改造を困難にしており、「夕雲」型だけで見ればまあそれでもやむをえないぐらいのポイントだが、実に惜しい。旧版は主砲塔と魚雷発射管の取り付けに関し「朝潮」型と同じ問題あり。

2　艦橋／見た目にもっとも大きな「陽炎」型との違いが艦橋の形状変更。基部が広げられ、逆に羅針艦橋は特型以来の特徴だった前半部の張り出しが廃止された。構造物前端基部の位置が同じなので、相対的には後ろに下がる。1番砲とは逆に、フジミ艦NEXTは反映、ピットロード版は不徹底で、前部マストも「陽炎」型と同じ位置にあるため、必ず直しておこう。この場合はキットのマストだと太すぎて邪魔になるため、作り直しが望ましい。また、43年中頃の竣工艦から電探室が外付けで追加され、最終的にはこれも艦橋構造の内部に組み込まれた形態になった。ハセガワ新版はこの3タイプを初めてキット化した。逆にアオシマ「陽炎」型から改造する場合は、艦橋構造物の自作が最大の難関。

3　射撃指揮装置／「陽炎」型より背の高い形式に更新。後期の建造艦では測距儀のフードが目立って大きくなっている。一説にはこの大型フードが高角射撃装置で、これを装備した艦が主砲仰角75度となっている可能性がある。

-4　カッターダビット／特有の形状のラッフィング式を採用しており、ディテールアップが難しい。なぜか取り付け位置も艦橋と同様に後ろへ下げられ、船首楼後端にわざわざ張り出しを設けられた。これを再現しているのもハセガワ新版のみ。

5　甲板／実艦図面によると当初「夕雲」からリノリウムの被覆範囲が「陽炎」型と少し異なっており、末期建造艦（早霜）では船首楼後端直後から後部構造物前端付近までの被覆を廃止している。ハセガワ新版でもここまでは対応していないが、実艦写真で確認できないので放置しても構わないだろう。ハセガワ版は前後端を除く全体にピッチの短いリノリウムおさえのモールドがあり、近年の商品では箱に改めて被覆範囲を示す対応を取っていた。

6　前部煙突／「夕雲」型の場合、写真が現存する艦は烹炊所煙突が全てH型で、「早霜」「清霜」はトップが前部煙突とほぼ同じ高さで明らかに低いが、他は大同小異（「風雲」の竣工時写真は背景と一緒に消されている可能性あり）。側面の1番連用機スキッドビームが上から見て「ハ」の字から左右一直線になった変更はハセガワ新版、ピットロード版は反映、フジミ艦NEXTは未対応。大戦期以降、「陽炎」型までの艦隊型駆逐艦が2番主砲塔を撤去した（第2098号訓令）のに対し、「夕雲」型は砲塔を撤去せず前部煙突後方に機銃座を追加。これは主砲の対空射撃能力との関連で、高角射撃装置のない初期建造艦は対象外とする説もあるらしい。フジミ艦NEXTの「風雲」は「夕雲」型規格の増設状態で、行動記録から見て実施の可能性は充分ある。また、増設銃座の形式はいくつかバリエーションがあり、ハセガワ新版には2タイプ、フジミ艦NEXTにはそれらとは別バージョンの支柱パーツが入っている。適宜利用したい。沈没時の「浜波」と思われる写真には後部煙突前の機銃座との間に通路が設けられており、再現してみるのも面白い。

7　舷外電路／「夕雲」型のパターンの傾向がはっきり出ている部分。写真資料がない船のディテールを稼ぐ上で貴重。ハセガワ新版のものは藤永田仕様となっており、当初は「夕雲」「早波」のみのラインナップだったが「朝霜」の発売が容易に予測できた。ディテールが優秀であり、他のパターンに替える場合もできれば全部削り落としてしまわず、変更部分だけを注意深く剥がして再利用し、不足分は艦尾など目立たない場所から移植するか、「朝霜」型を1隻新造時にして調達する（船体2隻入り商品があれば好機）などの対応を考えたい。フジミ艦NEXTの「陽炎」型のパターンは現時点で知られていない。なお、舷外電路は艦の外周を取り囲む電磁石のコイルであり、当然ながら本来は単なる鉢巻きではなく、電線の端がどこかで艦内に引き込まれている。「長波」の新造時写真は後部スキッドビームの直前に稜引き込み部がはっきり確認できる。1/700ではあまり気にする必要はないと思うが、ディテールアップや1/350模型の製作時には注意しておくといいだろう。

8　魚雷発射管／中期以降、魚雷を覆っている匙の下面前方に切り上がりがない寸胴タイプが出現。この変更は乙型や丁型でも見られるので随時チェックのこと。

9　マスト／前部マストがレーダーの設置と連動して変更されたのはよく目立つが、後部マストの変更は見落としがち。本型から後部マストのヤードが4方向に延びるX字型になり、各造船所の2番艦からはこれに加え、主柱がスキッドビームの前から真上に後退しており、前部マストが艦橋につられて後ろに下がった分をフォローするためと思われる。末期には13号電探を設置しているが、「清霜」は前部マストのトップに置いたらしい。

10　船体／「陽炎」型の艦尾を50cm延長。1/700では1mm未満だが、ピットロード版は延長されていない。凝りたい方は修整のこと。ハセガワ旧版は長さは正確だが、ほかのキットと比べると若干後部が太めのナスビ状体型なので少し削ってやるといい。フジミ艦NEXTは「陽炎」型の船体をそのまま流用しているので、当然長さも同一。「夕雲」と「風雲」に別

の部品を用意している（新造時と後期舷窓閉鎖状態）が、説明図に記載がない。成型色が分けてあるが違いはわずかなので、うっかり取り違えないよう注意。なお、アオシマの「陽炎」型は船体部品の深さが他より0.5mm大きいので、並べるときは注意。

11　後甲板／ハセガワ新版の「夕雲」型（と、そのパーツを流用した「朝潮」型）のキットでは、なぜか掃海具落下器（パラベーンを吊っている装置）が起立状態と格納状態の中間の位置にセットさせるようになっている。現実にこの状態のまま行動することはないので、その場に倒してしまうか、立てた状態にするか選びたい。大戦中期には陸揚げしており、爆雷投下台を投下軌条（用語としては投下軌道）に変更した後は片舷（ふつう左舷）のそれを延長することが多く、格納位置が干渉するので取りつけにくいこと。ハセガワ新版では後期艦の軌条延長が別パーツで再現。キットではリノリウム張りの後端までとなっているのに対し、「早霜」の図面や「浜波」の写真では爆雷投射機の直前まで（艦内への積込ハッチがある）で、「朝霜」の沈没前の写真でもそう見えなくもない。必ずしもどの艦も画一的に艤装しているとは限らないと思われるポイントなので厳密にこだわる必要はないと思うが、気になる方は延長されたし。なお、ハセガワは特殊な企画として、「キスカ撤退作戦」と銘打って「夕雲」「風雲」「朝霜」に艦尾の仮設舟艇架台と13m特型運貨船（中発）をつけたセットを作っている（同作戦に参加した「長波」は警戒隊）。追加部品はスロープ式のもので、艦によってはダビットを取りつけたとする説もあるが、1作戦限りの応急装備なのであまりこだわらなくてもよさそう。

12　輸送船団／「高波」はガダルカナル第二次増援輸送船団の先導艦として、輸送船11隻の先頭に配置された。最近、米軍機が撮影した船団1番船「長良丸」の沈没直前の写真があることがわかり、イラストもそれに基づいた迷彩を施している。「高波」を含め、ソロモン戦線の帰趨に大きな影響を及ぼした同船団の映像資料が今後も発掘されるかどうか興味深い。

1　1st turret sets slightly after than that of Kagero.
2　The position of the front end of bridge base is identical to that of Kagero.
3　The rangefinder hood on the top of fire control tower was enlarged in late production units.
4　Forecastle end deck was slightly extended.
5　Linoleum on upper deck was reduced in late units.
6　Yugumo class retained their 2nd turret toward the loss of Asashimo. additional triple MGs were fitted after fore funnel.
7　The way of degaussing cable clearly shows their builder.
8　There are variations to the tip of torpedo tube and its housing.
9　Mainmast was moved after from the second ship of each builder.
10　Stern was extended 50cm from Kagero.
11　The 2nd Guadalcanal assault convoy, led by Takanami.

ハセガワ新版の調整
Hasegawa New Tool

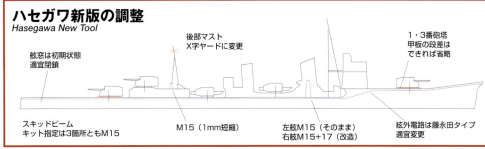

フジミ艦NEXT版の調整
Fujimi FUN-NEXT

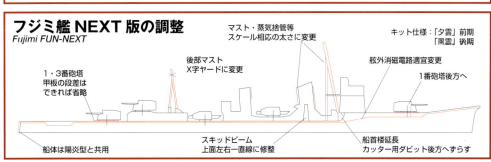

汽笛管と増設機銃座
Siren pipe and additional MG platform

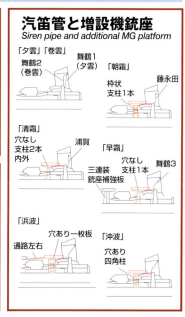

「夕雲」型

「夕雲」 Yugumo 1942
ピットロード版の素組。同社の標準的なモールドセンスを備えた商品で、「陽炎」型との目立つ相違点も大体おさえてある。無理に手を入れなくても充分通用する。

「巻雲」 Makigumo 1942
フジミの艦NEXT版をキットの指示通り組んだもの。ハセガワ版より後に発売されたライバルだが、考証的には中途半端でやや扱いづらい。塗装が苦手なビギナーモデラー向けと割り切ってもいい。

「風雲」 Kazagumo 1942
ハセガワのリニューアル版。あらゆる面でハイレベルにまとめられた傑作キットで、「陽炎」型への改造が難しいのが惜しい気さえする。マストを作り直す際は姉妹艦の違いに注意したい。

「高波」 Takanami 1942
ピットロード版を手直しした状態。艦橋位置の変更などが修整点だが、それほど大きな改造は必要ない。作例の状態が「夕雲」型のベーシックスタイルとなるので、是非おさえておきたい。

「夕雲」型

「浜波」 Hamanami 1943
ハセガワ旧版を手直しした状態。アップデートの手間はそれなりに大変だが、やり方次第で見違えるほど化ける。艦橋やマストなど、各艦に対応する特徴を把握しながら工作を進めよう。

「早波」（1） Hatanami 1943
ハセガワ旧版の素組。さすがにディテールは前時代的レベルだが、スケールモデルとしてかなり高いレベルのポテンシャルを持っている。実はお買い得品といえよう。

「早波」（2） Hayanami 1943
ハセガワ新版をディテール調整したもの。艦橋構造物や機銃座の形状など、基本的な変化はほぼおさえられているため、あまり考え込む工作がないのがいい。舷外電路の違いだけは自力で対処する必要がある。

「朝霜」 Asashimo 1945
アオシマ「陽炎」型から改造した作例。現在ではハセガワ新版のほうが手軽で考証レベルも高い作品を得られるが、主砲塔基部の段差表現はシルエットの重厚感を損ね、他の艦との兼ね合いにも悩まされる部分なので、いちおう改造の選択肢も頭の中には入れておきたい。

「秋月」型

駆逐艦「秋月」。1942年5月、試運転時（写真提供／大和ミュージアム）。

8門の長砲身高角砲を天にかざす雄姿。逸話も多く、日本艦艇の中でも屈指の人気を誇る「秋月」型駆逐艦は、空母部隊専用の護衛艦構想に魚雷を足して駆逐艦のカテゴリーに含めたものだが、これが功を奏してきわめて実用的な艦と評価された。終戦までの竣工は12隻にとどまったが、本来はこのレベルの艦を量産できなければ戦えないのが太平洋戦争だったと見ることもできる。ひと癖ある市販キットをうまくやりくりして、コレクションの中でも自慢できる一品にしたいものだ。

「秋月」型について

軍縮条約明け後の新艦隊構想第二段階にあたる1939年の計画で、空母機動部隊専用護衛艦のコンセプトが発生する。空母「大鳳」などとともに新開発の10㎝65口径高角砲を備え、在来艦を大幅にしのぐ対空戦能力が特徴。大柄で航続距離を重視し、若干低速ながら最終的に魚雷も搭載し乙型駆逐艦と称した。実戦では本来の空母直衛はもちろん、艦隊駆逐艦の不足から対艦戦闘にも投入。好成績を受けて戦時中も追加建造が実施されたが、竣工は合計12隻にとどまった。「秋月」型は太平洋戦争の艦隊作戦に最も適した日本駆逐艦であり、良い意味でも悪い意味でも日本の国力の限界というキーワードに結びつく兵器である。

キットについて

人気アイテムの「秋月」型はキットも多い。1/700で現在市場にあるのは主に4種類。アオシマ版は、フジミのウォーターラインシリーズ脱退による欠落補充のうち最も初期に開発されたアイテムの一つで、悪くはないが全般にそつがなさすぎといった印象。ピットロード版は高い品質を誇るものの、細部表現に特有のアクを持つ曲者でもある。フジミ版（特シリーズ）は総合的に他社を上回るが、バリエーション展開を考慮しておらず「秋月」「照月」の新造時しか製作できない。最新のフジミ艦NEXT版も「秋月」「初月」に特化しており、両者の相違点を含め「秋月」型をかなり入念に研究した様子がうかがわれ、マニアをもうならせる味を持つ一方、このシリーズ特有の微妙にスケールモデルの枠をはみ出したところもある。1/350や1/200の優秀作に対し「秋月」型の1/700キットはどれももう一つ押し切りがきかない印象で、モデラー側の賢い立ち回りが求められる。

なお、フジミは新版発売まで初代ウォーターライン版キットをシーウェイモデルのラインナップで販売しており、まだ地方の店頭では見かける可能性がある。安価ながらさすがに現在では使い道に乏しい。

製作

そういうわけで、コレクションモデリングの観点から見ると現行3社のどれを買っても相応の手を入れる必要がある。ピットロード版はとにかく癖の強い船体をどうにかしておきたい。甲板から上は考証にこだわらないならそのままでも構わないが、ディテールが細かい割に不正確だったり余分な模型的デザイン処理が入っていたりして、結局そこから先も大変。アオシマ版も艦首形状をはじめキットのほぼ全部に手を入れる必要があるが、おおもとの寸法やレイアウトは正確でピットロード版ともほぼ一致する。つまり、同じディテールアップをするなら両者の違いを均一化するように処理してやれば、コレクションとして併用できる見込みが充分あるわけだ。この場合、少なくともピットロード版だけで固めるよりコストを抑えられるのはもちろん、同キットで発生する優秀な余剰部品を使える点も魅力。うまくモノにするにはある程度のスキルが必要になるが、地道にいじっていけばそれに比例した結果が出るはずだ。

フジミ特シリーズ版は「陽炎」型と同じくかなり手の込んだキットで、そのままコレクション用として使うのは辛い。しかし他社製品ほど基本形状に目立つ癖がない強みもあり、やはりレイアウトの誤差もほとんどない。魚雷運搬軌条や爆雷関連などの変更を補う腕と、適当にディテールを間引くセンスがあれば、アオシマ版の代わりにピットロード版と組ませて姉妹艦を揃える策も見えてくる。艦NEXT版は特シリーズのディテール表現をさらに煮詰めていて考証的にも極めて魅力的だが、スケールモデルとしてはやはり模型的な気配を消すのが大変。マスト類などの作り直しは、ただ該当部品を交換するだけではなく接続する他部品の整形も必要で、ディテールをつぶさないように注意しながら甲板のリノリウム部分の部品境界を消す作業など、思った以上にあちこちで労力を要する。もちろんそれを乗り切れば、疑いなく現時点で最高級の「秋月」「初月」が得られるし、その上でそれを使って姉妹艦を揃える気力が沸いて出るようなら、仲間から称賛を受けられるだろう。ただ、「秋月」型はディテールから基本形状に至るまでバリエーションが多く、とりわけコレクションで必ず考慮しなければならないのが「涼月」の戦時改装で、フジミ特シリーズや艦NEXTのレベルのものを改造で得るのは並大抵のことではない。手に負えないと思ったら、他のキットを改造するための参考資料と割り切ってしまう考え方もあるのでは。

ストック等の都合でフジミ旧版のアップデートを考える方もおられるかもしれないが、これは甲板から上をほとんど作りなおすほどの膨大な手間がかかり、他からの部品調達や折り合わせもかなり難しく、意外と相手を選ぶ選択肢だ。全長も3mm不足。使うなら他社製品とは混ぜず、独自のバランスマネージメントで通してしまおう。もっとも、もう市場にはほとんど残っていないはずの貴重品なので、逆に素組でも人目を引くはず。

なお「秋月」型は大きく3つのサブタイプに分類されるが、「花月」が最後期型とされていた以前の説に疑念が持たれており、本稿では前期・後期の2タイプとして記述を進めることとする。

Akizuki class was newly developed anti-aircraft vessel for the purpose of carrier escort, being equipped with high performance 3.9in AA gun. Eventually they were classified to type B destroyer and greatly evaluated in real warfare, but mass production program achieved only 12 sisters in total because of industrial limitation.

「秋月」型

秋月型（乙型） Akizuki class (Type B)

- 設計番号　F 51（B-early）　F 53（B-late, B-mod）
- 基準排水量　2701トン
- 全長　134.2 m（1/700：191.7 mm）
- 水線幅　11.6 m（1/700：16.6 mm）
- 機関出力　5万2000馬力
- 速力　33ノット
- 兵装　10cm高角砲8門、61cm魚雷発射管4門、25mm機銃4門、爆雷投射機両舷用2基

艦名 name	建造所 builder	竣工 commissioned	終末 fate	グループ group	識別点 distinguish points 1	2	3	4	5	6	備考 note
秋月 Akizuki	舞鶴工廠	1942.6.13	1944.10.25戦没（航空機）	B-early	1	1	1	1	1	(2)	1
照月 Teruzuki	三菱長崎	1942.8.31	1942.12.12戦没（魚雷艇）	B-early	1	(1)	1	(1)	1	1	
涼月 Suzutsuki	三菱長崎	1942.12.29	終戦時残存	B-early	1	2	1	1	1	3	2
初月 Hatsuzuki	舞鶴工廠	1942.12.29	1944.12.25戦没（水上戦）	B-early	1	2	1	1	1	1	
新月 Niizuki	三菱長崎	1943.3.31	1943.7.5戦没（水上戦）	B-early	1	(2)	1	(1)	1	(2)	
若月 Wakatsuki	三菱長崎	1943.5.31	1944.11.11戦没（空母機）	B-early	1	(2)	1	(1)	1	2	
霜月 Shimotsuki	三菱長崎	1944.3.31	1944.11.25戦没（USS Cavalla）	B-early	1	(2)	1	(1)	1	2	1
冬月 Fuyuzuki	舞鶴工廠	1944.5.25	終戦時残存	B-late	1	3	2	3	2	(3)	
春月 Harutsuki	佐世保工廠	1944.12.28	終戦時残存	B-late	3	3	2	3	2	(3)	
宵月 Yoizuki	浦賀船渠	1945.1.31	終戦時残存	B-late	2	3	2	2	2	(3)	
夏月 Natsuzuki	佐世保工廠	1945.4.8	終戦時残存	B-late	3	3	2	2	2	(3)	
花月 Hanazuki	舞鶴工廠	1944.12.26	終戦時残存	B-mod	2	3	2	2	2	(3)	3

建造中止：「満月」「清月」「大月」「葉月」「山月」「浦月」「青雲」「紅雲」「春雲」「天雲」「八重雲」「冬雲」「雪雲」「沖津風」「霜風」「朝東風」「大風」「東風」「西風」「南風」「北風」「早風」「夏風」「冬風」「初秋」「初秋」「早春」。「北風」以降は機関部を変更した別設計の予定。

注：「照月」「新月」「若月」「霜月」は写真現存せず。識別点のうち推測を括弧で示す。

備考
1 「秋月」1943年被雷損傷後「霜月」の艦首を接続、「霜月」は艦首新造（外見相違なし？）
2 「涼月」1944年被雷損傷後簡易艦首・艦橋（乙型改規格？）を装着
3 「花月」計画上は乙型改（計画番号Ｆ54？）だが外見上特に相違はない

識別表

識別1	艦橋	1：基本形（電探室追加例あり）　2：簡易設計　3：拡大（「春月」「夏月」で形状相違）
識別2	前部マスト	1：電探なし　2：電探装備（初期艦は電探なしマストのみ対応で竣工）　3：電探装備一部改正
識別3	船首楼後部ガンネル	1：曲面　2：平面
識別4	煙突	1：お椀型給気筒　2：簡易型給気筒　3：同左（蒸気捨管左右逆）
識別5	後部甲板室	1：長い　2：短い
識別6	爆雷投下軌条	1：延長なし（早期戦没）　2：左舷側延長　3：右舷側延長

工作のワンポイントアドバイス

フジミ新版……ディテールは適当に差し引いてしまえ。余力があれば船首楼形状を修整！
フジミ旧版……役目を終えたキットなので気軽に工作。前部マストは直したい！
フジミ艦NEXT版……ディテール調整の難易度は高い。克服すれば最高レベルの作品が手に入る！
アオシマ版……カスタマイズにこだわる方向。主要パーツのエッジ出しからスタート！
ピットロード版……ポテンシャルは高い。癖の強い船首楼と舷側モールドを修整しておこう！

駆逐艦「夏月」。乙型最後の竣工艦で、13号電探2基装備、舷窓の削減といった戦訓改正に加え、おわん状の給気装置を廃止した煙突や折れ線状の京炊所煙突など工作簡易化の跡も見られる。この写真ではなぜか機銃が単装だけで、三連装を積んでいない（写真提供／大和ミュージアム）。

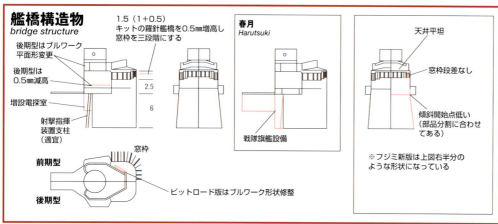

ピックアップ～駆逐艦「若月」

「秋月」型6番艦として1943年5月竣工。防空駆逐艦の代名詞ともいえる第61駆逐隊に所属し、同年11月2日のブーゲンヴィル沖夜戦が初陣。1944年は空母機動部隊に随伴しマリアナ・レイテの2大作戦を経験、それぞれの旗艦「大鳳」「瑞鶴」の最期を看取り生存者を救助した。しかし内地に戻った「若月」はただちにフィリピンへ舞い戻り、多号第四次船団を護衛してオルモックに突入。なんとか「金華丸」を脱出させたが、帰途に後発となった第三次船団と出会うと自らは再びこれとともに反転、ついに還らぬ艦となった。死にとりつかれた悲運の1隻である。

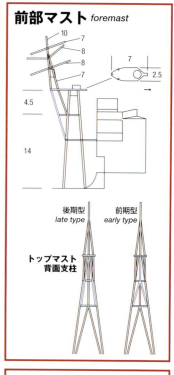

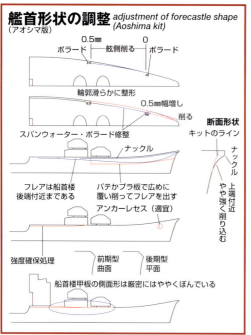

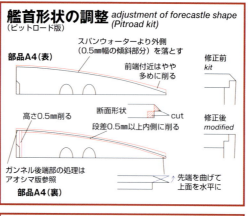

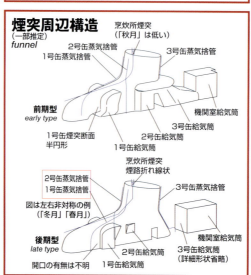

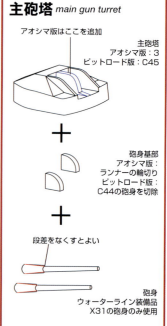

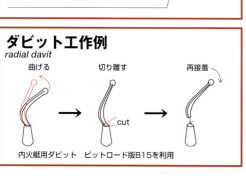

日本海軍駆逐艦「若月」

1 船首楼／1/700「秋月」型の鬼門。本型の船首楼はもともと非常に複雑な形をしており、「千鳥」型のように1番砲塔の位置が一番低く、艦橋構造物にかけて盛り上がりながらそのぶんガンネルに丸み（後期艦では平らな斜面）がつく。この点はフジミ新版でも再現されていない。それを別としても、このキットはわざわざ舷側の一部を切り欠いて錨見台（艦首左右の折り畳み式台枠）や投鉛台（2番砲塔右舷にある水深測定用のおもりを投げる台）のような些細な装備を造形しており、若干やりすぎ感あり。艦NEXT版はそれらを削除しており、スパンウォーターのモールドが強くてやわからりにくいのだが、よく見るとシアーラインに配慮しているようだ。フジミ旧版はフレアがいいがシアーはややゆるく、素の状態では良好ながら修整はほとんど無理。アオシマ版はその逆で、キットは格好良くないが見込みはある。ピットロード版はシアーもフレアもまずまずだが、なぜか船首楼全体がタートルバック状に盛り上がっている。フジミ新版とピットロード版は甲板が別部品なので修整もいちおう可能だが、艦橋前の坂までは欲張らないのが無難だろう。ちなみに、アオシマ版の極初期生産品は初期型の舷窓が全て入っているモールドがなく、万一手に入れれば少し仕事が楽。
2 舷側／ピットロード版のSFチックなラインモールドは埋めてしまう方がいいだろう。できればアンカーレスの形状も直しておきたい。ピットロード版とアオシマ版を併用する場合、舷窓のある前者を大戦前期版、舷窓がないアオシマ版を後期版に使うといい。舷外電路はバリエーションあり。
3 艦橋／在来駆逐艦と同じ3階建てながら、羅針艦橋の下（無電室）の天井が高く前半分が3.5階になっている独特の構造。エッチングパーツ派にはやや手に余る

かもしれないが、羅針艦橋窓枠の段差まで再現すると、いかにも背負式の前部砲群越しに前を覗き込もうとしているような実艦らしい雰囲気がぐっと増すはず。アオシマ版・ピットロード版とも基部の部品を前後に割っているため、仮組をしっかりして構造物が左右どちらかに傾いてしまわないように。またピットロード版は船首楼甲板下面が高いぶん若干背が低く、両者をリンクさせた修整が必要。フジミ新版は細密度の割に艦橋構造物の形状表現に弱みがあり、羅針艦橋天井の傾斜がないことと、部品分割のまずさから構造物左右の裾の広がりが実艦より低い位置から始まっているのが難点。ただし後ろには出ている高射指揮装置の脚は再現されており、自作では精度確保が難しいものの、他のキットでもできれば追加したい。艦NEXT版はきちんと形状を見直したうえ、スライド金型を用いて造形されている。ただし、艦橋構造物は艦による違いが多い。とりわけ「涼月」の再生簡易艦橋は改造では無理で、艦NEXTを軸に据える場合は唯一市販されているピットロード版のディテールアップや自作でそれに近いグレードのものを得られるかを検討しておきたい。
4 マスト／原計画の三脚（腋密には四脚）前部マストで竣工したのは「秋月」「照月」だけで、以後の艦はレーダー対応型。最初のうちは未装備で竣工し、その後21号レーダーを全艦搭載したが、レイテ沖海戦のあと22号＋13号に変更され、「春月」からこの状態で竣工しそう。後部マストはだいたい全艦共通で、後期には2基目の13号を設置。
5 艦載艇／「秋月」はカッター・内火艇とも9m。「初月」はなぜか左舷側のカッターだけ8mにかわっており、さすがのフジミ艦NEXTも見落としている。「冬月」の

図面ではカッター7m、内火艇8mで両者の位置関係が前後入れ替わっているが、実艦写真を見るとやはりカッターが前で、そのサイズも従来言われていた8mが正しいように思える。アオシマ版は全て共用ランナーの7m型で代用しており、後期仕様で作るなら大目に見てもいい誤差だが、前期型は交換したいし、少なくとも内火艇のダビットは変更したい。また具体的なダビットの取り付け位置が全く指示されておらず、滑り止めのモールドの上に直付けすると強度が確保できない。面倒でもきちんと寸法を取って、該当位置の滑り止めを落としてから接着したい。このひと手間は煙突など他の部品にも有効。8m内火艇は7.5m型で代用するといい。フジミ新版は、なぜかカッターダビットが1隻につき展開状態と収納状態の各1組。展開状態のラッフィング式ダビットは極めて珍しいので、他社製品と取り換えてここぞというときのためにストックしておいてもよさそう。艦NEXTの「秋月」最終時は、資料に基づき内火艇1隻を除く搭載艇3隻を陸揚げしている状況を紹介している。ダビットの取付穴に直接増設銃座を取りつける指示はもちろん、機銃の数自体も明確ではならない。
6 煙突／アオシマ版とピットロード版でかなり形状が違うので、並べるならある程度近づけておきたい。給気装置など下半分はどちらのキット、サブタイプも大なり小なり手を入れる余地がある。ただ資料面で万全を期し難く、適当に妥協してもいいだろう。ピットロード版とフジミ新版を併用する場合、新造時しかない後者を前期仕様に持っていきたくなるが、前者の煙突状の修整が難しいことを考えると、あえて後期仕様にコンバートするほうが良策。幸い煙突や船部構造物が丸ごと別部品になっていて、充分対応できる。艦

NEXT版は蒸気捨管の取り回しまでこだわっているが、そのパーツ自体素組でも取りつけが難しく、作り直す場合は煙突にあるかなり大きい取付穴をふさぐ必要がある。
7 後部構造物／後期型は前半分がなく、フジミ旧版は予備魚雷格納庫の上面が傾いている点も合わせ難所。後部高射装置は生産不足のため搭載されず、初期艦はなぜかカバーだけを乗せていたが、最終的には銃座となる。なお、フジミ艦NEXTの「初月」には、「秋月」にない後部構造物と魚雷発射管の間の魚雷運搬軌条が再現されている。
8 主砲／10cm65口径。艦隊駆逐艦と異なり左右一体俯仰式なので注意。アオシマ版はやや砲身が太短く、付け根に実艦では確認されていない防水布がついている。ピットロード版の砲身は先端までテーパーのない一本棒で、部品精度が甘く断面が楕円気味。できればどちらも直しておきたい。代用砲身はウォーターライン小型艦用武装ランナーの潜水艦用主砲が入手しやすく手頃。砲身まで手を入れないとしても、砲塔の部品はしっかりエッジ出ししてやろう。フジミ艦NEXT版は再び砲身先端に穴を開けている。
9 艦尾／いちおう本艦は空母の護衛ということで、対潜装備も重視して爆雷投射機を2組持つ。ピットロード版は艦尾まわりの再現に熱いで、初期の爆雷投下台装備時、後期の投下軌条装備時のほか、リノリウム張りの面積が狭い「涼月」後期状態の専用バージョンまで存在する。ただし他艦の状況が確認されていないため、無理にこだわる必要はないだろう。また、爆雷投下軌条は左舷側が延長されている艦もあり、このパターンのキットはないので修整が必要。
10 煙幕／多号作戦で護衛陣がしばしば使った戦術。第二次輸送では揚陸作業中の輸送船の損失を4隻中1隻におさえる威力を発揮したが、第三次ではほとんど効果がなかった。

1 All kits, Fujimi, Aoshima and Pitroad have problem in bow shape.
2 Over-molded panel line of Pitroad kit have to be eliminated.
3 Bridge structure consists of 3 floors but the radio room is much higher in height than others to look forward over superposed gun turrets from compass bridge on the room.
4 All except Akizuki and Teruzuki were completed with fore mast having radar platform.
5 Late productions were equipped with 8 meter boats instead of 9 meter for early ver.
6 Boiler ventilation system was much altered in late version.
7 Because of production delay the second AA director on the after superstructure was never installed and only the cover was put before replaced additional triple MG mount.
8 65 caliber 10 cm AA gun, twin simultaneous elevation mount.
9 Port or starboard DC truck was extended to the side of DC throwers in the late war configuration.
10 Smoke screen to protect transports from air raid.

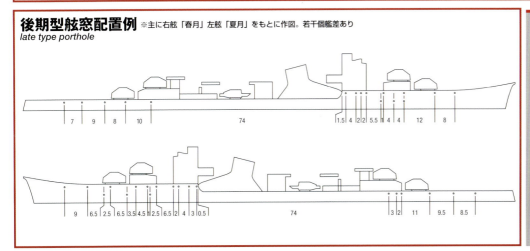

舷外電路導設例 degaussing cable

秋月 Akizuki
初月 Hatsuzuki
冬月 Fuyuzuki
春月 Harutsuki / 夏月 Natsuzuki

後期型舷窓配置例 late type porthole
※主に右舷「春月」左舷「夏月」をもとに作図。若干個艦差あり

乙型「駆逐艦」の実力は？

「秋月」型の駆逐艦としての実力を推し量る上で決定的な要素となるのが、長10cm高角砲の対艦戦における評価だ。日本駆逐艦の標準火砲である12.7cm砲と比べると、射程1万9500mはほぼ同じ（＋1200m）だが、砲弾重量13kgは約半分（－10.5kg）、発射速度15発／分が1.5倍（＋5発。ただし揚弾装置の仕様値で対比）とはっきりした違いがある。比較的砲戦距離が大きい昼間に同等の装甲を有する艦同士が戦うと、まず口径の大きいほうが勝つかセオリーだ。しかし夜戦では距離が詰まりやすく、装甲のない駆逐艦同士なら手数が多い方が有利、よしんば大型艦でも非装甲部分への打撃で相当な嫌がらせになるとされる。乙型が実戦で敵艦と撃ち合ったのはいずれも後者だが、意外とその具体的成果はあまり検証されていないようだ。

「秋月」(1) *Akizuki 1942*

フジミ新版を一部修整したもの。「秋月」は同社が大型艦キットで推し進めてきた超絶ディテール志向を駆逐艦に持ち込んだ1作目で、実際の模型のサイズを無視して全く同じデザインプラクティスを使ったため、余計に過剰表現が目立つ作品となっている。現代のＣＡＤ設計ならではの現象だ。一品物としての完成度を評価する場合でも、考証や造形の面で問題がないかどうか一通りチェックしておこう。

「秋月」(2) *Akizuki 1944*

フジミのシーウェイモデルシリーズ旧版でたまに出るエッチングパーツ同梱バージョンの一つを応用した作例。このキットの弱点であるマストと単装機銃がエッチングパーツに入っており、これに各所から新しい装備品を調達してアップグレードすれば、比較的手軽にそこそこのレベルまで持っていくことができる。定価も700円とお得。地方の店頭ではまだ残っているかもしれないので、興味のある方はチェックしてみよう。

「秋月」(3) *Akizuki 1944*

フジミの艦NEXT版。プラ部品は素組で、シールを用いず塗装してある。同じフジミでも特シリーズとは別物で、ディテール表現が異なり、「初月」との相違点にもこだわっている。マスト類などスナップフィットに対応したデフォルメや、リノリウムなど成型色の変更に伴う新たな部品分割線が目立つ部分を調整してやるといい。

「照月」 *Teruzuki 1942*

ピットロード版の素組。同社版で新造時を作る場合は、艦尾モールドが初期状態となっている本艦のキットを使うこと。不自然な形状の船首楼やオーバーモールドの舷側は他の同社製品にも見られない独特の欠点で、これらを直すだけでも大きな効果が期待できる。やはりモールドの手数が持ち味だが、アオシマ版と並べる場合は多少ディテールを間引いてもいい。本艦を含む三菱長崎製は、5隻の大所帯ながら試運転写真がなく、考証面の大問題となっている。

「秋月」型

「涼月」 Suzutsuki 1945

ピットロード版を使い艦首形状を含む修整を施した「天一号作戦」時の状態。このキットは損傷修理の際に装着した角型艦橋や特有の艦尾甲板を再現しているが、簡易型艦首は形状を決定できる資料が乏しく、現行のキットでこれに対応したものはない。特に天一号メンバーとしてコレクションのグレードに格段の差が出るので、できれば挑戦したい。

「霜月」 Shimotsuki 1944

フジミ旧版。元来ウォーターラインシリーズとして出された商品で、突拍子もない前部マストのデフォルメは名物。発売当時はまずまずの評価で、アオシマ版やピットロード版が出ても船体形状からこのキットを支持するファンがいたが、さすがにフジミ自身の新版登場で引退となる。

「冬月」 Fuyuzuki 1944

アオシマ版の素組。ディテールの再現度や部品のシャープさが今一つで、作り手の味付けに依存するところが大きい。ただクラス自体の人気もあって、これまで同社はレギュラー版とエッチングパーツ付きのスーパーディテール版を合わせると姉妹艦の半数以上の艦名でキットを出しており、市場の流通量が多く比較的入手しやすい。コレクションの状況によってはうまく利用しよう。

「春月」 Harutsuki 1945

アオシマ版を使用した姉妹艦製作例。うまく手をかけてやればピットロード版と並べても遜色ない模型になる。作例のリノリウムおさえと艦首スパンウォーターの修整分は、けがき線の上にのばしランナーを張り付けたもの。本艦以降の4隻は完成が遅すぎて戦歴に恵まれないものの、戦後まで残ったため写真資料が多いのが好材料。「春月」を作って防空駆逐艦と海防艦の異色タッグである第103戦隊を再現するのも面白い。

「島風」型

駆逐艦「島風」。1943年5月、試運転時（写真提供／大和ミュージアム）。

　二代目「島風」は世界的におくれを取っていた機関部の強化に重点を置いた実験艦で、期待通り日本駆逐艦の最高速度レコードホルダーの座を獲得。ゆくゆくは甲型の後継として量産されるはずだったが、これは実現しなかった。日本駆逐艦史上究極の贅沢品といった面もあるとはいえ、やはりハイパフォーマンスの一品物にはカリスマ性が備わるもの。肩書とそれにふさわしいスマートなスタイルでモデラーを強く引き付ける。

「島風」型について

　もともと日本海軍では駆逐艦の速力について、敵戦艦の10ノット以上が望ましいと考えていた。従来アメリカの戦艦は低速重防御の方針をとっていたが、軍縮条約後の新造艦が高速化に転じるとの情報を得ると、世界的には平凡な甲型の速力では問題が生じ、より高速な次世代標準駆逐艦の研究が必要となった。1943年に1隻だけ完成した実験艦は、それまで日本海軍の速度記録を持っていた「島風」の名を継ぎ、23年ぶりの記録更新を果たした。しかし、高性能のために必要な大出力機関とそれをおさめる従来艦より一回り大きい船体は、当時の日本海軍にとっては持て余す存在であり、姉妹艦は建造されなかった。「島風」は先端技術力と基礎工業力の両面で当時の日本の国力レベルを端的に示した艦だが、現実的にその性能が真価を発揮する場面を得られず、量産中止を正当と評せざるをえない点に同艦の悲哀がある。

キットについて

　ウォーターラインシリーズではタミヤが担当。シリーズ初期メンバーの駆逐艦では抜きん出て秀逸な完成度を誇り、リニューアルに伴う引退を惜しまれる名作だった。2015年、長らく自社ラインナップに「島風」を欠いていたピットロードが満を持して1/700キットを発売。その直後にフジミとハセガワが1/350を出し、島風フィーバーの様相を呈したが、2017年夏にタミヤもようやくリニューアル版を発売した。

　ピットロード版は従来キットとは全く異なるディテール表現の商品で、基本パーツにスライド金型を用いており、アウトラインがあっという間に出来上がる。あとは同社の細密な新装備品セットをとりつけるだけ。それと比べるとやや基本パーツのモールドが甘めだが、手慣れたモデラーほど組みやすいと感じるはずで、新造時と最終時の2通りあるのもありがたい。タミヤ新版は旧版と同じ最終時のみで、他では見られない巧妙に考え抜かれた部品構成が特徴。ディテールに無理をせず、専用パーツだけで構成されているためトータルバランスはピットロード版より優れている。あまり定石やトレンドの雰囲気がなく、このキット自体をいかに合理的できれいに組みあげるかに徹した感じ。ある意味、艦船模型ではアイテム数を絞る傾向が強いタミヤらしく、プラモデルとして非常に固有色の強い商品という印象が強い。

製作

　基本的に「島風」の武装パターンは新造時と最終時の2通りしかなく、キットの完成度はピットロード版、タミヤ新版ともかなり高いので、難しい改造はほぼ必要ないし、タミヤ新版を新造時に改造するのも嗜好の問題で必然性はない。何といっても姉妹艦がないワンオフ物なので、他社キットと組ませて艦隊編成をするためのすり合わせのような工作が一切必要ない。前の「秋月」型とは対極的なモデリングといっていいだろう。しかし、せっかくの高性能艦で複数のキットがあるのに、1隻しか並べられないのではもったいない。架空艦を設定して駆逐隊を組ませ、日本海軍の夢を具現化するのもまたモデラーの特権だ。

Type C destroyer was planned to obtain enough superiority in speed to US battleships. Although the first ship Shimakaze successfully achieved the highest speed of Japanese destroyer, IJN had already lost the opportunity to put it in mass-production and demonstrate her superiority of character.

高速駆逐艦

　もちろん船も速いに越したことはないが、車や飛行機ほどうまくいかないのが水に浮かぶ者の宿命。水の推進抵抗は速度の3乗に比例するため、高速を出すには膨大な機関出力を要し、開発コストや技術力の問題から船に対する所要スペース、燃費、信頼性まで様々なファクターとの繊細な兼ね合いをとらなければならない。しかしそのぶん、船の世界ではわずかな速度差が大きなアドバンテージと見なされるのも事実。人の歩行速度の差が海軍軍備の根幹にかかわる世界なのだ。

　駆逐艦の速度記録は1935年の仏大型駆逐艦「ル・テリブル」がたたき出した45.02ノット。次いでソ連がイタリアに注文した「タシケント」の44.2ノット、仏「ヴォルタ」の43.8ノットなどとなり、上位は軒並みフランスとイタリアが占める。これらと比べると「島風」は大したことがないように見えるが、仏伊の艦は地中海での運用を前提として作られているため船体構造が軽く、試運転は武装未搭載、燃料なども少ししか積まず、エンジンにも過負荷をかけてひたすら記録狙いの走り方をした結果の数字である点に注意する必要がある。イギリスは逆の傾向があり、戦時建造艦の試運転は満載状態でせいぜい32ノット程度しか出していないが、戦前ポーランドの注文で建造した「グロム」は39.3ノットとしっかり数字を出している。

　ドイツはタービン機関の効率化につながる高温高圧缶の開発には熱心だったものの、その割には艦の性能アップにつながらず、信頼性不足のデメリットが問題視された。戦時中にはディーゼル機関8基搭載7万6000馬力というお化け駆逐艦の開発にまで手を染めている。高性能機関の開発ではアメリカがこれに追従するが、遠洋作戦能力が必須だったため過度の速力偏重はせず、性能と信頼性の間で綱引きを続けていた感がある。

　「島風」は姉妹艦が建造されず、実験的要素が強いものの、あくまで丙型という実用艦の1番艦という扱いだった。「タシケント」は計画上5隻建造することになっていたが、国産の2隻目以降（未完成）は別設計で結果的に一品物となっている。一方、ソ連には最初から1隻だけ計画された速力試験用駆逐艦があった。その名も「オプイトヌイ（試験用）」といい、速力42ノットを狙った中型艦だが、振動などの問題から実用艦としては使い物にならなかったようだ。

「島風」型

島風型（丙型） Shimakaze class (Type C)	設計番号	F 52
	基準排水量	2567 トン
	全長	129.5 m（1／700：185 mm）
	水線幅	11.2 m（1／700：16 mm）
	機関出力	7万5000馬力
	速力	39 ノット
	兵装	12.7cm砲6門、61cm魚雷発射管15門、25mm機銃4門、13mm機銃2門、爆雷投射機両舷用1基

艦名 name	建造所 builder	竣工 commissioned	終末 fate
島風 Shimakaze	舞鶴工廠	1943.5.10	1944.11.11戦没（空母機）

工作のワンポイントアドバイス
タミヤ新版……期待通りの高い完成度。部品構成など模型としての味わいも楽しもう！
タミヤ旧版……引退が惜しい名作。ディテールのアップデートで充分！
ピットロード版・・・タミヤ版に全く遜色なし。新造時もあるぞ！

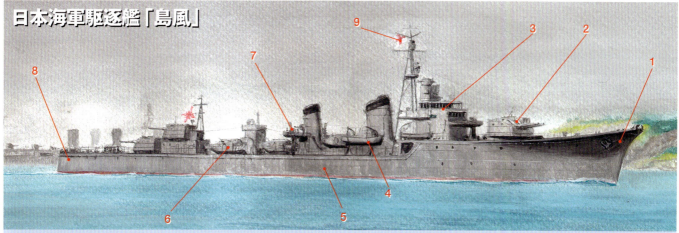

日本海軍駆逐艦「島風」

1　艦首／従来艦より段違いに大きいフレアを持つクリッパーバウ。「島風」のビジュアルといえば断然、他艦とは全く違う迫力満点のウェーキを蹴立てて疾走する全力試運転時の写真にとどめを刺す。日本海軍ではずっと前に連繋機雷をやめたのに、万一のときロープの上を乗り切って機雷に引っかからないようにした側面形の丸い艦首水線下のデザインを「夕雲」「秋月（前期）」型まで続けていた。「島風」ではようやくこれを廃止し、速力発揮を優先した形状を採用した。タミヤ新版で最も気になるのは、右舷艦首下部に左右舷側部品の合わせ目が出る点。ラインモールドがかぶさるので修整には気を使うが、頑張って消しておきたい。ピットロード版はタミヤ版より心持ち艦首が太いが、気にするほどでもない。

2　主砲／主砲関連は射撃指揮装置を含め「夕雲」型と同一。同型中期以降で採用された大型測距儀フードを装着。公式図面でも主砲の仰角は75度となっている。

3　艦橋構造物／日本駆逐艦で唯一、羅針艦橋に遮風板を装備。設計段階から組み込まれており、これは艦橋構造物背面の新造時の操作室正面は直下の操舵室が70cm後ろに下がっている。タミヤ版の艦橋構造物は前部煙突と一体成型で、上甲板から船首楼甲板を貫通して取りつけるという独特の部品構成。前部マストの22号レーダーの直下に操作室を置いており、これは艦橋構造物背面の新造時の操作室が水雷戦隊旗艦設備に転用されたという説の関係らしい。

4　搭載艇／7mカッターと8m内火艇。後者は7.5m型を大きくしたような形状で、ピットロード版は装備品セットの当該部品で代用している。

5　機関部／出力は甲型の1.5倍弱、初代「島風」の2倍弱。計画速力は「峯風」型と同じで、最大値を出した「島風」の40.7ノットを0.2ノット更新した。ただし本艦は特例で試運転時の燃料搭載量を従来の3分の2ではなく2分の1としており、やや数字遊びの感がある（初代「島風」の記録は3分の1搭載で出したともいう）。そのかわり機関の信頼性は確保していたようで、「峯風」型の頃はタービンに初期トラブルが多く悩まされたが、新「島風」では取り立てて問題はなかったといわれる。興味深いのは、燃料搭載量が甲型より6%しか違わない（600トン対635トン）のに、航続距離のカタログデータが20%も増えていること（18ノット5000カイリから6000カイリ）。実際の効率改善もあったのだろうが、機関部の設計スタッフがやたらとマージンをとりたがる傾向があり、甲型の実測値も6000カイリ程度に達したらしいので、より現実的な計算値をとった可能性がある。

6　魚雷発射管／五連装の零式発射管3基。駆逐艦はやはり一発勝負が本分と思ったか、次発装填装置を廃止した。当初は七連装2基を考えたが、緊急時の手動旋回ができないとの理由で変更。図面では魚雷運搬軌条の各発射管の斜め後方に「魚雷装填軌道」という円弧状のレールが描かれており、現時点でこれを再現したのはフジミの1/350だけ。自前で追加するのはかなり面倒だが、目新しいのでP.107の図面を参考に試してみては。

6　機銃座／「島風」の機銃は大戦中期の訓令装備が新造時のスペックデータとなっており、中部の25mm連装2基と艦橋前の13mm連装1基だった。後期には特型と同じく2・3番連管間に機銃座を増設。左右非対称だが詳細図面はなく、実施写真と福井資料の略図も必ずしも合致しないため、各社が独自の判断で形状を決めている。タミヤ新版は側面支柱が船体舷側部品と一体成型されており、その先がゲートでランナーとつながっている。珍しいアレンジなのでうっかりゲートと一緒にカットしてしまわないよう注意。

7　艦尾／最初から掃海具を持たず、両舷式掃雷投射機1基と投下台6基だけのあっさりした装備。投射機は最後まで追加しなかったが、投下台は軌条に変更した。これも実情ははっきりせず、左右ともロングタイプとする資料もあるが写真でははっきりせず、タミヤは両方やや短め、ピットロードは右舷のみロング（1/350のフジミは両方ロング、ハセガワは未改正）と表現が割れている。

8　司令旗／「島風」は姉妹艦なしで設計も特異なため駆逐隊には編入されなかったが、司令駆逐艦になったことはある。キスカ撤退作戦に同艦は兵員収容をしない警戒隊として参加したが、指揮をとる第21駆逐隊の「若葉」「初霜」が第二次往路の衝突事故の影響でそれぞれ反転帰投、随伴給油艦（「日本丸」）の護衛に任務変更されたため、臨時措置として司令だけが「島風」に移乗した。

1 Typical clipper bow.
2 Main armament and director were identical to Yugumo.
3 Wind screen device was fitted to navigation bridge as only instance in Japanese destroyer.
4 7m cutter and 8m motor boat were shipped.
5 Her trial displacement was set lighter than normal Japanese standard.
6 Quintuple torpedo tubes without spare loader.
7 Additional MG platform between 2nd and 3rd tube was asymmetric.
8 Mine sweeping device had not been fitted.
9 Though Shimakaze was not assigned with DesDiv 21, commander got aboard her during final evacuation try to Kiska.

艦名考2

日本の艦隊型駆逐艦の最高峰で優秀なキットが揃っている「島風」は、何隻も作ってみたいというファンも多いと思う。実際の丙型駆逐艦は一時期16隻建造するプランがあったが、甲型に差し替えられて実現せず、艦名の選定もされなかったと考えられている。架空艦隊として最も現実的な理由づけはこの16隻を作ることで、その場合、艦名は差し替えが起こらなかったとし、甲型の予定名（「夕雲」型：P.85参照）を流用するのが手っ取り早いが、安直でどこか気が引けるし、それはそれで「夕雲」型として使いたい。しかし、新しい名前を16もひねり出すのは大変だ。実際は模型を16隻作るのも大変で、1番艦の「島風」があぶれてしまうという問題もあるのだ。2番艦の有力候補はやはり「灘風」で、少なくとも駆逐隊ごとにモチーフは揃えたいが、風は乙型にあてられているため残りの2隻が難しい。「竜巻」などの変化球か、別の半端物を入れておこう。以下、候補としてもっとも使いやすいのは海上自衛隊で初登場するもの（「松雪」「瀬戸潮」など）。数は限られるが、明治期のみ使われ二代目が出なかったもの（「山彦」「霓」など）もある。それらを含め、いくつか考えられるものをあげてみた。多少突飛なものも含むが、「三日月」や「夕暮」などと同じでしばらくすると慣れてくる。

風……「竜巻」「木枯（こがらし）」
光……「光」「洸（ほのか）」「霓（にじ）」「輝（かがやき）」「煌（きらめき）」「朝焼（あさやけ）」「夕映（ゆうばえ）」
音……「轟（とどろき）」「山彦」「海鳴」「谺（こだま）」「静（しずか）」「潮騒（しおさい）」
水……「静」「峯雪」「浜雪」「野辺雪」「風花（かざはな）」「霙（みぞれ）」「霧雨」「朝靄（あさもや）」
潮……「渦風」「夕潮」「瀬戸潮」「八重潮」
その他……「白妙（しらたえ）」「小春日」「蘖（ひこばえ）」

ピックアップ〜駆逐艦「島風」

本艦も駆逐艦建造の指導的位置にあった舞鶴工廠で建造され、1943年5月竣工。編成上は第11水雷戦隊、間もなく第2水雷戦隊に編入されていたが、実際は竣工後すぐ輸送任務で北方戦域へ向かい、そのまま第1水雷戦隊指揮下でキスカ撤退作戦に参加。濃霧の中のわずかな切れ間にのぞく島影を敵艦と間違い雷撃をするヘマをしたが、作戦は無事成功した。以後もっぱら後方での護衛任務につき、ようやく参加したマリアナ沖海戦でも大きな出番は得られず、レイテ沖海戦では敵艦を目前にしながら雷撃の機会を得られなかった。しかし帰途に敵機の攻撃で旗艦「能代」を失った第2水雷戦隊司令官・早川幹夫少将は、陸軍輸送船団を護衛して再びレイテへ向かうため「島風」を新たな旗艦に指定。悪天候にまぎれてマニラを出た多号第三次船団だったが、目的地オルモックを前に天気は好転、低速の輸送船を背に動きのままならない狭水路で米空母機の人編隊を迎え撃つという、「島風」にとってこれ以上ないほど残酷な死地が待っていた。被弾のため早川少将は戦死、航行不能となった「島風」は唯一生き残った「朝霜」を脱出させたあと、夕刻ついに姿を没した。

「島風」（1） *Shimakaze 1944*

タミヤ旧版の素組。現在の他社の最新キットにも遜色ない舷外電路などの細部表現力や各部品の切れ味は、とても発売後40年を思わせない。さすがに近年の生産品では艦首側面などヒケが目立つところも見られるので補っておこう。

「島風」（2） *Shimakaze 1944*

タミヤ新版をキット仕様で素組したもの。タミヤ特有の組みやすさとディテールバランスの絶妙な取り合わせが楽しめる。リノリウムのデカールは「手先の器用な初心者向け」と割り切ってもいいだろう。

「島風」（3） *Shimakaze 1944*

タミヤ新版のディテール調整作例。精度の高いキットを生かすには追加工作の精度も重要。艦首などの合わせ目処理ぐらいで下準備は済むので、まずはマストをしっかり作り直す作業に集中したい。

「島風」（4） *Shimakaze 1943*

ピットロード版の素組。新造時を作る場合は迷わずこちらを選べばいい。出来栄えはタミヤ版とほとんど変わらない。1隻しか作らないのはもったいないので、コラムを参考にオリジナルネームの姉妹艦を好きなだけ揃えるのもいいのでは。

1/700 日本海軍駆逐艦 箱絵で見るキットカタログ 4

近年は艦船模型のボックスアートにもデジタル描画の作品が見られるが、アナログのイラストを求める声も根強いようだ。箱絵の場合は純然とした絵描きの技術だけでなく、商品仕様との兼ね合いを含めた形状の考証的再現、世界観の中での位置づけや艦歴などを踏まえ、それぞれのモチーフの個性をわかりやすく印象付けるシチュエーションや構図を探る配慮も望まれる。

日本海軍駆逐艦　島風
1800円（タミヤ）

日本海軍駆逐艦　島風　就役時
2800円（ピットロード）

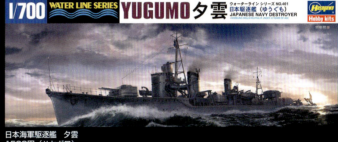

日本海軍駆逐艦　夕雲
1500円（ハセガワ）

日本海軍特型駆逐艦III型　電・響
1500円（ヤマシタホビー）

日本海軍特型駆逐艦II型　綾波
1500円（ヤマシタホビー）

日本海軍特型駆逐艦　響
1500円（ヤマシタホビー）

日本海軍特型駆逐艦　吹雪
1500円（ヤマシタホビー）

日本海軍特型駆逐艦II型A　曙
1500円（ヤマシタホビー）

日本海軍特型駆逐艦II型A　潮
1500円（ヤマシタホビー）

日本海軍特型駆逐艦II型　狭霧
1500円（ヤマシタホビー）

日本海軍特型駆逐艦II型　天霧
1500円（ヤマシタホビー）

日本駆逐艦　霞
1500円（ハセガワ）

日本駆逐艦　峯雲
1500円（ハセガワ）

日本海軍睦月型駆逐艦　睦月
1500円（ヤマシタホビー）

日本海軍特型駆逐艦II型　敷波
1500円（ヤマシタホビー）

日本海軍朝霜
1500円（ハセガワ）

日本駆逐艦　早波
1500円（ハセガワ）

日本駆逐艦　朝潮
1500円（ハセガワ）

日本駆逐艦　荒潮
1500円（ハセガワ）

日本駆逐艦　秋霜
1500円（ハセガワ）

日本海軍秋月型駆逐艦　秋月／初月
4300円（フジミ）（フルハル）（2隻セット）

日本海軍夕雲型駆逐艦　夕雲／風雲
4200円（フジミ）（フルハル）（2隻セット）

日本海軍陽炎型駆逐艦　雪風／磯風
3800円（フジミ）（フルハル）（2隻セット）

「松」「橘」型

太平洋戦争で日本海軍が就役させた最後の駆逐艦である丁型は、「島風」とは対極に位置し、連綿と続いてきた日本駆逐艦史の流れとは一線を画した一種の軽便駆逐艦だが、実戦では艦隊型の不足を補い同列に近い役割もこなした。芸術的美しさを持った従来艦とは180度転換した徹底的な簡易構造が造形的に興味深いばかりでなく、前期艦「松」型と後期艦「橘」型の間にも大きな違いがあり、いかに考証的合理性とメリハリをつけるかが工作の課題となる。

駆逐艦「桃」。1944年6月、試運転時（写真提供／大和ミュージアム）。

「松」「橘」型について

太平洋戦争で艦隊決戦一発勝負という日本海軍の夢が破れると、その駆逐艦陣の前には雑多な任務に日々追われる厳しい現実が待っていた。艦隊型駆逐艦は本業以外の対空・対潜能力に難点があるうえ、複雑巧緻な設計ゆえ消耗戦に弱く、損失を補うべき戦時建造も到底追いつかない有様だった。この戦訓を受けて計画されたのが丁型と呼ばれるタイプで、サイズや武装などの基本スペックを艦隊型の半分としたうえ構造を可能な限り簡略化し、数の充足と汎用性を重視。むしろ護衛艦的性格が強く、水雷艇と海防艦の中間的な設計となった。排水量1000トン以上で制度上は一等駆逐艦だが、艦名として大量に余っていた二等駆逐艦用の樹木名を使い「雑木林」と呼ばれた。「橘」以降は一層の設計簡易化が進められており、改丁型と呼ばれ技術的には全くの別物とみてよい。

1944年春から就役開始。艦隊駆逐艦の不足を受けてレイテ沖海戦では空母の護衛も担当するが、最も真価を発揮したのは最前線での船団護衛で、有力な米艦隊と何度も刃を交わすなど存在感を大いに見せつけた。しかしフィリピン陥落後は活躍の場を失い、実質的な本土決戦の特攻要員として息を潜めた状態で終戦を迎える。誕生の経緯からして、後手踏みの二流艦というレッテルと劣勢下での苦戦を約束されたクラスではあったが、短い期間に放った強烈な光は、決して彼らが時流に反した艦ではなかったことをはっきりと示している。

キットについて

ウォーターラインシリーズではフジミが担当した「松」型（現在シーウェイモデルシリーズで販売継続中）は、艦尾が「橘」型という大味なキットで、同社脱退後のアイテム補完プログラムでも比較的早い時期にタミヤがリリースを済ませた。タミヤ特有の要点を抑えてシャープに仕上げる地力の確かさが存分に発揮されており、地味ながらシリーズでもトップクラスの高い完成度。修整と呼ぶべき工作はほとんど必要ない。共用の装備品ランナーを使わなかったため単価が安いのも嬉しい。

一方、「橘」型はピットロードが発売。一般には「松」型の毛色違い程度に認識されている本型だけに、ウォーターラインシリーズでのラインナップが期待薄と見られており、ピットロード版は出るべくして出た商品だろう。同社特有のしっかりした細部モールドはもちろんのことと、共用武装ランナーによる実質的なサービスパーツや、コレクション用として実艦では使われなかった艦名表記のためのデカールがついており、付加要素が豊富だが、そのぶん相当割高。むしろ客層の絞り込みに徹した感が強い。

いずれにせよ、両者は最近の2社製品の特徴を端的に示しており、ややこしいことを言わずストレートに組んで「メーカーによる違い」を比べるというのも、まったくリーズナブルな楽しみ方だ。

製作

きわめて類似した艦ながら互いに別のメーカーからしか発売されていないというケースで、これまで本書で扱ってきたコレクションモデリングというメインテーマで論じる場合、額面上は最も高度なマネージメントセンスを求められるものとみていいだろう。しかし本質的には、すでに何度か見られた姉妹艦の作り分けに伴う融通の延長線であり、それなりに事前知識を仕込んで検討してからキットを購入するぐらいの計画性があれば充分対応できるはずだ。

タミヤの「松」型とピットロードの「橘」型は、全長・船首楼の長さ、前後主砲の位置といった主要ポイントがまったく同じで、特段のこだわりがないならそのまま並べてもなんら支障はない。しかしさらに細かく見ると、後者は後部甲板室の前後幅が長く、そのぶん前方の前部缶室吸気口までの部品がすべて前がかりになっている。さらに重要なのは、「松」型と区別する最大のポイントである船体形状が特徴をうまく表現できていない点。これら全ての手直しをキット固有のモールドに配慮しながら施すというのは、正直おいそれと飛び越せるハードルではない。たった一歩が踏み出せないほど両者の間は近くて遠いのだ。

結果として、「松」「橘」型に関してはどちらかのキットを使って足りない側を補うほうが、総合的には手間対効果の面で上策といえるだろう。どちらを使うかは各自の好み次第でも構わないが、ここでは基本形と値段の点から「松」型をベースとして「橘」型を作る方法を優先して紹介する。

IJN decided to build new concept of small destroyer to release fleet type from miscellaneous front-line duties like transport in Solomon waters and induced wasteful loss. The emphasis to type D design was put on simplification nevertheless they were regarded to be well-equipped and proved their design propriety in very short period left for them.

「松」「橘」型

松・橘型（丁型・改丁型）
Matsu and Tachibana class (Type D/mod D)

- 設計番号　F 55（松型）　F 55B（橘型）
- 基準排水量　1262 トン（松型）　1350 トン（橘型）
- 全長　100 m（1/700：142.9 mm）
- 水線幅　9.4 m（1/700：13.4 mm）
- 機関出力　1万9000馬力
- 速力　27.8 ノット（松型）　27.3 ノット（橘型）
- 兵装　12.7 cm高角砲3門、61 cm魚雷発射管4門、25 mm機銃20門（松型計画）24門（橘型計画）、爆雷投射機両舷用2基

艦名 name	建造所 builder	竣工 commissioned	終末 fate	グループ group	識別点 distinguish points 1	2	3	4	備考 note
松Matsu	舞鶴工廠	1944.4.28	1944.8.4戦没（水上戦）	D	1	1	(1)		
桃Momo	舞鶴工廠	1944.6.10	1944.12.15戦没（USS Hawkbill）	D	1	1	1	1	
竹Take	横須賀工廠	1944.6.16	終戦時残存	D	1	1	1	1	1
梅Ume	藤永田	1944.6.28	1945.1.31戦没（陸上機）	D	1	1	(1)		
桑Kuwa	藤永田	1944.7.25	1944.12.2戦没（水上戦）	D	1	1	(1)		
槇Maki	舞鶴工廠	1944.8.10	終戦時残存	D	1	1	1	2	1
桐Kiri	横須賀工廠	1944.8.14	終戦時残存	D	1	1	1		1
杉Sugi	藤永田	1944.8.25	終戦時残存	D	1	1	(1)		
樅Momi	横須賀工廠	1944.9.3	1945.1.5戦没（空母機）	D	1	1	2	1	
榧Kaya	舞鶴工廠	1944.9.30	終戦時残存	D	1	1	(1-3)		1 2
檜Hinoki	横須賀工廠	1944.9.30	1945.1.7戦没（水上戦）	D	1	1	(2)		
樫Kashi	藤永田	1944.9.30	終戦時残存	D	1	1	(1-4)		
楓Kaede	横須賀工廠	1944.10.30	終戦時残存	D	1	1	2		1
桜Sakura	横須賀工廠	1944.11.25	1945.7.11戦没（機雷）	D	1	1	(2)		
楢Nara	藤永田	1944.11.26	終戦時残存	D	1	1	4	1	
椿Tsubaki	舞鶴工廠	1944.11.30	終戦時残存	D	1	1	3	1	
欅Keyaki	横須賀工廠	1944.12.15	終戦時残存	D	1	1	2		1
柳Yanagi	藤永田	1945.1.18	終戦時残存	D	1	1	(4)		
橘Tachibana	横須賀工廠	1945.1.20	1945.7.14戦没（空母機）	D-mod	2	2	(5)		
楡Nire	舞鶴工廠	1945.1.31	終戦時残存	D-mod	2	2	5	3	1
蔦Tsuta	横須賀工廠	1945.2.8	終戦時残存	D-mod	2	2	5		1
萩Hagi	横須賀工廠	1945.3.1	終戦時残存	D-mod	2	2	5	3	1
柿Kaki	横須賀工廠	1945.3.5	終戦時残存	D-mod	2	2	(5)		
椎Shii	舞鶴工廠	1945.3.13	終戦時残存	D-mod	2	2	5		1
梨Nashi	神戸川崎	1945.3.15	1945.7.28戦没（空母機）	D-mod	2	2	5	3	
菫Sumire	横須賀工廠	1945.3.26	終戦時残存	D-mod	2	2	5		
榎Enoki	舞鶴工廠	1945.3.31	終戦時残存	D-mod	2	2	(5)		
楠Kusunoki	横須賀工廠	1945.4.28	終戦時残存	D-mod	2	2	(5)		
雄竹Odake	舞鶴工廠	1945.5.15	終戦時残存	D-mod	2	2	(5)		
初桜Hatsuzakura	横須賀工廠	1945.5.28	終戦時残存	D-mod	2	2	5	3	
樺Kaba	藤永田	1945.5.29	終戦時残存	D-mod	2	2	(5)	3	
初梅Hatsuume	舞鶴工廠	1945.6.18	終戦時残存	D-mod	2	2	(5)		

建造中止：「八重桜」「矢竹」「葛」「早梅」「桂」「飛梅」「若桜」「山桜」「菫」「篠竹」「蓬」「葵」「白梅」「菊」「黄菊」「初菊」「茜」「白菊」「千草」「若草」「夏草」「秋草」「梓」「栃」「菱」「薄」「野菊」「榊」

注：本表は形状識別用に艦名の配列を一般的な計画順から変更してある。

資料不足のため丁型・改丁型の相違以外に全艦通して確定可能な識別点はない。表中では概ねカバーできる2点のみ示し、推定分を括弧で示した。この他艦橋頂部ブルワーク、缶室通風筒（小）、爆雷投射機、舷窓位置など細微な差異がある。

備考
1　終戦直前艦尾に回天搭載装備を指定。ただし全艦実施の確証は得られていない模様。
2　「榧」は損傷修理時橘型規格の前部マストを装着

識別表

識別1	船体	1：準標準規格・曲線フレア・デストロイヤースターン　2：簡易規格・折線フレア・トランサムスターン
識別2	前部マスト	1：通常型　2：22号電探対応型
識別3	後部マスト付近	1：前方単装機銃座なしで竣工　2：13号電探支持架ハの字　3：13号電探支持架並行・探照灯台低い　4：13号電探支持架並行・探照灯台と単装機銃座同じ高さ　5：13号電探支持架並行・探照灯台やや低い・単装機銃座低い
識別4	後部高角砲シールド	1：専用規格（小型）　2一般規格（大型）　3：専用規格（小型改正）

工作のワンポイントアドバイス

タミヤ版（松型）……修整無用の名作。橘型への改修も推奨！
フジミ版（松型）……両タイプの特徴を持つ。まずどちらかに決めてから細部に進め！
ピットロード版（橘型）……らしさを出すなら基本形状の修整あるのみ！

日本海軍駆逐艦「松」

1 船体／「松」型の船体は、外板の展開などの造船工学的理由からか従来よりもはっきりしたレンズ状の平面形をとったのが特徴だが、艦首のフレアなどは普通につけてある。ピットロード版にはないものだし、個艦差の表現にも制約をきたすので、コレクションモデリングとしてはいったん全部消してしまうのも一つの手だ。就役後、舷側に防弾板を追加。ちなみに、大戦末期には単装砲だけで30基近くもの機銃を搭載した例があるといわれているが、艦としての実用性が少々破綻した感じなので、せめて写真の裏づけでも見つかってから手を出したいところ。「橘」型はいちから設計をやり直し、基本形式は同じだが実質的には別の船体に同じものをのせただけといってもよいほどの違いがある。ピットロード版はトランサムスターン以外あまり表現がよくなく、平面形のラインどりがいまいち。後部構造物付近がやや寸詰で、なぜか船首楼最端部付近には妙なくびれがついてある。しかし最大の不満は、本来2段の折れ線状であるべき船首楼のフレアが表現されていない点だろう。船体の横っ面は通常模型を眺める俯瞰視点では見過ごされがちだが、「松」「橘」クラスではここが最大の見せ場なので、このキットを使うなら思いきって修整したいポイントの最有力候補に上がる。また、このクラスの船首楼平面はキットよりも直線的で、主砲の横に明確な折れ曲がりがある。艦首近くの下方からあおるような視点の写真を見ると、キャプスタン直後のシア一部開始点だけでなく1番主砲の横でもガンネルのラインが曲がっていることに気づく。ここまで配慮できれば言うことなし。

2 舷窓／バリエーションが多い。ごく初期の艦はやや多め。また右舷より左舷のほうが多い。戦後に窓を足した例もあると思われるので、リサーチ注意。

3 主砲／高角砲。前部の単装砲はこのクラス特有の装備で、右舷側に波除けのあるシールドを持っている。同様の理由から砲身の防水布も標準装備で、試運転ではついていないこともあるが実用状態のモデリングでは必ず再現しておきたい。左側はほぼ連装のものと同じで、「橘」型の部品は少し下端を切り詰めておくとよい。なお、前後とも砲の周辺に木造の操作フラットを敷いており、特徴的で目立つポイントなのでここを入れるとかなり印象が変わるだろう。左右の一部が折りたたみ式になっていて普段の通路を確保する構造だが、「橘」型の後部砲塔では省略された。現存図面によると本キットでもバリエーションがあり、横須賀工廠のものはフラットの外形をなす多角形の辺に沿って敷いているのに対し、舞鶴工廠のものは旧式駆逐艦と同じ放射状の敷き方となっている。

4 機銃／「松」型の機銃部品はそれほど悪くないのだが、他キットとの整合を考えると交換もやむを得ない。三連装機銃は、そのまま使うなら若干取り付け位置を前に出す（銃口寄りに動かす）とよい。どちらのキットにも船体に単装機銃座基部のモールドが入っていて再現度も秀逸だが、少々持て余してしまう。なにしろ他のキットにはないものだし、個艦差の表現にも制約をきたすので、コレクションモデリングとしてはいったん全部消してしまうのも一つの手だ。就役後、舷側に防弾板を追加。ちなみに、大戦末期には単装砲だけで30基近くもの機銃を搭載した例があるといわれているが、艦としての実用性が少々破綻した感じなので、せめて写真の裏づけでも見つかってから手を出したいところ。

5 艦橋構造物／基本形状は両グループともほとんど同じで、マストと旗甲板周辺の形状が少し異なる程度。両社のキットで異なっている羅針艦橋ウイングとその天蓋の形状はタミヤ版にそろえておくとよい。ワンランク上を狙うなら、前面と側面で羅針艦橋窓枠の上下幅が異なる点を修正しよう。また、防空指揮所のブルワークにはバリエーションがあり、末期の艦では羅針艦橋前部ぎりぎりまで前進する傾向がある。横須賀工廠製のみ舷灯の位置が少し低く、こだわっても面白い。「橘」型のキットに入っている不要の構造物部品ほど、戦没した「梨」を浮揚再生した海上自衛隊の「わかば」のリメイクされた艦橋。「橘」型を作るごとに余剰品が増えていくが、逆に「わかば」を買うと「橘」型の艦橋やマスト、機銃座が1隻分手に入る。なお、マストは大部分がパイプではなくL字鋼で組み立てられていたようだが、1/700には表現困難。

6 煙突・給気筒・通風筒／缶と機関を片舷ずつワンセットにして並べており、「松」の後ろが右舷用。不慣れな防御力強化策で、決して安かろう悪かろうの船ではない証明だ。トランク形の給気口は煙突の前が主缶用、後ろが機関室用。「松」のキットのような見えない部分にもカーブがついているのは箱形形式だけ。また、どちらのキットでも後部缶室（中部機銃座の下）のものが省略されているので、追加しておきたい。ユニーカな両煙突前側に小さな缶室通風筒が2本あり、造船所のクセが出ているので付け加えても面白い。舞鶴工廠製と藤永田製は一般的なきせ状。横須賀工廠製は先端をトランク式にしたような見慣れない形式で、1942～'43年ごろ完成した商船に時折見られる中間簡易型に類するもの。

7 魚雷発射管／もはや駆逐艦の痕跡はここだけといってもいい。甲型・乙型と同じ九二式二型だが、「夕雲」型で紹介したバリエーションが見られるので、こだわる方は修整のこと。

8 艦名／丁型の計画成立数は合計74隻（うち50隻が改丁型）にのぼるが、これらの560隻のうち艦名がいちおう決まっていた模様。いったん用意された名前を変更し、後の艦に再度同じ名前を付けるといった複雑な処理も見られる。大正時代のほか、海自時代に初登場する名前と結構あるので、多少の煩雑を我慢すれば残りの充足も可能だったはず。

9 搭載艇とダビット／前部のボートは6mカッターで、従来多用された7mより一回り小さい。タミヤ版は丸木舟みたいで貧相だが、適当な代用品がないので腰掛を足すか7mのものを短縮するかの工作をしておきたい。中部の基本装備は10m特型運貨船。俗に小発と呼ばれる陸軍上陸用舟艇が由来だが、当の陸軍ではすでに生産終了していた。このクラスでも積んでいない写真がほとんどで、トランサムスターンの運貨船らしきものを積んでいる写真もある。かなりしっかりしたダビットはピットロード版のほうが適切だが、反面こちらは小発に竜骨をつけていて、単純な折れ線状のバスタブ形式だった本来の横断面から遠い。直すより積まないままにしておくほうが合理的。かわりに片舷2基の単装機銃を搭載できた。

10 後部構造物／後部マストは、主柱が後方で前傾して立っている珍しい構造。ごく初期の一部を除き13号レーダーを設置した。「松」のキットにはこれがないが、姉妹艦「桜」のキットにレーダー付後部マストと前方の単装機銃座が追加でセットされている。つまり、マストの作り直しをしない向きには余程の事情がない限り「桜」のほうが大きな助けとなる。この部品と探照灯台、前方の増設単装機銃座のレイアウトが形式と建造所を見分ける決め手となるようなので、よくチェックしておきたい。ピットロード版は藤永田製「松」型に相当するらしい。

11 後部主砲／後部には一般的な連装高角砲を搭載。ただしディテールにいくつかバリエーションがあり、通常は「松」型と「橘」型のそれぞれに専用の、左側の照準器のフードが小さいものを装着している。ごく稀に「楓」（橅）従来と同じ大型フードをつけている例もある。「松」型の専用パーツは小型フードを再現しており、砲身を共用部品と交換する場合も基部はこのままにしておいてもいい。一方、「橘」型の共用ランナーの部品は最初からこのクラス用として用意されている部品だが、フードは従来型なのでできれば手直ししておきたい。

12 爆雷投射機／両舷用2基が標準装備。丁型には1944年夏の段階ですでに爆雷投射機増備の訓令が出されていたようで、後部構造物と後部主砲の間の両舷に片舷式（三式）投射機各2基を搭載することになっていた。「橘」型のキットはそのモールドが入っているのだが、実は「橘」「初桜」ともこれを装備しなかったようなので、箱のままのものを作るときは削り落とす必要がある。「楓」の図面では左舷の特型運貨船を廃止し後部煙突の左舷に置いている。

13 艦尾／武装のレイアウトにかなりのバリエーションがある。単装機銃の配置は不統一で、初期「松」型の就役時工事ではほとんど並列配置を採用。「松」「橘」双方のキットで採用している梯形配置は、横須賀工廠製「松」型後期と「橘」型初期あたりに見られるものらしい。また、少なくとも舞鶴工廠製「橘」型の一部は爆雷投下軌条が二重となっており（三式爆雷用?）、「松」型と同様の張り出しが追加されていた。末期には相当数が人間魚雷「回天」の搭載設備を追加。改造要領は「波風」などより簡単なもので、艦尾中央に尻尾のようなスロープを追加し、爆雷投射機の上に回天架台を置く。戦後沈没状態から引き揚げられた「梨」にはこの架台がなく、木製だったらしい。

14 「利根川丸」／1913年英国製の旧式貨物船。4804船団では最後まで残っていたが、乗艦する陸軍船舶砲兵の反撃と「松」の決死的努力もむなしく米艦隊に撃沈された。その結末は米潜水艦に救助されたわずか1名の生存者によって伝えられている。

1 Hull construction was completely revised in late production Tachibana class.
2 Porthole arrangement and number is varied.
3 Type89 HA gun.
4 Bulwark was added on the side of single MG after completion.
5 Bulwark on bridge top was moved forward in later ships.
6 Unit principle was adopted to machinery arrangement.
7 Minor difference can be seen to torpedo tube.
8 Botanical nouns were used since the 2nd grade destroyer had been ended.
9 'special type' launch was to be shipped at rear boat position.
10 All ships except of very early production were fitted with type13 radar.
11 Peculiar shape of shield was fitted to both Matsu and Tachibana group with some exception, Maki for example.
12 Some were fitted with additional DC throwers.
13 Some were fitted with Kaiten accommodation.
14 Tonegawa maru, member of convoy 4804.

ピックアップ～駆逐艦「松」

丁型駆逐艦1番艦。舞鶴工廠で1944年4月28日竣工し、新造艦の慣熟訓練部隊である第11水雷戦隊に編入。姉妹艦が揃うまでの暫定任務として、海上護衛総司令部第2護衛船団司令官旗艦となり、マリアナ諸島陥落後の急務となっていた小笠原諸島への防衛兵力輸送作戦を指揮することとなる。しかし支援として軽空母「瑞鳳」が参加する計画を嗅ぎつけた米側は2個空母群を差し向けたうえ、巡洋艦部隊を前進させてその捕捉撃滅を図った。「瑞鳳」がいち早く離脱し、任務を終えて8月4日父島を出たばかりの増援輸送船団はまともに敵の矢面に立たされ、瞬く間に壊滅。唯一残った「利根川丸」に敵艦隊が迫るのを見た司令官・高橋一松少将と「松」は「ただいまより反転突撃す」の一報を残して夏の夜の海に消えた。

護衛駆逐艦

第二次大戦期に登場した新艦種が護衛駆逐艦だ。駆逐艦という本来能動的な性格の強い艦種に護衛という受動的な単語がつくのは理不尽にも見えるが、思想の面から見れば駆逐艦風味の護衛艦と考えるほうが現実に近い。

この種の艦を最初に建造したのがイタリアで、1938年就役の「オルサ」級は水雷艇を低速大航続距離化した商船護衛艦だったが、魚雷を持っていたため護衛水雷艦という新名称を付与。狭い地中海の中央で連合軍艦隊の脅威から海上交通を保護しなければならない同海の地理的特性が生み出した、ある意味正統派の新ジャンルだった。しかし第二次大戦開始直後からイギリスが建造着手したハント（猟場）級は、初めて護衛駆逐艦という名称を与えられたものの、当初の主兵装は高角砲のみで実質は高速対空護衛艦。サイズと要求速力の都合上おのずと駆逐艦の船体構造を踏襲しただけで、後から魚雷をつけて名前に近づいた形だ。アメリカの護衛駆逐艦も、ハント級を参考にした独自コンセプトとイギリスから注文された対潜フリゲートの要求仕様を掛け合わせたものといわれ、速度はさらに遅しく、やはり初期型は魚雷を装備していた。実際にイギリスへわたった艦は全て魚雷なしでフリゲートとして扱われた。

ハント級の開発経緯は日本の乙型と、実施のスペックは丁型とよくも似ているが、一つだけ日英の間に厳然とした違いが存在するのは、日本艦があくまで艦隊作戦を目的としてデザインされていた点にある。日本海軍に護衛駆逐艦という思想はなかったのだ。

「松」「橘」型

側面図
注：立体誤差を生じるので適宜調節のこと
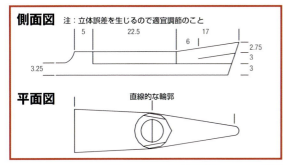

主砲関連工作
main armament

前部主砲カバー簡便製作法

後部構造物付近の変遷
aft structure

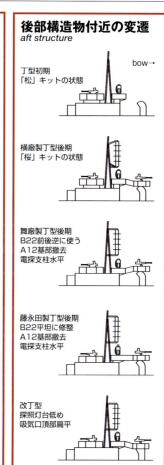

改丁型船体製作要領（タミヤ版）
Tachibana class hull from Tamiya Matsu kit
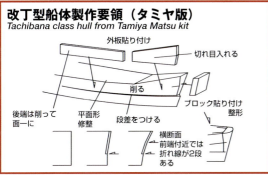

参考
ピットロード製「橘」のキットは艦首付近の水線幅が広い。ブフの肉厚も薄いので、手を入れる場合は充分裏ばらしてから削り込むなどの対応が必要。
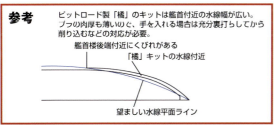

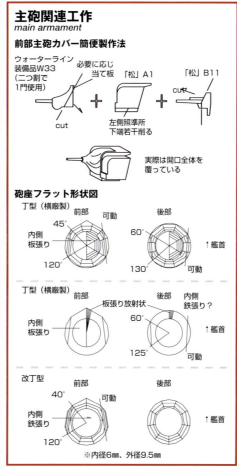

艦橋後部形状
bridge structure
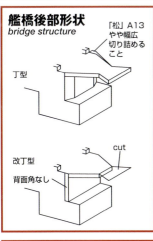

艦尾形状の修整
stern shape
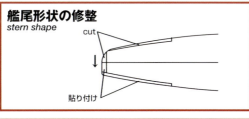

魚雷発射管簡便製作法
torpedo tube
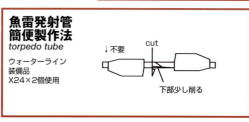

給気口の追加
ventilater
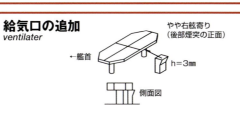

ボート関連
注：「松」型キット対象
cutter and davit
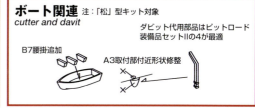

舷窓配置図
注：極初期建造艦のパターンを記入。中期以降減少
portholes
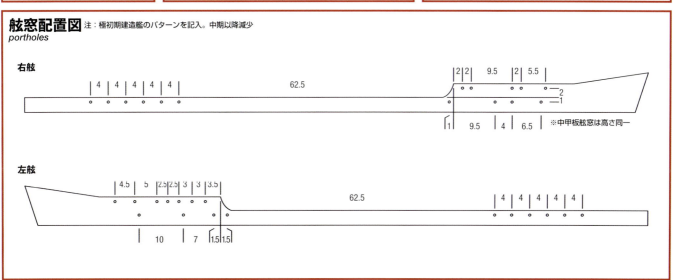

「松」 *Matsu 1944*

タミヤ版の素組状態。従来の日本駆逐艦とはまったく形が違うので少しぐらい適当でもいいのだが、船体形状の詳細まで見事に再現されていて満足の完成度。キットの取付け指示にある25mm単装8基が新造時のスペックデータで、使わない所はできれば埋めておきたい。最終時の本艦の場合、単装機銃は25mm12、13mm6だったという。

「榧」 *Kaya 1945*

「松」型ながら損傷修理時に「橘」型仕様のマストを搭載した、わかりやすい艦。この作例は映画「男たちの大和」が公開された当時タカラトミーから発売された、所謂「食玩」系商品の一つ。ピットロードの「橘」型をベースにして作られた塗装済組立キットで、上質安価なお買い得品だった。時期物商品で今は手に入らないが、「榧」自体は改造で対応可能。

「桜」 *Sakura 1945*

フジミ版の素組。ウォーターラインシリーズの初代にあたり、実艦のコンセプトと発売当時の模型表現技術が妙にかみ合って独特の趣があるキットだが、さすがに現代これを使いこなすのは難しい。「わかば」の余剰部品で1隻再生してみてはいかが。

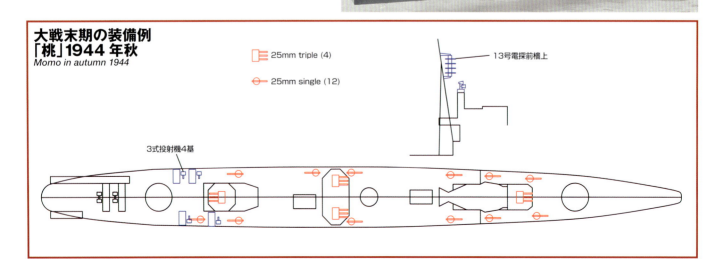

大戦末期の装備例 「桃」1944年秋
Momo in autumn 1944

- 25mm triple (4)
- 25mm single (12)
- 13号電探前檣上
- 3式投射機4基

「松」「橘」型

「椿」 Tsubaki 1945
タミヤ版のディテール調整作例。舞鶴工廠で建造された最後の「松」型で、後部構造物周辺の構造に特徴がある。このクラスもよく調べると案外バリエーションがあるので、少しこだわれば各艦に個性のある面白いコレクションができる。

「橘」 Tachibana 1945
ピットロード版の素組。細部のモールド表現に主張性が強い同社製品は、むしろこの状態を楽しむのがベストかもしれない。

「楡」 Nire 1945
「松」型のキットを改修したディテール調整作例。「橘」が出るまでは多くのモデラーが挑戦した工作だと思うが、総合的に判断すると現在でも有用。「楡」は「椿」の次に舞鶴で作られた艦だが、基本設計だけでなく機銃や爆雷兵装も異なっているのが興味深い。作例では後部マスト後方の機銃座にキットの部品を流用しているが、実際はもっと不規則な多角形。

「わかば」 Wakaba ex-Nashi 1963
ピットロードのバリエーションキット。「橘」型と同じランナーの一部に変更を加える形となっており、旧海軍時代の部品を含め大量のデッドパーツが含まれる割に「わかば」時代の数度の改装にはあまり対応しておらず、新たな艦橋構造物も長さが不足するなど何とも煮え切らない商品仕様。とはいえ、これから自衛隊にも手を出してみようかとお考えのファンにはよいきっかけとなるアイテムだろう。

1/700艦型図集（3）

「朝潮」型
（「霞」1944年）

戦時中の2番主砲塔撤去、いわゆる2098号訓令工事を実施した状態。原図の作成情報などがやや読み取りにくい状態となっているが、元の図面は「荒潮」（本艦は浦賀船渠製）と同じものを使っており（神戸川崎製）、1942年キスカでの損傷の復旧と今回の訓令工事を加えたらしい。図には44年2月の状態であるが、機銃座、前部マストまでに終了している。檣頂座、前部マスト補正の現場にて改訂で始まった艦尾機銃座以下動来ていないようの改正のほか、もともと現場対応で始まった内火艇ダビットへの小発（10m特型運貨船）懸吊部が図面で表示されている点が目を引く。また、艦首旗竿には蛇管揚げ上用デリックが追加されており、縦型給油時には旗竿を立てていたと思われる。「朝潮」型の頃から公式図面の精度がやや低下する傾向が見られ、主砲や魚雷発射管の描画が中途半端になっている。後部主砲塔付近に描かれているミスは「夕雲」型にも見られる。舷外電路は図の通りだと前部主砲塔の横でガンネルの上に回り込んでしまっている。若干疑問、新造時の艦尾形状変更は反映されていないようだ。

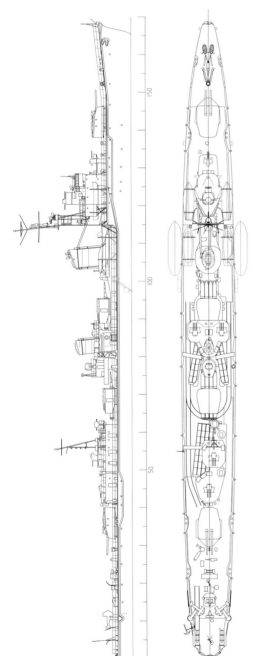

「陽炎」型
（「天津風」1940年）

舞鶴工廠による「天津風」の図面。原図には「霞」と同様、舞鶴版と横須賀工廠の図面番号が列記されている。主砲塔の図面誤りに加え、「朝潮」型ではタイプの異なる魚雷発射管シールドが左右対称に描かれており、非常に紛らわしい。艦ごとの識別点が正しいところなので、「天津風」としては「陽炎」型にも期待したいところだが、烹炊所煙突も「天津風」としては心なしか低いよう印象。全体に大まかな「陽炎」型の図面と解釈すべきだろう。特記位置が大体ほぼ「天津風」の表の右舷に相当する位置だが、左舷側は艦名の表記と違い「陽炎」型「天津風」のアラツカに相当する位置だが、4文字表記のためアマツカゼでマシンガゼの両方が見られ、写真のない場合どうするか、これも非常に悩まされる。

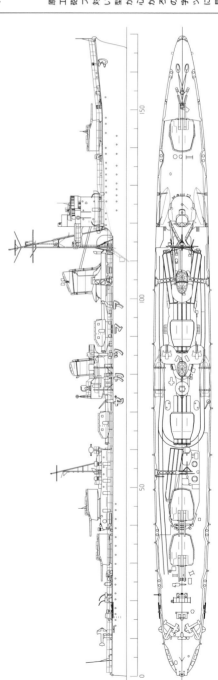

1/700 艦型図集（3）

着色表示

- 紫：機銃
- 緑：短艇類
- 青緑：手すり・ジャッキステイ等
- 濃緑：錨鎖
- 褐色：舷梯
- 茶：リノリウム
- 青：喫水線
- 紺：ペイント（舷側艦名及び駆逐隊表記）

「夕雲」型
（「夕雲」1941年）

「天津風」と同じ舞鶴工廠の図で、同じものをベースとしているらしい。「夕雲」は写真が殆ど知られていないため、造形上は図面のみに頼らざるを得ないが、やはり多少の注意付けが必要。後部マストがすでにスチャーにになっているほか、後部甲板天板やリノリウムの被覆範囲など細部が変更されているものの、後部は前部近くの状況付きはっきりしない。後部には1か所ホーサーリールの描き込みも忘れてしまっての側面図と上面図で喰い違う。また、主砲仰角を「陽炎」型のままの範囲表示（つまり線は55度としてらしっている）で50度としている。2番運管を取り囲む魚雷運搬軌条が左右対称に変化しているようなので、これも2通りの図かあるようだが、「早霜」ではこれも安易に鵜呑みにできない。本図は「夕雲」の原図としてマッチせず、船首楼の後方付近の若干つじつま合わせをしている。

「島風」型
（「島風」1943年）

舞鶴工廠による「島風」の完成図面。模型関連のメーカー・ユーザーにとっては唯一役に立つ現存公式図面ということで、大型のわりに物足りないくらいにはすっきりして物足りないくらいに思える。単に甲板を拡大したように思えるが、船体のキャンバー上端が甲型では首尾線で前後一直線（その分舷側がかなり下がる）なのに対し、両型のラインは（舷側は水平）中央部と上がる（舷側のラインは中央が水平）形状になっており、根本的に異なるようだ。両型と同様の特徴は特型や乙型駆逐艦から見られる。22号電探までは側面図で確認できない。主砲塔は側面図で左右が正しく描かれているものの、1番砲塔と2・3番砲塔の高さが異なっている。図面上の艦名表記がかなり書き足した特異で、シケはこの艦名表記を足したのではないかと疑われるほどだが、実際このの通りだ描かれていたことがあったのだろうか。

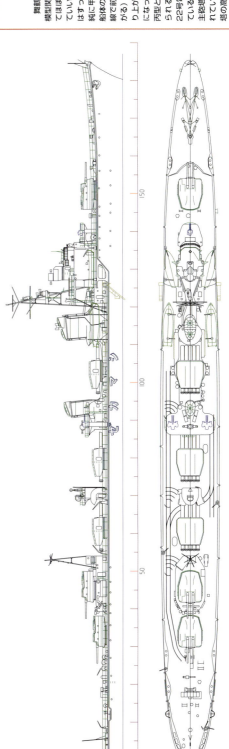

「秋月」型
(「秋月」1942年)

舞鶴工廠による「秋月」のベーシックスタイルで、基本情報としておさえておきたい図面。本型のベーシックスタイルで、基本情報あまり応用が利かないのが悩みの種。魚雷発射管は左右非対称に描かれているが、主砲塔の形状が4基までそれぞれに少しずつ異なっており、本図では折線表したものに統一している。また、羅針艦橋天蓋の線が不足しており、写真や他の図を参考に補った（灰色部分）が、艦ごとの違いが多い箇所でもあり注意。原図でははなぜか後甲板左舷の灰色線は水道と記載。4番砲塔の横に9mm内火艇が横付けしてあるほか、艦首の錨の下に半円形のね餅のような線があり、どうやらこれは飛行機の着水時で、不時着水機を上の取り外し式デリックで釣り上げるようになっていた。空母直衛艦というこの任になっている本図は各階層を重ねて絞外平面図に相当するものとしている。「秋月」のデータを一部使っているが、図面上の誤差は「冬月」を優先している。製図時期は1946年だが、25mm単装機銃2基と前部マストの21号電探から新造時の図をもとにしていることがわかる。スパンウォーターが半分欠落しているなど中途半端な部分もあるが、霞」「鳳凰」と同じく艦首錨管吊り上げデリックが描かれているといった、うっかり見過ごせないポイントも、本書ではほとんど扱われなかった駆逐艦の艦内構造を示す資料としても参考にしていただきたい。

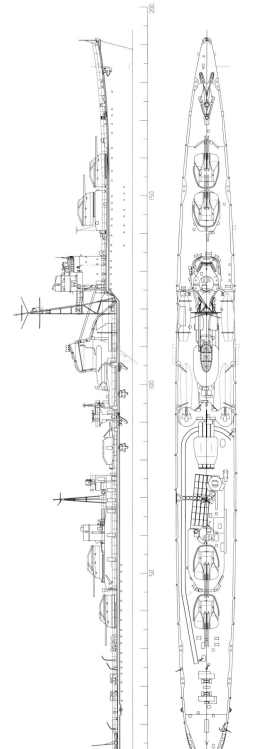

「秋月」後期型
(「冬月」1944年)

現存する「秋月」型の公式図は前期グループのものが多く、後期型の全体像を示す資料は終戦後に米軍向けとして作られたと思われる「冬月」一般配置図（すべて英語表記）くらいしか知られていないようだ。本図はこれをもとに、艦内側面図はほぼそのまま、上面図は各階層を重ねて絞外平面図に相当するものとしている。「秋月」のデータを一部使っているが、図面上の誤差は「冬月」を優先している。製図時期は1946年だが、25mm単装機銃2基と前部マストの21号電探から新造時の図をもとにしていることがわかる。スパンウォーターが半分欠落しているなど中途半端な部分もあるが、「霞」「鳳凰」と同じく艦首錨管吊り上げデリックが描かれているといった、うっかり見過ごせないポイントも、本書ではほとんど扱われなかった駆逐艦の艦内構造を示す資料としても参考にしていただきたい。

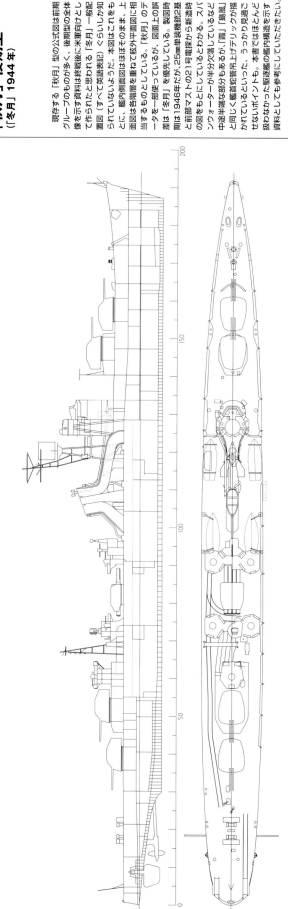

1/700 艦型図集（3）

「松」型
（「竹」1944年）

丁型横須賀工廠製1番艦。原図では艦首前方にアイが描かれている。主砲（高角砲）周囲と艦橋上の測距儀台のブラットが木板張りで、図では淡黄色で表示してある。艦首のキャプスタンが尾線から少し左に寄っているのも珍しい。丁型は横廠製と舞廠製のもせ別の図面が残っているが、後者には艦内部の艤装品が描かれておらず、これせか船内側図にも かかわらず羅針艦橋橋内部の艤装品が描かれており、これは「島風」と共通する図面では点上に特徴。丁型・改丁型とも図面では艦尾旗竿がなく、重艦旗は後部マストに取りつけることになっているが、「竹」や「桃」（舞廠製）となっている写真には旗竿らしき艤装品が写っている。

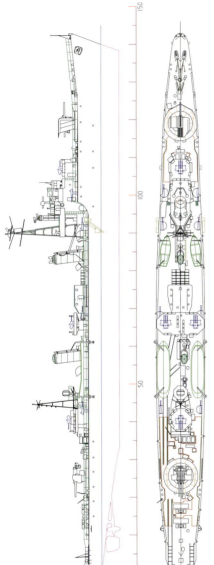

「橘」型
（「萬」1945年）

丁型改横須賀工廠製2番艦。原図のタイトルは艦名の上に紙を貼ってあり、図の端にある使用経歴表の最初に「駆逐艦橘」と記載。キャンバーの廃止など地味には根本的な改正が含まれるため、丁型とは別に新規製図されている。煙突まわりや中部機銃座などT丁型と同じ部分も多い。上甲板のスパンウォーターは後部構造物後端付近までで終わり、途中の排水樋も減らされている。艦橋上測距儀台と、主砲周囲の操作スペースの内側のみ が鉄張りに変わる一方で、後部マスト前の探照灯座が木板になるなど、一貫性のない変更点も散見される。また、就役中のT型はすでに爆雷投射機の増備が進められていたにもかかわらず、この図面では投射機が九四式2基のみで、25mm単装機銃も予備工事の2基のみの箇所がある。

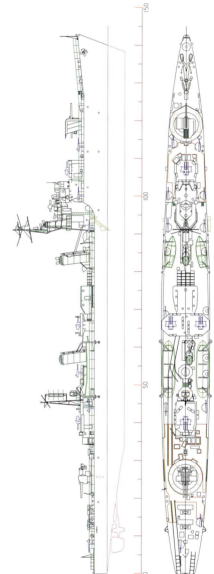

着色表示

- 紫：機銃
- 緑：手すり・ジャッキスティ等
- 青緑：短艇類
- 濃緑：錨鎖
- 褐色：舷梯
- 茶：リノリウム
- 黄：木板
- 青：喫水線下
- 桃：水線
- 紺：ペイント（舷側艦名及び駆逐隊表記）
- 灰：その他（各項参照）

109

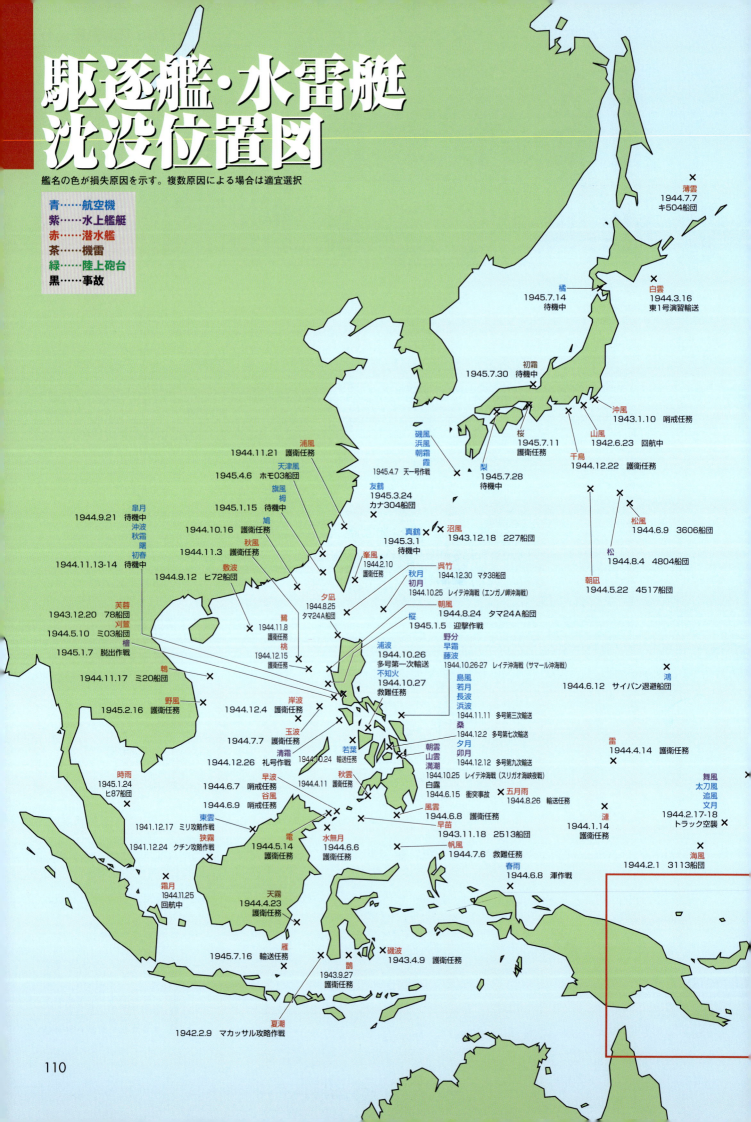

朧
1942.10.17　輸送任務

子日
1942.7.5　調査任務

霰
1942.7.6　待機中

主要参考文献（順不同）

「丸スペシャル」潮書房
「丸増刊号　軍艦メカ」潮書房
「世界の艦船増刊第34集・第107集　日本駆逐艦史（新旧）」海人社
「福井静夫著作集第5巻　日本駆逐艦物語」光人社
「日本海軍艦艇写真集　駆逐艦」ダイヤモンド社
「タミヤニュース別冊　軍艦雑記帳（上下）」タミヤ
「軍艦メカニズム図鑑　日本の駆逐艦」森恒英著　グランプリ出版
「歴史群像　太平洋戦史シリーズ」学研
「戦前船舶」戦前船舶研究会
「駆逐艦・その技術的回顧」堀元美著　原書房
「連合艦隊軍艦銘銘伝」片桐大自著　光人社
「日本水雷戦史」木俣滋郎著　図書出版社
「終戦と帝国艦艇」福井静夫著　光人社
「The Japanese Navy at the end of WW2」
「昭和造船史」日本造船学会編　原書房
「海軍水雷史」海軍水雷史刊行会
「軍艦の塗装」モデルアート2000年5月号臨時増刊
呉海事歴史科学館（大和ミュージアム）収蔵資料

各項初出一覧

本書収録にあたり内容は随時改訂されている。
「峯風・神風型」ネイビーヤード2012年3月号（通巻19号）
「樅・若竹型」書き下ろし
「睦月型」モデルグラフィックス2004年2月号（通巻231号）
「吹雪型」ネイビーヤード2009年7月号（通巻11号）
「千鳥型」ネイビーヤード2010年11月号（通巻15号）
「初春型」ネイビーヤード2010年7月号（通巻14号）
「白露型」ネイビーヤード2007年11月号（通巻6号）
「鴻型」書き下ろし
「朝潮型」ネイビーヤード2011年11月号（通巻18号）
「陽炎型」ネイビーヤード2005年8月号（通巻1号）
「夕雲型」ネイビーヤード2008年3月号（通巻7号）
「秋月型」ネイビーヤード2009年3月号（通巻10号）
「島風」モデルグラフィックス2000年2〜4月号（通巻183〜185号）
「松・橘型」ネイビーヤード2006年2月号（通巻3号）

駆逐艦の戦果

日本駆逐艦がかかわった水上戦で撃沈した敵艦は、巡洋艦5（「ヒューストン」「パース」「アトランタ」「ノーサンプトン」「ヘレナ」）、駆逐艦20（「サネット」「ピエト・ハイン」「エレクトラ」「ストロングホールド」「エフェルトセン」「ブルー」「バートン」「ラフェイ」「カッシング」「モンセン」「ウォーク」「ベンハム」「プレストン」「ストロング」「グイン」「シュヴァリエ」「ホール」「ジョンストン」「サミュエルB・ロバーツ」「クーパー」）、護衛空母1（「ガンビア・ベイ」）で（全部に駆逐艦が関与したとは限らない）、他に潜水艦8（「O 20」「シャーク」「パーチ」「アーゴノート」「スカルピン」「トラウト」「シャーク（二代目）」「グローラー」）、小型艦船、商船、放棄された空母「ホーネット」の処分と続く。日本側の水上戦による損失は、駆逐艦24のほか戦艦4（「扶桑」「山城」「比叡」「霧島」）巡洋艦5（「古鷹」「羽黒」「川内」「神通」「香取」）などがあり、分は決して良くない。単純に軍縮条約の枠組みで考えても、日本側は損害の1.5倍の戦果を出してようやくイーブンになるのだから全然勝負にならなかったともいえるし、2対3の喧嘩をしたらもっとコテンパンにやられてもおかしくないから善戦したという見方もあるかもしれない。要するに、一発勝負をすればひょっとしたら単純な数の理論とはかけ離れた予期外の結果が出るかもしれないが、長期戦になって何度も手合わせをすれば必然的に通しの結果はアベレージに近づくだろうということだ。

疾風
如月
1941.12.11　ウェーク島攻略作戦

涼風
1944.1.25
5243船団（推定）

大潮
1943.2.20　輸送任務

羽風
1943.1.13　護衛任務

涼波
1943.11.11　待機中

夕霧
大波
巻波
1943.11.25　セント・ジョージ岬沖海戦

朝霧
1942.8.24　輸送任務

睦月
1942.8.25　第二次ソロモン海戦

菊月
1942.5.5　ツラギ攻略作戦

吹雪
1942.10.12　サヴォ島沖海戦

暁
夕立
1942.11.12　第三次ソロモン海戦（第一夜戦）

綾波
1942.11.14　第三次ソロモン海戦（第二夜戦）

高波
1942.11.30　ルンガ沖夜戦

照月
1942.12.11　輸送任務

巻雲
1943.2.1　ガダルカナル島撤退作戦

白雪
朝潮
荒潮
時津風
1943.3.3　81号作戦

三日月
1943.7.28　輸送任務

望月
1943.10.24　輸送任務

初雪
1943.7.17　輸送任務

清波
夕暮
1943.7.20　輸送任務

初風
1943.11.2　ブーゲンヴィル島沖海戦

夕雲
1943.10.6　第二次ヴェラ・ラヴェラ海戦

江風
嵐
萩風
1943.8.6　輸送任務

村雨
峯雲
1943.3.5　輸送任務

新月
1943.7.5　クラ湾夜戦

長月
1943.7.6　輸送任務

早潮
1942.11.24　輸送任務

弥生
1942.9.11　輸送任務

陽炎
黒潮
親潮
1943.5.8　輸送任務

麓雲
夏雲
1942.10.12　輸送任務

拡大

日本海軍小艦艇ビジュアルガイド
駆逐艦編 増補改訂版

模型で再現 第二次大戦の日本艦艇

岩重多四郎 Tashiro IWASHIGE

1970年7月16日生、関西大学文学部史学・地理学科卒。2000年より艦船関連を主体に翻訳・模型誌ライターとして活動を開始、戦時中の徴用商船の概要をまとめた著書「戦時輸送船ビジュアルガイド（1・2）」、本書の姉妹編「日本海軍小艦艇ビジュアルガイド2 護衛艦艇編」（大日本絵画）の他、「第二次大戦駆逐艦総覧」（大日本絵画）などの訳書がある。2015年よりヤマシタホビーの駆逐艦キットのパッケージイラストを担当。現在雑誌「モデルグラフィックス」「ネイビーヤード」「ホビージャパン」に寄稿中。山口県岩国市在住。バードウォッチングをたしなむ。

■スタッフ STAFF

文 Text
岩重多四郎 Tashiro IWASHIGE

模型製作 Modeling
岩重多四郎 Tashiro IWASHIGE

イラスト Illustration
岩重多四郎 Tashiro IWASHIGE

写真提供 Photograph
雑誌「丸」MARU
大和ミュージアム　YAMATO MUSEUM

編集 Editor
後藤恒弘　Tsunehiro GOTO
吉野泰貴　Yasutaka YOSHINO
関口コフ　Kofu SEKIGUCHI

撮影 Photographer
株式会社インタニヤ　ENTANIA

アートデレクション Art Director
横川隆　Takashi YOKOKAWA

日本海軍小艦艇ビジュアルガイド　駆逐艦編　増補改訂版
模型で再現 第二次大戦の日本艦艇

発行日　2019年8月19日　初版第1刷

発行人　小川光二
発行所　株式会社 大日本絵画
〒101-0054　東京都千代田区神田錦町1丁目7番地
Tel 03-3294-7861（代表）
URL; http://www.kaiga.co.jp

編集人　市村弘
企画／編集　株式会社アートボックス
〒101-0054　東京都千代田区神田錦町1丁目7番地
錦町一丁目ビル4階
Tel 03-6820-7000（代表）
URL; http://www.modelkasten.com/

印刷・製本
図書印刷株式会社

内容に関するお問い合わせ先：03（6820）7000　（株）アートボックス
販売に関するお問い合わせ先：03（3294）7861　（株）大日本絵画

Publisher/Dainippon Kaiga Co., Ltd.
Kanda Nishiki-cho 1-7, Chiyoda-ku, Tokyo 101-0054 Japan
Phone 03-3294-7861
Dainippon Kaiga URL; http://www.kaiga.co.jp
Editor/Artbox Co., Ltd.
Nishiki-cho 1-chome bldg., 4th Floor, Kanda
Nishiki-cho 1-7, Chiyoda-ku, Tokyo 101-0054 Japan
Phone 03-6820-7000
Artbox URL; http://www.modelkasten.com/

© 株式会社 大日本絵画　本誌掲載の写真、図版、イラストレーションおよび記事等の無断転載を禁じます。
定価はカバーに表示してあります。
ISBN978-4-499-23272-2